T0343632

Geld – Vom Sein zum Schein

EBOOK INSIDE

Die Zugangsinformationen zum eBook inside finden Sie
am Ende des Buchs.

Martin Sauerland • Johanna Höhs

Geld – Vom Sein zum Schein

Wie aus einer reichen Persönlichkeit persönlicher Reichtum wird

Martin Sauerland
Hochschule für öffentliche Verwaltung und
Finanzen
Ludwigsburg, Deutschland

Johanna Höhs
Hamburg, Deutschland

ISBN 978-3-658-26665-3   ISBN 978-3-658-26666-0 (eBook)
https://doi.org/10.1007/978-3-658-26666-0

Die Deutsche Nationalbibliothek verzeichnet diese Publikation in der Deutschen Nationalbibliografie;
detaillierte bibliografische Daten sind im Internet über http://dnb.d-nb.de abrufbar.

Springer
© Springer Fachmedien Wiesbaden GmbH, ein Teil von Springer Nature 2019
Das Werk einschließlich aller seiner Teile ist urheberrechtlich geschützt. Jede Verwertung, die nicht ausdrücklich vom Urheberrechtsgesetz zugelassen ist, bedarf der vorherigen Zustimmung des Verlags. Das
gilt insbesondere für Vervielfältigungen, Bearbeitungen, Übersetzungen, Mikroverfilmungen und die
Einspeicherung und Verarbeitung in elektronischen Systemen.
Die Wiedergabe von allgemein beschreibenden Bezeichnungen, Marken, Unternehmensnamen etc. in
diesem Werk bedeutet nicht, dass diese frei durch jedermann benutzt werden dürfen. Die Berechtigung
zur Benutzung unterliegt, auch ohne gesonderten Hinweis hierzu, den Regeln des Markenrechts. Die
Rechte des jeweiligen Zeicheninhabers sind zu beachten.
Der Verlag, die Autoren und die Herausgeber gehen davon aus, dass die Angaben und Informationen in
diesem Werk zum Zeitpunkt der Veröffentlichung vollständig und korrekt sind. Weder der Verlag, noch
die Autoren oder die Herausgeber übernehmen, ausdrücklich oder implizit, Gewähr für den Inhalt des
Werkes, etwaige Fehler oder Äußerungen. Der Verlag bleibt im Hinblick auf geografische Zuordnungen
und Gebietsbezeichnungen in veröffentlichten Karten und Institutionsadressen neutral.

Springer ist ein Imprint der eingetragenen Gesellschaft Springer Fachmedien Wiesbaden GmbH und ist
ein Teil von Springer Nature.
Die Anschrift der Gesellschaft ist: Abraham-Lincoln-Str. 46, 65189 Wiesbaden, Germany

Inhaltsverzeichnis

Über die Autoren

Johanna Höhs, B. Sc. erhielt ihren Bachelor of Science im Fach Psychologie an der Universität Koblenz-Landau. Während ihres Studiums erforschte sie den Einfluss von Gerechtigkeitsüberzeugungen auf das Gedächtnis und absolvierte einen Forschungsaufenthalt an der Florida International University (USA). Seit 2018 verfolgt sie ihr Master of Science Studium in Psychologie an der Ruprecht-Karls-Universität in Heidelberg und absolviert seit 2019 als Baden-Württemberg-Exchange Scholar einen Teil ihres Studiums an der Graduate School of Arts and Sciences der Yale University (USA).

Prof. Dr. Martin Sauerland Martin Sauerland studierte Wirtschaftspsychologie und Philosophie an der Universität Wuppertal, promovierte an der Universität Regensburg im Bereich der Arbeitspsychologie zum Dr. phil. und forschte anschließend an der Universität Koblenz-Landau zur Psychologie des Geldes. Er erhielt zahlreiche Auszeichnungen und Preise und publizierte in renommierten internationalen Fachzeitschriften. Darüber hinaus ist er als selbstständiger Unternehmensberater für internationale Wirtschaftskonzerne tätig. Seit 2019 ist er als Professor für Arbeit und Organisation an der Hochschule für ÖV und Finanzen in Ludwigsburg tätig.

Die Macht des Geldes – *Wie man Geld macht und was Geld mit einem macht*

1 Allmacht

Den allermeisten Menschen ist *die Macht des Geldes* nur allzu vertraut. Sie tritt ihnen als *Macht über ihr Leben* in Erscheinung. Tatsächlich beeinflusst Geld unsere Gedanken, berührt unsere Gefühle und steuert unser Verhalten. Viele Menschen erleben diese Macht zuvorderst als *Einschränkung* oder gar als *Zwang*, z. B. als den täglichen Zwang, arbeiten gehen zu müssen. Kaum ein Lebensbereich bleibt von dieser Macht unberührt – Freundschaften nicht, Liebesbeziehungen nicht, die eigene Gesundheit, Bildung und Zufriedenheit nicht, nicht einmal der Wert, den wir uns selbst zuschreiben. Auf das Geld ist selbst sein ärgster Kritiker angewiesen. Es ist allgegenwärtig und wirkt bis in den letzten Winkel des Planeten hinein. Es hat uns alle erfasst und greift auch in den letzten Winkel unserer Psyche hinein.

Die Macht des Geldes tritt uns dabei in der Regel als *äußere* Macht gegenüber – Geld kontrolliert uns, so scheint es zumindest, als äußere Einflussgröße. Wenn wir glauben, zu wenig Geld zu haben, setzt uns dieser äußere Faktor unter Druck. Das Geld ist schuld daran, dass wir uns bestimmte Dinge nicht leisten können und wir fühlen uns gezwungen,

© Springer Fachmedien Wiesbaden GmbH, ein Teil von Springer Nature 2019
M. Sauerland, J. Höhs, *Geld – Vom Sein zum Schein*,
https://doi.org/10.1007/978-3-658-26666-0_1

dieser kaum greifbaren, stets zu knappen Ressource nachzujagen. Das Geld, das wir nicht richtig unter Kontrolle bringen können, kontrolliert uns jedoch mit eiskalter, rücksichtsloser Logik, mit einer gnadenlosen, scheinbar notwendig ablaufenden Mechanik, als mächtiger, unabänderlicher Apparat, dessen Stellhebel uns verborgen bleiben. Doch auch ohne große Not hecheln die meisten von uns unreflektiert der uns vorgehaltenen monetären Möhre hinterher; auf viele Menschen hat Geld eine unwiderstehliche, magische, beinahe religiös anmutende äußere Anziehungskraft. Und selbst wenn Geld im Übermaß vorhanden ist, werden wir ihm nie recht habhaft, sondern erliegen der immerwährenden Sorge, es wieder zu verlieren. In welcher Form auch immer, es scheint, als diktiere das Geld von außen, wie wir leben und was wir erleben.

2   Machtergreifung

Wie würde es sich anfühlen, wenn nicht Sie *vom Geld* kontrolliert werden würden, sondern wenn *Sie* das Geld kontrollieren könnten? Es ist in der Tat das wesentliche Anliegen dieses Buchs, Sie dazu zu befähigen, Macht über das Geld zu gewinnen. Wie aber erlangt man Macht über etwas? Wenn wir das Geld verstehen lernen, seine psychologischen Wirkmechanismen kennen, diese erklären, vorhersagen und beeinflussen können, wenn wir also in Erfahrung bringen, was Geld für uns ist, was es mit uns macht, warum und wie es dies macht, dann sind wir auch imstande, uns des Geldes zu bemächtigen. Dann sind wir nicht länger passives Opfer seiner Macht, sondern werden zum Herren über das Geld, wir werden zu seinem aktiven Gestalter, ja, wir werden, mindestens im psychologischen Wortsinn, zum *Inhaber* des Geldes. Wir wissen dann, wie man Geld macht, wir können seine Wirkmechanismen aktiv für unsere Zwecke nutzen und lernen dabei, wie wir am besten mit Geld umgehen. Wir bekommen Macht über das Geld.

Wie groß unsere Macht über das Geld prinzipiell sein kann, ist verblüffend einfach erläutert: Stellen Sie sich vor, Sie heben Ihr hart erarbeitetes Geld von einem Bankautomaten ab und wollen damit zunächst ein Brot kaufen. Der Bäcker akzeptiert Ihr Geld jedoch nicht, er nimmt Ihr bedrucktes Papier nicht an; er will stattdessen lieber mit einer Schachtel

Zigaretten vergütet werden. Sie schütteln den Kopf über das Verhalten des Bäckers, der scheinbar den Verstand verloren hat, und suchen den nächsten Bäcker auf: Dort jedoch das gleiche Spiel. Was sind Ihre Geldscheine nun wert? Sie können nicht einmal mehr ein Brot dafür beschaffen; Sie verhungern mit tausend Euros in der Tasche. Das Geld erhält seinen Wert durch uns, durch unseren Glauben daran, durch unser aller Vertrauen. Der Wert des Geldes ist eine menschengemachte Illusion. Wer wollte behaupten, dass man eine solche Illusion nicht beherrschen kann? Bemächtigen wir uns des Geldes!

3   Geld ist alles und alles ist Psychologie

Über das Thema *Geld* existiert ein umfänglicher Literaturkorpus – dies kann angesichts der Tatsache, dass fast alle menschlichen Belange vom Geld abhängen, nicht erstaunen. Ebenso gibt es unzählige Werke über das Fachgebiet der *Psychologie* – auch dies ist nicht verwunderlich, da wir alle von den Grundsätzen menschlichen Denkens, Fühlens und Handelns unmittelbar betroffen sind. Beide Themenkreise sind daher schon für sich betrachtet hochgradig interessant und relevant. Man könnte es auf die Formel bringen: Geld ist alles und alles ist Psychologie.

Die Kombination der beiden Themen – die *Psychologie des Geldes* – mutet daher in vielerlei Hinsicht derart vielversprechend an, dass eine systematische Erforschung mehr als lohnenswert, geradezu geboten, erscheint. In diesem Buch wollen wir die beiden Themen *Geld* und *Psychologie* daher zusammenführen. Dabei haben wir ein reichhaltiges Repertoire an nützlichen Erkenntnissen bezüglich individueller Erfolgsparameter und persönlicher Glücksstifter zusammentragen können.

4   Mächtig wichtig und doch ohne Wert?

Es ist bemerkenswert, dass zwar zu den beiden Einzelthemen – *Geld* einerseits und *Psychologie* andererseits – umfangreiche Forschung betrieben wurde, zu ihrer Kombination jedoch bislang vergleichsweise wenige Untersuchungen durchgeführt wurden. Eine systematische Analyse fehlte bislang vollständig.

Ein Grund für den Forschungsmangel besteht wohl darin, dass es für viele Fachkollegen moralisch verwerflich erscheint, sich mit der *Psychologie des Geldes* auseinanderzusetzen. In der Psychologie ziemt es sich eher, altruistisches Verhalten zu erforschen, sich auf umweltschützende Einstellungen zu konzentrieren, Gerechtigkeitsfragen zu untersuchen oder das menschliche Seelenheil zu fördern. Das Streben nach Geld indes scheint eher egoistisches Verhalten zu begünstigen, soziale Ungerechtigkeiten hervorzubringen, von den wahren Werten, die das menschliche Seelenheil fördern, wie Liebe, Kunst oder Religion, eher abzulenken und nicht zuletzt auch einen Beitrag zur Zerstörung der Natur anstelle ihrer Bewahrung zu leisten.

Zitelmann (2018, IQ) stellt die Abneigung „der Intellektuellen" gegenüber dem Geld klar heraus: „Gerade Intellektuelle gefallen sich darin, abschätzig über Geld zu sprechen – obwohl auch sie sich in Wahrheit mehr davon wünschen." Er mutmaßt, dass sie trotzig sind, weil sie feststellen, dass weniger intelligente Menschen reicher sind als sie selbst.

Die einschlägige Forschungslücke wird jedoch zumindest immer öfter beklagt: „Geld in der wissenschaftlichen Literatur bezieht sich zuvorderst auf wirtschaftliche und politische Handhabungen (Nachfrage, Angebot, Menge, Umlauf, Inflation, Tausch); wir sehen zwar, dass in einer modernen Geldwirtschaft die meisten Menschen Geld als generalisiertes Kommunikationsmedium für zahlreiche Interaktionen und Transaktionen verwenden …, aber wir wissen nicht, wie oder was die Menschen subjektiv dabei empfinden." (Schrader 2017 in Peters, S. 56). In diesem Buch wollen wir daher der Frage nach dem subjektiven Geldempfinden nachgehen.

Das Thema Geld ist tabuisiert. Über Geld spricht man nicht. Man redet eher über Sex als über Geld (Müller 2017). Menschen reagieren irritiert, wenn man sie nach ihrer Einkommenshöhe befragt und, wenn das Thema Geld aufkommt, „werden die Menschen so komisch", diagnostiziert Müller (2017) weiter. Oft werden sogar dem Ehepartner die eigenen Einkommens- und Vermögensverhältnisse verschwiegen. Spricht man über Geld, läuft man Gefahr, dass das Gesprächsthema Neid,

Habgier, Missgunst und allerlei Konflikte hervorruft. Reiche Personen stehen überdies häufig im Verdacht, durch schmutzige Geschäfte, Betrug oder durch Ausbeutung anderer zu ihrem Wohlstand gekommen zu sein. „[Der] Einfluss [des Geldes] auf unser Leben [wird daher] totgeschwiegen, kleingeredet und Geld selbst an den Rand der Unsittlichkeit gedrängt" (Breier 2017, Vorwort). Wenn *Geld* an sich schon derart negativ bewertet wird, wie erst würde es dann um den Ruf einer *Psychologie des Geldes* bestellt sein?

Denn eine Psychologie des Geldes müsste sich *per definitionem* auch mit Strategien beschäftigen, die dazu dienen, Geld zu vermehren. Schließlich führt dann kein Weg an der Frage vorbei, wie man das eigene Denken, Fühlen und Handeln (also die klassischen Forschungsinhalte der Psychologie) so beeinflussen kann, dass eigene Geldressourcen (also die natürliche Wirkvariable einer Psychologie des Geldes) vermehrt werden können.

Wie nahe diese Frage liegt, erkennt man an der Betrachtung jedes beliebigen anderen psychologischen Themengebiets: Beispielsweise drängt es sich in der *Gesundheits*psychologie auf, Menschen zu befähigen, ihr eigenes Erleben und Verhalten so zu kontrollieren, dass letztlich ihre psychische und physische Gesundheit wiederhergestellt, erhalten oder gesteigert wird. Im Gegensatz zur *Gesundheit* erscheint der Austausch über das Thema *Geld* und die Auseinandersetzung mit der Frage, wie man mit psychologischen Hilfsmitteln Geld vermehren kann, jedoch hochgradig brisant oder gar amoralisch und verwerflich.

Die Psychologie des Geldes hat jedoch ohne jeden Zweifel ihre Berechtigung. Immerhin sind nach einer Umfrage der evangelischen Kirche 63 % der Menschen in Deutschland eher an der Frage interessiert, wie man reich wird, als an der Frage, ob es Gott gibt (Zeit online 2003). Und eine repräsentative Umfrage der Gesellschaft für Konsumforschung zeigte, dass 70 % der Befragten es für *sehr* oder *eher* erstrebenswert halten, reich zu sein. Wer nichts über dieses Thema sehen, hören und sagen will, der schadet nicht nur sich selbst. Wer diesen Themenkreis nicht erforschen will, wer nichts darüber wissen will, übersieht den wohl prominentesten verhaltenssteuernden Faktor – schließlich machen wir viele Dinge nur des Geldes wegen, Dinge, die wir ansonsten nicht tun würden. Wer menschliches Erleben und Verhalten realitätsnah verstehen will, muss sich somit auch mit dem Thema Geld auseinandersetzen. Gesetzt den Fall, Geld stellt eine der mächtigsten Verhaltensdeterminanten dar, dann muss dieser Faktor auch ideologiefrei erforscht werden dürfen. Und für die Behauptung, *dass* Geld zu den mächtigsten Verhaltensdeterminanten zählt, gibt es durchaus Belege: So gehen nach Untersuchungen des Gallup-Instituts mehr als 80 % der Menschen in Deutschland nicht aus Interesse an den Inhalten ihres Jobs zur Arbeit, sie sind also nicht *intrinsisch* motiviert, sondern ihr Interesse gilt ausschließlich dem Gelderwerb, sie sind also *extrinsisch* motiviert (Gallup 2014). Fiele die Bezahlung, also der monetäre Tätigkeitsanreiz weg, würden die meisten Menschen den Aufgaben ihrer Arbeit nicht mehr nachgehen. Der Job, mit dem Vollzeiterwerbstätige in Deutschland durchschnittlich 8,3 Stunden an 220 Arbeitstagen in 36,8 Berufsjahren verbringen, ist also für die meisten betroffenen Bundesbürger ein reines Mittel zum Zweck des Gelderwerbs. Wenn derart viel Lebenszeit und Lebensenergie auf etwas verwendet wird, erscheint die Untersuchung dieses *Etwas* wohl mehr als berechtigt zu sein.

Durch eine Enttabuisierung des Themas Geld wäre auch für die psychologische Beratung etwas gewonnen, wie Breier (2017, S. 5 f.) herausstellt, denn in der psychologischen Beratung geht es häufig um Konflikte in der Partnerschaft, um Selbstwertproblematiken, um die Suche nach Sinn, um Karriereentscheidungen etc. – wer wollte behaupten, dass Geld bei hilfesuchenden Personen in diesen Bereichen keine Rolle spielt?

5   Macht Geld sexy?

Die Untersuchung der Frage, wie man mit psychologischen Mitteln die eigenen Geldressourcen beeinflussen kann, erscheint uns daher durchaus berechtigt und interessant. Ebenso interessant erscheint uns aber auch die Frage, welche psychologischen Auswirkungen der Besitz von Geld hat. Die Wirkungen des Geldbesitzes geben schließlich erst Auskunft darüber, ob sich das Streben nach Geld überhaupt lohnt, ob man diese Wirkungen überhaupt herbeiführen will. Macht Geld also wirklich glücklich, frei und sexy, wie viele Menschen glauben?

Wir betrachten *Geld* in diesem Buch also einerseits als *abhängige Variable*. Das bedeutet, wir analysieren unter dieser Perspektive, welche Faktoren die Geldressourcen einer Person beeinflussen, d. h. von welchen Prädiktoren es *abhängt*, ob man Geld macht. Es geht in diesem Teil also darum, wie man denken, fühlen und handeln muss, um Geld zu vermehren.

Andererseits betrachten wir *Geld* aber auch als *unabhängige Variable*. Das bedeutet, wir analysieren unter dieser Perspektive, auf welche psychologisch relevanten Faktoren sich Geld seinerseits auswirkt, d. h., welche Effekte der Besitz von Geld auf das Erleben und Verhalten von Menschen hat. Es geht in diesem Teil also darum, ob die verbreiteten Annahmen stimmen, dass Geld z. B. glücklich (oder unglücklich), frei oder auch sexy macht.

6   Eine mächtige Vision

Die nachfolgende Abbildung gibt einen Überblick über die verschiedenen Themenfelder dieses Buchs (vgl. Abb. 1). Wir wollen demnach die *psychologischen Wirkungen* des Geldes analysieren (s. rechte Spalte in Abb. 1). Wir wollen überdies die *psychologischen Einflussgrößen* des Gelderwerbs im Detail betrachten (s. linke Spalte in Abb. 1). Des Weiteren wollen wir einige *grundlegende psychologische Sachverhalte* zum Geld an sich analysieren (s. mittleres Feld in Abb. 1).

Vom *Sein* zum *Schein*: Wer zentrale Aspekte seines *Seins* analysiert, diese für sich klärt, ausbaut und nutzt, der wird auch den (Geld-) *Schein* ernten. Wer nämlich weiß, …

- welche *persönliche Bedeutung* dem Geld zukommt,
- welche eigenen *Glaubenssätze* und *Einstellungen* den Gelderwerb hemmen und fördern,
- welche *Wissenslücken* dafür geschlossen und welche *Denkfallen* vermieden werden müssen,
- welche *Motive* und *Ziele* hinter dem Streben nach Geld stehen und wie diese aktiviert werden können,
- über welche persönlichen *Ressourcen* man verfügt, um Geld zu erwerben,

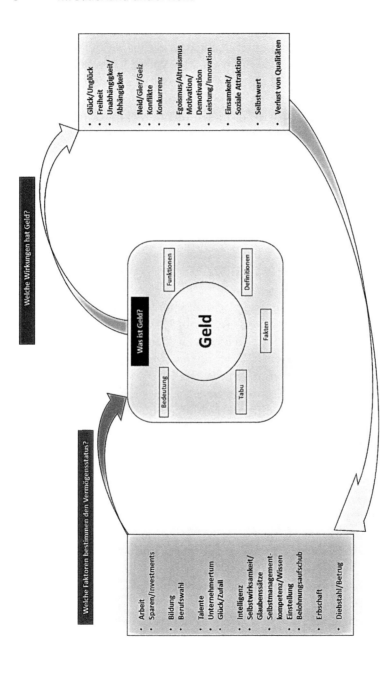

Abb. 1 Übersicht über die Themen dieses Buchs (Es handelt sich um ein Kreislaufmodell, da die Wirkungen des Geldes Personen auch wiederum z. B. zum Arbeiten, zum Investieren, zum Heiraten, zur Annahme von Erbschaften etc. veranlassen)

- welche *Ideenpotenziale* dafür angezapft und ausgeschöpft werden können,
- welcher *Umgangsstil* mit Geld gesund und hilfreich ist und
- wofür es sich lohnt, Geld *auszugeben*, …

der wird den Reichtum der eigenen Persönlichkeit in persönlichen Reichtum überführen können. Dieses Buch wird Ihnen dabei helfen, dies zu verwirklichen.

In Bezug auf das Thema Geld ist ein merkwürdiger Widerspruch festzustellen:

- Einerseits ist Geld wohl eine der mächtigsten Verhaltensdeterminanten, die fast sämtliche Lebensbereiche beeinflusst.
- Andererseits sind das individuelle Wissen und die Selbsterkenntnis in Geldangelegenheiten erschreckend gering ausgeprägt.

Die Zeit ist reif, eine Erkenntnisbrücke zu bauen, um diese Erkenntnislücke zu schließen. Unsere Vision besteht darin, die skizzierten Themenfelder systematisch zu erforschen und eine rigorose Aufklärung in diesen Belangen voranzutreiben, damit möglichst viele Menschen möglichst selbstbestimmt, mündig und kompetent mit Geld umgehen können. Einen ersten Beitrag dazu soll dieses Buch leisten, auch wenn diese Art der Aufklärung drastische Folgen haben könnte. So warnte Henry Ford: „Wenn die Menschen unser Geldsystem verstehen würden, hätten wir die Revolution noch morgen früh!" (Henry Ford, in Müller 2017, S. 13).

Literatur

Breier, S. (2017). *Geld Macht Gefühle. Wie Geld unser Denken, Fühlen und Handeln beeinflusst.* Berlin: Springer.

Gallup. (2014). http://www.gallup.de/183104/engagement-index-deutschland. aspx. Zugegriffen am 31.08.2019.

Müller, M. (2017). *Erfolgreich mit Geld und Risiko umgehen. Mit Finanzpsychologie bessere Finanzentscheidungen treffen.* Heidelberg: Springer.

Schrader, H. (2017). Und es stinkt doch! Eine verstehende Analyse von Geld in der Alltagsökonomie. In S. Peters (Hrsg.), *Geld. Interdisziplinäre Sichtweisen* (S. 49–73). Wiesbaden: Springer.

Zeit online. (2003). https://www.zeit.de/2003/47/Reich_sein/komplettansicht.

Zitelmann, R. (2018). IQ. http://www.worte-des-erfolges.de/reich-werden/. Zugegriffen am 01.12.2018.

Geldgedanken – *Gedanken an Geld, über Geld denken, in Geld denken, Denken und Geld*

1 Erste Gedanken – *Deutungen, Bedeutungen, Bedeutsamkeiten*

Wenn Menschen das Wort *Geld* hören, haben die meisten von ihnen bestimmte Geldscheine oder geläufige Münzen vor Augen, einige auch eine konkrete Zahl auf ihrem Bankkonto. An diese Vorstellungen schließen sich zumeist Gedanken an diverse Güter, oft Luxusgüter, oder auch an bestimmte Erlebens- und Verhaltensweisen an, die Geld für sie symbolisiert oder die ihrerseits den Geldbesitz symbolisieren. Aus solchen gedanklichen Verknüpfungen lässt sich erschließen, welche *Bedeutung* Geld für Menschen hat. Ein unmittelbarer Zugang zu einer Psychologie des Geldes besteht daher darin, Menschen danach zu fragen, was sie mit dem Begriff *Geld* in Verbindung bringen. Die auf diese Weise erfragten *Assoziationen* liefern Hinweise auf die Bedeutung, die Geld für Menschen hat.

Wir haben 100 Passanten in den Einkaufspassagen mehrerer deutscher Städte die einfache Frage gestellt: „Was ist Geld für Sie?" Die überwiegende

© Springer Fachmedien Wiesbaden GmbH, ein Teil von Springer Nature 2019
M. Sauerland, J. Höhs, *Geld – Vom Sein zum Schein*,
https://doi.org/10.1007/978-3-658-26666-0_2

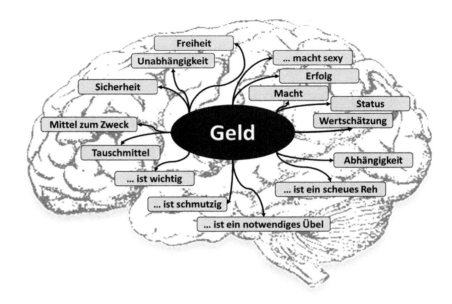

Abb. 1 Gedankliche Verknüpfungen zum Begriff Geld

Mehrzahl der Befragten antwortete mit einfachen Begriffen. Einige dieser Begriffe wurden recht häufig benannt. Die Antworten der Passanten sind in Abb. 1 veranschaulicht![1]

Eine weitere Umfrage unseres Forschungsinstituts unter 191 Personen brachte ähnliche Resultate hervor (Schmitz 2013). Die Probanden wurden aufgefordert, ihre persönliche Definition des Begriffs „Geld" zu formulieren. Folgender Satzanfang sollte zu diesem Zweck ergänzt werden: „Geld bedeutet für mich …!". Die Antworthäufigkeiten der häufigsten Nennungen sind in Abb. 2 dargestellt.

Umfragen von Müller (2017) kommen zu vergleichbaren Ergebnissen. Zur Interpretation solcher Daten nimmt Müller folgende Kategorisierung vor: Probanden äußern in der Regel (1) *autonome Wertigkeiten* (z. B. Freiheit), (2) *rationale Wertigkeiten* (z. B. Tauschmittel), (3) *soziale*

---

[1] Die genannten Wörter legen nahe, dass die Befragten teilweise auch ihre Assoziationen zum Begriff des *Reichtums* darlegten. Viele Probanden antworteten offenkundig im Sinn der Frage „Was bedeutet es für mich, wenn ich viel Geld besitzen würde?"

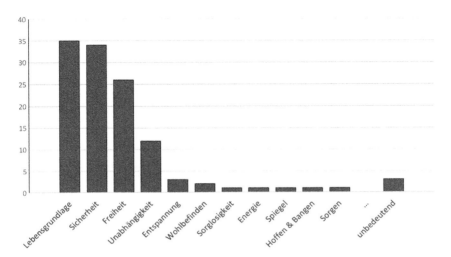

Abb. 2 Häufigkeit der Nennung verschiedener Bedeutungen des Begriffs Geld

Wertigkeiten (z. B. Status), (4) *konstruktive Wertigkeiten* (z. B. Energie) und/oder (5) *destruktive Wertigkeiten* (z. B. Besorgnis).

Zitelmann (2017) befragte 45 „Superreiche" nach dem, was Geld für diese Personen ist. Auch in dieser Personengruppe rangierten die Antworten „Freiheit und Unabhängigkeit" und auch „Sicherheit" auf den vordersten Plätzen (S. 244 f).

Das Beratungsunternehmen *Olson Zaltman Associates* ließ Probanden *Bildcollagen* zum Thema Geld erstellen. Das Unternehmen beabsichtigte mit Hilfe dieser Technik – letztlich zu Werbezwecken – die weniger bewussten Assoziationen zum Thema Geld aufzudecken (unbewusste Projektionen). Die verwendeten Bildmotive thematisierten *Wettkampf* und *Verlustangst,* am häufigsten jedoch das Erlebnis von *Freiheit* (vgl. Ullrich 2009, S. 68).

Welcher Erkenntniswert kommt solchen Befunden zu? Weitreichende Schlussfolgerungen und Interpretationen solcher einfachen Begriffsassoziationen verbieten sich sicherlich. Dennoch können auf der Basis der dargelegten Befunde einige interessante Hypothesen aufgestellt werden: Unsere Daten weisen beispielsweise darauf hin, dass die Assoziationen zum Thema Geld keineswegs ausschließlich „negativer Natur" sind. Der

Befund, dass Menschen mit Geld häufig Freiheit und Unabhängigkeit verbinden, lässt sogar die Vermutung naheliegend erscheinen, dass sie aus ebendiesen Gründen auch nach Geld *streben*. Geld symbolisiert für viele Menschen zumindest das hochgradig erstrebenswerte Gefühl der Freiheit – Geld *bedeutet* für sie Freiheit. Offenbar werden mit Geld nicht immer konkrete Gegenwerte (bestimmte Produkte o. ä.) in Verbindung gebracht, sondern es geht den Menschen häufig ganz allgemein um ihre Selbstverwirklichungsmöglichkeiten, d. h. um die Macht, ohne Zwang zur Existenzsicherung ihren persönlichen Leidenschaften und Motiven *frei* nachgehen zu können.[2]

Diese Interpretation verrät vielleicht sogar noch viel mehr: Die Bedeutung des Geldes könnte auch Auskunft darüber geben, woran es den Menschen mangelt. Wenn Geld für viele Menschen *Freiheit* bedeutet und diese Menschen zugleich der Meinung sind, dass es ihnen an Geld mangelt (was nach unseren Untersuchungen bei über 80 % der Befragten der Fall ist),[3] dann geben sie damit möglicherweise auch preis, dass sie unter einem Mangel an Freiheit leiden. Diejenigen Personen, die Geld mit Freiheit assoziieren, aber subjektiv genug davon besitzen, geben indes preis, dass sie die Beseitigung dieses Mangels durch Geld nun sehr zu schätzen wissen.

Was bedeutet Geld für Sie? Es kann sehr aufschlussreich sein, dieser Frage nachzugehen. Probieren Sie es doch einmal aus! Erkunden Sie, welche Vorstellungsbilder der Begriff Geld bei Ihnen erzeugt oder listen Sie einfach auf, was Geld für Sie ist! Möglicherweise erhalten Sie dadurch Ihr „Warum", d. h., Ihre geldbezogenen Motive und Antreiber, aus denen sich anschließend vielleicht sogar schon konkrete (finanzielle) Zielsetzungen und zielgerichtete Handlungen ableiten lassen.

---

[2] Unsere Formulierungen sind an dieser Stelle recht vorsichtig, weil von der positiven Bedeutung einer Entität nicht unbedingt darauf geschlossen werden kann, dass dieser positive Wert tatsächlich auch *angestrebt* wird oder das Streben nach diesem Wert positive Begleiterscheinungen hat – die *Bedeutung* ist nicht mit einem *Wunsch* gleichzusetzen. Darüber hinaus wird von vielen Probanden Geld recht nüchtern mit der Sicherung der Lebensgrundlage in Zusammenhang gebracht – auch aus diesem Befund lässt sich nicht unmittelbar eine positive Wertung oder ein wie auch immer geartetes Streben ableiten.

[3] vgl. Bott (2018).

Als ich durch diese Überlegungen zu der Einsicht gelangte, dass Geld auch für mich Freiheit bedeutet, und zwar die Freiheit vom Zwang, arbeiten gehen zu müssen, hatte dies beträchtliche Auswirkungen auf meine Lebensplanung: Ich fing an, große Anteile meines Einkommens zu sparen und in Immobilien zu investieren. Ich habe mich vollkommen auf die Erzielung eines passiven Einkommens konzentriert. Als ich 42 Jahre alt war, hatte ich es geschafft, so viele Immobilien zu erwerben und abzubezahlen, dass ich und meine Familie notfalls von den Mieteinnahmen allein leben könnten. Die Arbeit bereitet mir seither deutlich mehr Freude – im Vordergrund steht nun nicht mehr der Zwang, arbeiten gehen zu müssen, sondern der Wunsch, etwas Sinnvolles zu erschaffen. Die Bedeutung, die Geld für Menschen hat, prägt somit auch ihren Umgangsstil mit Geld.

Da Geld *das menschliche Bedürfnis* ganz allgemein repräsentiert, ist der *Stil im Umgang mit Geld* häufig ein Ausdruck von fundamentalen bewussten oder auch unbewussten persönlichen Bedürfnissen, basalen Ängsten, unbewältigten Konflikten, tief verwurzelten Selbstwertproblematiken oder allgemeinen Lebensthemen. Ängstliche Personen, die ständig schlimme Entwicklungen befürchten, welche sie selbst vermeintlich nicht beeinflussen und kontrollieren können, die auch davon überzeugt sind, dass sie sich auf andere Personen nicht verlassen können, neigen so z. B. zur *Hortung* von Geld, um damit einer ggf. eintretenden Krise oder Katastrophe begegnen zu können. Da sie nicht wissen, wie viel Geld sie im ärgsten Fall benötigen werden, streben sie besorgt und unersättlich nach immer mehr Geld, um auf jede Eventualität vorbereitet zu sein. *Verschwender* hingegen sehen in der Bewegung des Geldes vielleicht einen Beweis ihrer Existenz. Sie können sich durch das Ausgeben von Geld erst lebendig fühlen. Die Hortung von Geld wäre für sie vergleichbar mit dem Tod – vor dem sie sich möglicherweise fürchten. Diejenigen, die an ihren Fähigkeiten zweifeln, brauchen viel Geld und *kaufen Vermögensgegenstände*, um sich an diesen äußeren Erfolgsmaßstäben selbst davon überzeugen zu können, doch kein Versager zu sein (zu solchen Deutungen s. z. B. Haubl 1998).

Der *Stil* im Umgang mit Geld ist somit häufig ein beobachtbarer Verhaltensausdruck solcher Ängste und Bedürfnisse. Die *Bedeutung*, die man Geld zuweist, ist indes eine Projektion des Wunsches, solche

Lebensängste bewältigt oder (positiv formuliert) solche tief liegenden Bedürfnisse befriedigt zu haben. Wer Geld mit Freiheit assoziiert, und zwar mit der Freiheit vom Zwang, arbeiten gehen zu müssen, der hat mitunter einfach nur Angst vor beruflichem Versagen, willkürlicher Entlassung o. ä. und den daraus resultierenden existenziellen Folgen. Allerdings bestehen die Motive für das geldvermittelte Streben nach Freiheit wohl sehr viel häufiger schlicht und einfach darin, belastende Tätigkeiten nicht mehr ausführen zu müssen oder auch arbeiten zu *können*, wenn man dies will und nicht mehr arbeiten gehen zu *müssen*, wenn andere dies verlangen.

2   Tiefe Gedanken – *Glauben heißt nicht wissen*

Assoziationen, wie wir sie im letzten Abschnitt erfasst haben, können als spontane Reaktionen von Personen auf einen bestimmten Begriff betrachtet werden. Aus solchen gedanklichen Verbindungen zum Thema Geld können noch keine *konkreten* Vorhersagen bezüglich des geldbezogenen Verhaltens von Personen abgeleitet werden.

Es gibt jedoch auch gewisse *Denkmuster*, *Glaubenssätze* oder *Überzeugungssysteme* zum Thema Geld, die weitreichende und ganz konkrete Wirkungen auf einschlägige Handlungsweisen von Personen haben. Solche Überzeugungen können das Verhalten sogar *unbewusst* steuern. Doch selbst wenn sie bewusst sind, sind sie häufig derart fest verankert, dass sie als selbstverständlich hingenommen und überhaupt nicht mehr in Frage gestellt werden (vgl. Sauerland 2015). Wenn das Thema Geld aufkommt, äußert man solche Glaubenssätze oft selbst oder akzeptiert sie unreflektiert, wenn sie von anderen Personen geäußert werden. Es bedarf keiner geistigen Akrobatik, um zu erkennen, dass solche Überzeugungen unter gegebenen Umständen sogar darüber entscheiden können, ob Menschen arm oder reich sind.

Kiyosaki (2011) beschreibt die eigenen diesbezüglichen Erfahrungen wie folgt: „Als ich mich entschieden hatte, das Hamsterrad zu verlassen, stellte ich mir einfach nur die Frage ‚wie kann ich es mir leisten, nie wieder zu arbeiten?' Und mein Verstand begann Antworten und Lösungen auszuspucken. Am schwierigsten aber war der Kampf gegen die *Dogmen* meiner eigenen Eltern, die schnell Schuldgefühle provozierten, weil ich nicht an andere dachte, sondern nur meiner Gier folgte!" (S. 181).

Nachfolgend sind einige Beispiele für verbreitete geldbezogene Glaubenssätze aufgelistet. Diese sind teils unbewusst oder werden als wahr vorausgesetzt und nicht in Frage gestellt, wodurch sie eine enorme Wirkung auf das menschliche Erleben und Verhalten entfalten können. Verbreitete Glaubenssätze:

- *„Schulden sind etwas Schlechtes!"*
- *„Nur durch harte Arbeit kommt man zu Geld!"*
- *„Jedenfalls kommt man nicht durch ehrliche Arbeit zu Geld!"*
- *„Geld macht nicht glücklich!"* [4]
- *„Ein Mann darf in einer Partnerschaft nicht weniger verdienen als eine Frau!"*
- *„Geld macht einsam!"*
- *„Geld verändert/verdirbt den Charakter!"*
- *„Wer den Pfennig nicht ehrt, ist des Talers nicht wert!"*
- *„Ich muss reich werden!"*
- *„Unsereins wird nie reich werden!"*
- *„Es ist moralisch verwerflich, nach Geld zu streben!"*
- *„Die Schere zwischen Arm u. Reich geht immer weiter auf!"*
- *„Aktieninvestments bei bekannten Großkonzernen können nicht verkehrt sein!"*
- *„Immobilieninvestments lohnen sich in guten Lagen, also in Großstädten!"*
- *„Diversifikation mindert das Risiko!"*
- *„Miete zahlen ist verschwendetes Geld – kaufen ist sinnvoller als mieten!"*

Aus einer unserer eigenen Untersuchungen (vgl. Leidl 2018) geht hervor, dass die Zustimmung zu solchen Glaubenssätzen recht hoch ausgeprägt ist. Die Zustimmung von 149 befragten Probanden zu der Überzeugung „Schulden sind etwas Schlechtes" war mit einem Mittelwert von M = 3,36 auf einer fünf-stufigen Skala relativ hoch, ebenso wie die Zustimmung zu

---

[4] Dieser Auffassung sind ganze 61 % der befragten Probanden einer einschlägigen Umfrage (statista 2019).

Aussagen wie „Geld macht nicht glücklich" (M = 3,41) oder „Geld verändert den Charakter" (M = 3,22). Die geringsten Zustimmungswerte wurden bei der Überzeugung „Geld macht einsam" (M = 2,36) verzeichnet.

Es ist unmittelbar ersichtlich, dass solche Überzeugungen einen massiven Einfluss auf das Verhalten ausüben und die Lebenswege von Personen entscheidend beeinflussen können.

Von besonderem Interesse sind deshalb auch verbreitete *selbstblockierende* Überzeugungen, wie z. B. „Ich werde nie reich werden!", „Unsereins hat ohnehin keine Chance, reich zu werden!", „Wir werden immer arm bleiben!", „Das Glück, das reiche Menschen hatten, werde ich wohl nicht haben!". Solche Überzeugungen können so genannte *sich-selbst-erfüllende Prophezeiungen* herbeiführen. Eine sich-selbst-erfüllende Prophezeiung kann als eine Erwartung definiert werden, die eigenes oder fremdes Verhalten (un)bewusst so beeinflusst, dass das Erwartete tatsächlich geschieht (Jussim 1986, vgl. dazu z. B. auch den Placebo-Effekt bzw. den Nocebo-Effekt). Die Überzeugung kreiert dann ihre eigene Realität. Wer also davon überzeugt ist, prinzipiell reich werden zu können, hat zumindest eine Chance, Möglichkeiten der Geldgenese zu finden (vgl. Abb. 4); wer jedoch *a priori* überhaupt nicht daran glaubt, reich werden zu können, verbaut sich tatsächlich alle Möglichkeiten, die prinzipiell bestehen würden (vgl. Abb. 3). Aus solchen negativen Erwartungshaltungen resultieren nämlich beispielsweise Zweifel, Unsicherheit, Desinteresse und Resignation. Bei der Entscheidungsfindung oder der Tätigkeitsausführung führen diese Emotionen dann dazu, dass die Person unmotiviert oder inkonsequent ist (falls sie die Tätigkeit nicht sogar vollständig vermeidet). Aus dem resultierenden halbherzigen oder unkonzentrierten Verhalten entsteht dann tatsächlich der befürchtete Misserfolg. Und dieser bestätigt sodann natürlich wiederum die These, dass man selbst nicht reich werden kann. Ich bin tatsächlich immer wieder erstaunt darüber, wie beharrlich Menschen an der Überzeugung festhalten, dass reiche Personen einfach nur Glück gehabt haben, ihnen selbst dieses Glück jedoch nicht beschieden sein wird und sie deshalb auch gar nichts für den eigenen Erfolg unternehmen können. Oft besteht sogar der innige Wunsch, reich zu werden, es wird jedoch nur vage, flüchtig oder ansatzweise über mögliche Mittel und Wege der Zielerreichung nachgedacht, weil man ohnehin schon davon ausgeht, dass es nicht klappen wird.

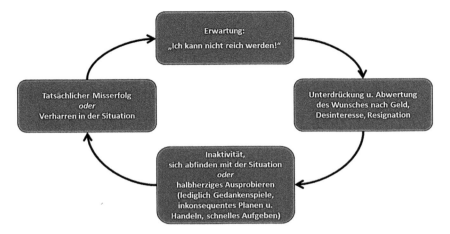

Abb. 3 Negativer Geldzirkel

Dieser psychologische Mechanismus lässt sich jedoch durchaus umkehren. Der feste Glaube an finanzielle Wachstumsmöglichkeiten, sofern dieser sich aus einem realistischen Fundament speist, kann die Wohlstandsgenese durchaus begünstigen (vgl. Abb. 4). Die Reichtumsforschung zeigt in der Tat, dass innere Kontrollüberzeugungen und eine hohe Selbstwirksamkeitsüberzeugung von herausragender Bedeutung für die Einkommensgenese sind. Der Glaube daran, mit Hilfe der eigenen Kompetenzen, einen begehrten Zustand herbeiführen zu können, gilt beispielsweise als einer der besten Erfolgsprädiktoren bei Selbstständigen (Müller 2000).[5] Zitelmann (2015, S. 86) resümiert die einschlägigen Forschungsbefunde wie folgt: Reiche machen nicht andere Personen für irgendetwas verantwortlich, vielmehr stimmen 88 % der Aussage zu ‚Wie mein Leben verläuft, hängt von mir selbst ab‘ und nur 2,5 % der Reichen weisen eine sehr niedrige Kontrollüberzeugung auf.

Mit solchen Aussagen soll jedoch nicht suggeriert werden, dass man nur die eigenen Glaubenssätze ändern müsse und schon könne jeder

---

[5] Eker (2010) geht noch einen Schritt weiter: Einer der wesentlichen Aspekte für den finanziellen Erfolg ist seiner Ansicht nach das *Handeln trotz Angst*. Er verdeutlicht dies an einem Flirt in der Disko: Der tatsächliche Erfolg, beim anderen Geschlecht anzukommen, kann nur durch den Glauben an den eigenen Erfolg herbeigeführt werden und muss damit beginnen, dass man trotz Zurückweisungsangst „Ja" zu entsprechenden Handlungen sagt.

Abb. 4 Positiver Geldzirkel

reich werden. Das sogenannte *positive Denken* nützt nichts, wenn es sich nicht aus einem realistischen Fundament speist. Es handelt sich ansonsten bloß um eine Form der Selbstüberschätzung, um eine Kontrollillusion oder um eine Machbarkeitsfantasie. Der Versuch, sich Fähigkeiten oder Kompetenzen anzudichten oder einzureden, die faktisch nicht vorhanden sind, wird somit letztlich in Frustration und Enttäuschung münden. Es soll hier daher lediglich festgestellt werden, dass manche Personen, die eigentlich das Potenzial hätten, ihre Einkünfte zu steigern, dieses Potenzial aufgrund ihrer blockierenden Gedankenmuster gar nicht wahrnehmen oder nicht zur vollen Entfaltung bringen. **Denken Sie nicht auch, dass es sich lohnen könnte, zumindest *einmal* systematisch und konsequent zu prüfen, ob es nicht doch konkrete Mittel und Wege gibt, die eigene Einkommensgenese voranzutreiben? Und sollte man dafür nicht zumindest auch *einmal* prüfen, ob bestimmte Überzeugungssysteme von vornherein verhindern, dass vorhandene Möglichkeiten der Einkommensgenese entdeckt und ausgeschöpft werden?**[6]

---

[6] Versetzen Sie sich doch einfach mal in die Zukunft, stellen sich vor, Sie hätten Ihre finanziellen Ziele tatsächlich vollumfänglich erreicht und denken dann chronologisch „rückwärts", wie sie dies geschafft haben – vielleicht öffnet dies Ihren Blick für die Mittel, Wege und Möglichkeiten anstelle der Hindernisse, Blockaden und Widrigkeiten.

Die Tatsache, dass Glaubenssysteme zwar massiven Einfluss auf das Verhalten ausüben, aber überhaupt nicht mehr reflektiert werden und aufgrund ihres teils unbewussten Charakters oft auch gar nicht in Frage gestellt werden *können*, ist insofern problematisch, als die entsprechenden Überzeugungen in der Regel unzulässige *Pauschalisierungen* darstellen und nicht hinreichend differenzieren. Dies kann zu tendenziösem, selbst- und fremdschädigendem, irrationalem und widersprüchlichem Verhalten führen. So ist beispielsweise die Überzeugung, dass man durch „ehrliche Arbeit" nicht wohlhabend werden kann, irrational. Böwing-Schmalenbrock (2012) resümiert die dieser Überzeugung zuwiderlaufende Befundlage wie folgt: „Dass Arbeit zu Wohlstand führen kann, wird im sozialwissenschaftlichen Diskurs nicht infrage gestellt!" (S. 68). Betrügerische und kriminelle Verhaltensweisen führen hingegen in der Regel gerade nicht zu nachhaltigem finanziellen Erfolg (Zitelmann 2015, S. 59).[7] Der Schaden, den eine solche übergeneralisierte Überzeugung in Bezug auf die „ehrliche Arbeit" anrichten kann, ist somit immens.

Im Rahmen eines eigenen Forschungsprojekts konnten wir in der Tat mehrfach einen negativen Zusammenhang zwischen *irrationalen Überzeugungen* einerseits und der *Höhe des Einkommens* andererseits feststellen: Die *Korrelationen*[8] variierten zwischen $r = -.14$ und $r = -.34$ (vgl. Abb. 5, 274 Probanden; Daten u. a. von Jeßegus 2018; Lauer 2015; Leidl 2018). In den Untersuchungen wurde das monatliche Netto- bzw. Brutto-Gehalt in Euro („Mein monatliches Bruttoeinkommen beträgt ____ ") erfasst und u. a. am Familienstand und der wöchentlichen Arbeitszeit relativiert. Die Probanden konnten sich dabei einer von acht Einkommenskategorien zuordnen.[9] Anschließend wurde der Grad der Zustimmung zu 15 Kategorien irrationaler Überzeugungen erfasst. Ein statistisch signifikanter negativer Zusammenhang ließ sich insbesondere für Überzeugungen feststellen, die von *Übergeneralisierungen* geprägt

---

[7] Sofern unter „ehrlicher Arbeit" nicht sogar bloß *körperliche Arbeit* verstanden wird. Doch selbst diese Auffassung kann als widerlegt gelten.

[8] Eine Korrelation ist ein zwischen –1, negative Beziehung, und +1, positive Beziehung, schwankender statistischer Kennwert für den linearen Zusammenhang zweier Variablen. Eine Korrelation von $r = 0$ zeigt das Fehlen eines Zusammenhangs an.

[9] Die Erhebung von Einkommensdaten auf der Basis freiwilliger Angaben unterliegt offenbar keinen relevanten Verzerrungen, da die Verteilung der bekundeten Werte offiziellen Einkommensstatistiken weitgehend entspricht (Dette et al. 2004).

waren (r = −.34). Beispielsweise zeigte sich, dass der Zusammenhang zwischen der übergeneralisierten Überzeugung „Schulden sind etwas Schlechtes" und dem „Einkommen" bei r = −.24 lag; das bedeutet: Je stärker Personen davon überzeugt sind, dass man unter keinen Umständen Schulden machen darf, desto geringer war ihr Einkommen (vgl. Leidl 2018).

Die Überzeugung „Schulden sind etwas Schlechtes" stellt somit eine solche *Übergeneralisierung* dar. Da diese Überzeugung sehr weit verbreitet ist (Koenig 2007, S. 33), wollen wir die Wirkung von geldbezogenen Glaubenssätzen an diesem Beispiel etwas näher erläutern: Schmölders wies schon 1982 auf die sprachliche Nähe von *Schulden* und *schuldig sein*

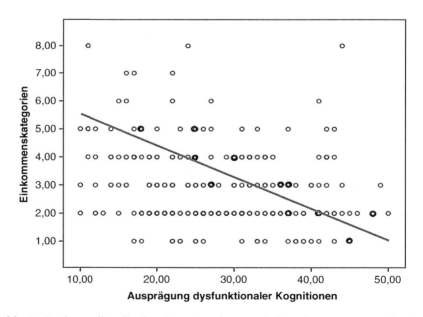

Abb. 5 Punktewolke, die den Zusammenhang zwischen der Ausprägung *irrationaler Überzeugungen* (hier als „dysfunktionale Kognitionen" bezeichnet) und der *Einkommenshöhe* abbildet. Die Einkommenshöhe ist in Stufen kategorisiert (von 1 = kein Einkommen bis 8 = über 6000 €). Je farbintensiver der Punktkreis, desto mehr Probanden repräsentiert er

hin.[10] In der Tat wird das Schuldenmachen oft als moralisch verwerflich angesehen, und für viele Menschen zeigt es einen unsoliden, abschätzigen Umgang mit Ressourcen. Über 80 % der Probanden einer von Schmölders (1982) befragten Stichprobe würden sich bei Geldschwierigkeiten daher nicht an Freunde wenden, um diese danach zu fragen, ob sie ihnen einen Betrag leihen würden (S. 114). Der schlechte soziale Ruf des Schuldenmachens rührt wohl auch daher, dass man zunächst auf Kosten anderer lebt. Schulden sind ein Zahlungsversprechen und stellen damit auch eine Abhängigkeit dar, die zu einem Problem wird, sobald das Versprechen nicht eingelöst werden kann und die Schulden nicht zurückgezahlt werden können. Die Erfahrung lehrt, dass dann oft ein Teufelskreis aus Schuldvermehrung durch Zinsen, Rückzahlungserfordernissen, weiterer Schuldenaufnahme, weiteren Zinsbelastungen, Zahlungsunfähigkeit, Pfändungen etc. entsteht, aus dem Schuldner oft nur schwer wieder herauskommen.

Schulden für den Kauf eines Fernsehers aufzunehmen mag daher zurecht als ein Charakteristikum des naiven Prekariats gelten. Für den Immobilienerwerb oder die Finanzierung der eigenen Ausbildung hingegen erscheint dasselbe Verhalten jedoch schon als Merkmal des kultivierten Mittelstandes. Wenn Schulden nicht zu reinen unmittelbaren Konsumzwecken aufgenommen werden, können sie durchaus auch einem rationalen Kalkül folgen: Wenn man mit einem geliehenen Geldbetrag zum Schuldzins von 3 % eine verlässliche Investitionsrendite von 10 % erwirtschaften kann, stellt dies offenkundig eine intelligente Vorgehensweise dar. Der weise Umgang mit Schulden hängt somit von einer Differenzierung der Bedingungen ab: Wenn Schulden als ein Gegenstück zu vorhandenen finanziellen Überschüssen oder zu verfügbaren stabilen Vermögenswerten, auf die man nicht unbedingt angewiesen ist, aufgenommen werden, stellen sie kein Problem dar. Der schuldige Betrag könnte im Notfall unmittelbar zurückbezahlt werden. Mit dem Schuldgeld kann daher „bedenkenlos gearbeitet" werden, es kann zu Renditezwecken eingesetzt werden. Es handelt sich in dem Fall um intelligentes Investitionsverhalten, mit dem der eigene Handlungsspielraum ausge-

---

[10] Nicht so in der englischen oder französischen Sprache: vgl. *debt* vs. *guilt* und *dette* vs. *culpabilité*.

weitet werden kann. Schulden können auch aufgenommen werden, wenn sie von der zukünftigen Einkommenserwartung abhängig gemacht werden – auch in diesem Fall ist absehbar, dass die Schulden geplant zurückbezahlt werden können, dafür aber bereits im Hier und Jetzt Gewinne aktualisiert oder realisiert werden können. Schulden müssen darüber hinaus bei Privatpersonen auch anders bewertet werden als bei Unternehmen. Der Einzelfall ist also zu prüfen. All dies soll verdeutlichen, dass die völlig übergeneralisierte, undifferenzierte Überzeugung, dass Schulden etwas Schlechtes sind, viele Menschen lukrativer Möglichkeiten beraubt.[11]

Die Überzeugung, dass Schulden schlecht sind, wirkt sich auf zahlreiche Lebensbereiche aus – wer diese Überzeugung verinnerlicht hat, wird sich beispielsweise allein schon aus diesem Grund nicht trauen, ein Unternehmen zu gründen.

Wie unsere oben erwähnten Beispiele geldbezogener Glaubenssätze zeigen, existieren aber auch Überzeugungen, die sich lediglich auf einen spezifischen, eng umgrenzten Bereich beziehen. Erwähnenswert ist z. B. die spezifische Überzeugung, *dass Diversifikation das Risiko mindert*. Die mit dieser weit verbreiteten, fest verankerten und nicht weiter hinterfragten Überzeugung verbundenen Glaubenssätze sollte man unbedingt genauer analysieren. Dabei erscheint es zunächst jedoch sehr plausibel, dass man nicht alles auf eine Karte setzen soll, also z. B. nicht das gesamte Anlagevermögen in die Aktien *eines* einzelnen Unternehmens investieren sollte. Muss dieses Unternehmen nämlich aufgrund unvorhersehbarer Marktentwicklungen Insolvenz anmelden, wäre das gesamte investierte Geld verloren und das eingegangene Klumpenrisiko offenkundig. Man hätte die Investitionssumme also stärker streuen sollen, sie auf mehrere Unternehmen, von denen wohl nicht alle gleichzeitig pleitegehen werden, verteilen sollen. Diversifikation mindert somit offensichtlich das Risiko

---

[11] Überlieferte volksnahe Erzählung (zitiert z. B. in Uther 2015, S. 518): Ein Bauer gebietet in seinem Testament, dass jeder seiner drei Söhne 10.000 Mark aus dem Erbanteil in den Sarg legen sollte. Der älteste Sohn, ein Jurist, tat wie gewünscht und sagte nur: „Testament ist Testament". Der zweite Sohn, ein Geistlicher, gab das Geld und sagte: „Herr, vergib ihm seinen Unglauben!". Der dritte trat an den Sarg, schrieb einen Verrechnungsscheck über 30.000 Mark, legte diesen in den Sarg, nahm das Bargeld seiner Brüder heraus und bewirtschaftete damit fortan den Hof des Vaters.

und lässt den Anleger stattdessen vom langfristig zu verzeichnenden *Durchschnittswachstum* profitieren.

Das Glaubenssystem, welches sich hinter dem Satz *Diversifikation mindert das Risiko* verbirgt, kann mit Hilfe eines Gedankenexperiments entlarvt werden (vgl. auch Zitelmann 2015, S. 98 f.): Man möge sich vorstellen, man dürfe in die Vergangenheit zurückreisen, um Geld anzulegen. Mit dem Wissen von heute würden Sie Ihr Geld selbstverständlich vollständig auf *eine* Karte setzen, nämlich diejenige, von der sie wissen, dass sie sich in den letzten Jahren am besten entwickelt hat. Diversifikation wäre in einem solchen Szenario offenkundig lediglich eine suboptimale, wenn nicht sogar eine irrationale Vorgehensweise. Diversifikation ist somit nicht zwangsläufig sinnvoll, eigentlich sogar nur dann, wenn erhebliche Unsicherheiten bezüglich der zukünftigen Wertentwicklung bestehen. Viele Wertanlagen sind jedoch durchaus berechenbar, teils gesetzlich oder vertraglich garantiert oder lassen zumindest mittelfristig gute Prognosen zu. Der Glaubenssatz „Diversifikation mindert das Risiko" ist zwar nicht falsch, allerdings ist damit zumeist auch die irrtümliche Annahme verbunden, Geldanlagen müssten zur *Gewinnmaximierung* stark diversifiziert werden. Dies gilt jedoch lediglich unter Bedingungen, in denen kritische Wissensdefizite, hohe Ausfallsraten oder ausgeprägte Zukunftsunsicherheiten bestehen.[12,13]

Oft lassen sich zu geldbezogenen Glaubenssätzen auch genau entgegengesetzte Überzeugungen finden: Einerseits sind Personen der Überzeugung, Geld mache unglücklich, gleichzeitig aber hält man es für geboten, den eigenen Kindern ein ansehnliches Erbe zu hinterlassen. Einerseits soll das Geld die Wurzel allen Übels in der Welt sein, andererseits aber auch die Armut. Einerseits meint man, für Reichtum hart arbeiten zu müssen, andererseits würde man auch den Satz unterschreiben, dass man durch ehrliche Arbeit niemals reich werden kann. Und wie wir am

---

[12] Ein interessantes Beispiel für eine gelungene Diversifizierungsstrategie schilderte einer unserer Interviewpartner für dieses Buch, Prof. Dr. Kai Höhmann: „Sie gründen fünf [Firmen] und zwei gute bleiben vielleicht übrig!" Kai Höhmann gründete in der Tat selbst drei Firmen – diejenige, die er primär zu Absicherungszwecken für zwei riskantere Firmengründungen etablierte, erwies sich tatsächlich als die erfolgreichste.

[13] Dem Einwand, dass die Zukunft immer unsicher ist, können wir nichts entgegensetzen. Aus wissenschaftlicher Perspektive muss die Möglichkeit eingeräumt werden, dass die Sonne morgen nicht wieder aufgehen wird. Doch würden Sie ihr Geld darauf verwetten?

Diversifizierungsbeispiel gesehen haben, gilt dies sogar für fachspezifische Überzeugungen: So soll man z. B. in Immobilien in begehrten Lagen investieren, bevorzugt in Großstädten, andererseits soll man bei solchen Investments aber auch *gegen den Strom* schwimmen. Solche auf den ersten Blick widersprüchlichen Aussagen lassen sich zwar durchaus in Einklang bringen, zumeist macht man sich jedoch nicht die Mühe, diese Glaubenssätze entsprechend zu differenzieren. Dies kann zu einseitiger Orientierung oder Orientierungslosigkeit, zu Irritationen und auch zu irrationalem Verhalten in Geldangelegenheiten führen. Es ist daher sehr aufschlussreich und nützlich, die eigenen Glaubenssätze in Geldangelegenheiten aktiv auf den Prüfstand zu stellen.

Eine Möglichkeit, die eigenen Überzeugungen zu reflektieren, besteht darin, sie mit Hilfe einer Matrix (vgl. Abb. 6) systematisch zu testen. Zu diesem Zweck soll zunächst eine identifizierte Überzeugung in das linke obere Kästchen eingetragen werden, z. B. die Überzeugung „Schulden sind schlecht!". Für diese Überzeugung sollen sodann zunächst

Überzeugung X		Überzeugung Non-X	
„Man sollte keine Schulden haben!"		*„Unter bestimmten Bedingungen kann das Schuldenmachen unbedenklich und sinnvoll sein!"*	
Belege	Gegenbelege	Belege	Gegenbelege
In meinem Bekanntenkreis kam jemand aus der Schuldenfalle nicht mehr heraus!	Die meisten erfolgreichen Unternehmen haben Schulden!	Wenn man über einen aktuellen oder zukünftigen Gegenwert zum aufgenommenen Kreditbetrag verfügt, sind Schulden wenig problematisch!	? - keine!
Die Zinsbelastung bei Kreditaufnahme macht ärmer!	Mein Nachbar scheint sein Hausdarlehen unter Kontrolle zu haben und gut damit zu leben.		
Die Abhängigkeit bei Schulden ist unangenehm!		Wenn es möglich ist, mit einem Schuldbetrag zu einem Schuldzins von 3% eine 10%ige Investitionsrendite zu erwirtschaften, ist dies rational!	

Abb. 6 Vereinfachte Darstellung einer Matrix zur systematischen Prüfung von geldbezogenen Glaubenssätzen

Belege gesucht werden, wie z. B., dass man Zinsen zahlen muss. Einer der bemerkenswerten Effekte dieser Technik besteht darin, dass Personen oft schon kaum substanzielle Belege für ihre Überzeugungen angeben können. Im nächsten Schritt fordert man sich jedoch darüber hinaus noch auf, aktiv nach Gegenbelegen hinsichtlich der eigenen Überzeugung zu suchen. So mag einer Person beispielsweise einfallen, dass die meisten erfolgreichen Unternehmen mit Schulden operieren und dass auch der eigene Nachbar das Darlehen aufs Haus vollständig unter Kontrolle hat und damit offenbar gut leben kann. Im Anschluss daran kann man noch einen Schritt weitergehen und sich darum bemühen, eine Gegenthese zur eigenen Überzeugung zu formulieren und für diese Gegenthese sodann Belege zu suchen. Die Gegenthese könnte z. B. lauten: „Unter bestimmten Bedingungen kann es unbedenklich und sinnvoll sein, Schulden zu machen!" Belege für diese moderate Gegenthese sind sicherlich schnell gefunden, beispielsweise, dass es weniger problematisch ist, einen Kredit aufzunehmen, wenn zu der Kreditsumme entsprechende verzichtbare Gegenwerte verfügbar sind. Wenn dies immer noch nicht dazu auffordert, den eigenen Glaubenssatz zu differenzieren, kann man im letzten Schritt auch noch versuchen, Gegenbelege zu der aufgestellten Gegenthese zu finden – dies ist erhellend, weil in der Regel keine Belege gefunden werden, die gegen die moderat formulierte Gegenthese sprechen.

Nun sind Sie an der Reihe: Probieren Sie die Technik aus und prüfen Sie eine Ihrer geldbezogenen Überzeugungen (vgl. Abb. 7)! Vielleicht bleiben Sie bei Ihrer Überzeugung, vielleicht erhalten Sie mit Hilfe der Matrix aber auch völlig neue Einsichten und Ihre Perspektive ändert sich. Es hat sich in meinem Bekanntenkreis z. B. schon oft als sehr aufschlussreich erwiesen, die Überzeugung *„Ich muss unbedingt reich werden"* kritisch zu prüfen. Versuchen Sie doch auch mal, für diese These (und eine moderat formulierte Gegenthese) Belege und auch Gegenbelege zu finden!

Nach Breier (2017, S. 187 ff.) hilft es auch schon, sich zu fragen, ob ein Glaubenssatz eigentlich dazu beiträgt, die eigene Person im Leben voranzubringen oder ob man darunter leidet und was man befürchtet, wenn man sich nicht an den Glaubenssatz halten würde oder auch, ob man auch Ausnahmen von der Überzeugung kennt.

Überzeugung X		Überzeugung Non-X	
„_____!"		„_____!"	
Belege	Gegenbelege	Belege	Gegenbelege

Abb. 7 Ihre persönliche Matrix zur systematischen Prüfung einer Ihrer geldbezogenen Überzeugungen

3   Komplexe Gedanken – *Intelligent über Geld zu denken, ist zuweilen irrational*

Die Annahme erscheint plausibel, dass das Streben nach Geld zu denkerischen Höchstleistungen antreiben kann und dass denkerische Höchstleistungen wiederum zu monetärem Erfolg führen. Es erscheint jedoch ebenso plausibel, dass das Streben nach Geld denkerische Höchstleistungen torpedieren kann, weil die Fokussierung auf Geld von der Aufgabe an sich ablenkt oder stärkere Leistungstreiber (wie z. B. die Leidenschaft für eine Sache) unterwandert. Es stellt sich also die Frage, wie die Faktoren *Denken* und *Geld* oder auch *Geld* und *Intelligenz* miteinander zusammenhängen und auf welche Weise Geld unser Denken prägt.

Zu erwarten ist, dass Intelligenz ein guter *Prädiktor* für Wohlstand und Reichtum ist. Umso mehr mag folgende Aussage überraschen: „Der IQ [Intelligenzquotient] eines Menschen steht in keiner Relation zu seinem Wohlstand, denn er schützt nicht davor, in finanzielle Schwierigkeiten zu geraten" – so jedenfalls fasst Zagorsky seine Untersuchungen zusammen, in deren Rahmen er seit 1979 insgesamt 7403 Amerikaner von ihrer

Jugend an regelmäßig zu diversen finanziellen Belangen befragt hatte. Nun erinnern Sie sich vielleicht an bestimmte Künstler und Philosophen, die zwar hochgradig intelligent sind, es aber offenkundig nicht zu Reichtum gebracht haben. Und Sie erinnern sich an einige Rockstars, Spitzensportler und Schauspieler, die zwar offensichtlich reich sind, jedoch in den Medien nicht unbedingt durch geistreiche Ergüsse auffallen. Die Aussage von Zagorsky ist jedoch selektiv dargestellt und stark zugespitzt, da sich sehr wohl eine Beziehung zwischen Intelligenz und Wohlstand auffinden lässt: Menschen mit höheren IQ-Werten verdienen in der Regel mehr als andere; zwischen 6900 $ und 18.500 $ pro Jahr lagen die Differenzen im Einkommen zwischen Personen mit einem IQ von 100 und einem IQ von 130. Jeder zusätzliche IQ-Punkt „erhöht" das jährliche Einkommen quasi um mindestens 230 $ (Zagorsky 2007). Es ist zwar festzustellen, dass hohe Intelligenzwerte für die Reichtumsgenese nicht unbedingt erforderlich sind. Eine hohe Intelligenz ist somit keine notwendige und auch keine hinreichende Bedingung für Reichtum: Die SAT-Scores, also die Ergebnisse des kognitiven Leistungstests für den Zugang zu US-amerikanischen Colleges, waren bei späteren reichen Unternehmern nämlich zwar überdurchschnittlich hoch, doch diejenigen, die später Ärzte und Anwälte wurden, erzielten trotz ihrer noch deutlich höheren SAT-Scores deutlich niedrigere Einkommen (vgl. dazu auch Zitelmann 2017). Trotz alledem besteht insgesamt ein statistisch bedeutsamer *Zusammenhang* zwischen Intelligenz und Wohlstand.

Es gibt auch mehrere Studien, die belegen, dass der Schulerfolg und die Intelligenz eines heranwachsenden Kindes mit dem Einkommen der Eltern zusammenhängen. Schnitzlein (2013) konnte zeigen, dass ca. 50 % des Unterschieds im Bildungserfolg auf den sozioökonomischen Hintergrund des Elternhauses zurückgeführt werden können. Deckers, Falk, Kosse und Schildberg-Hörisch (2015) legten dar, dass Kinder aus sozioökonomisch schlechter gestellten Elternhäusern einen niedrigeren Intelligenzquotienten aufweisen als Kinder aus besser gestellten Elternhäusern. Dies sind nur zwei Beispiele für die Vielzahl von einschlägigen Studien in diesem Bereich. Allerdings lässt sich anhand solcher Untersuchungen keine eindeutige Ursache-Wirkung-Beziehung zwischen den Faktoren *Geld* und *IQ* nachweisen – Geld könnte in diesem Kontext ohnehin nur *mittelbare* Wirkungen auf das Denken erzielen.

Geld wirkt aber in der Tat auch direkt auf grundlegende Prozesse der Informationsverarbeitung ein. Bruner und Goodman (1947) ließen eine Gruppe von Jungen die Größe von Münzen und eine andere Gruppe die Größe vergleichbarer Pappscheiben schätzen. Die Ergebnisse der Studien zeigten, dass die Münzen größer eingeschätzt wurden als die Pappscheiben, vermutlich, weil dem Geld ein subjektiv höherer Wert zugewiesen wird als der Pappe. Interessant war aber der Befund, dass die Kinder armer Eltern die Münzgrößen *stärker* überschätzten als die Kinder reicher Eltern. Der Mangel an Geld und die damit einhergehende Bedürftigkeit beeinflussten somit die wahrnehmungsbasierten Denkprozesse der Kinder (Holzkamp und Keiler 1967).

Eine interessante Untersuchung in diesem Zusammenhang wurde von Eldar Shafir et al. durchgeführt (vgl. Mani et al. 2013). Die Forscher stellten fest, dass sich zwei von ihnen gebildete Probandengruppen – „Wenigverdiener" und „Vielverdiener" – bei einem absolvierten Intelligenztest in ihrem mittleren IQ nicht voneinander unterschieden. Erst wenn sich die Probanden beider Gruppen vorstellen sollten, dass sie 1500 $ für eine Autoreparatur benötigten, zeigten sich Unterschiede in der Denkfähigkeit der beiden Gruppen: Der Fokus der Wenigverdiener war nun auf das finanzielle Problem gerichtet und dadurch offenbar eingeschränkt. Für die Vielverdiener stellte das Szenario kein Problem dar, weshalb ihre Denkfähigkeit nicht litt. Arme Menschen seien deshalb auch zu einer kurzfristigen Denkperspektive gezwungen, während reiche Menschen schon eher langfristig strategisch planen könnten, so Breier (2017, S. 127).

Die Bedeutung des Geldes für unser Denken lässt sich aber auch daran ablesen, dass bei fast allem, was wir erwägen, auch immer zugleich die monetären Kosten abgewogen werden: Wir wollen noch schnell ein Eis essen, aber in dem weiter entfernten Café gibt es für den gleichen Preis viel größere Kugeln als im nahegelegenen. Wir wollen ins Schwimmbad, aber nach 15:00 Uhr lohnt es sich dann doch nicht mehr, den Eintritt dafür zu bezahlen. Die Freunde wollen in den Urlaub, aber wir können in diesem Jahr nicht mitfahren, weil wir für eine neue Waschmaschine sparen müssen. Es gibt Menschen, die erwägen nur des Geldes wegen zu heiraten und andere rechnen durch, ob sie es sich tatsächlich leisten können, ihren

Kinderwunsch zu erfüllen.[14] Ich wage sogar die Hypothese, dass ein Großteil der Streitigkeiten innerhalb einer Partnerschaft durch unterschiedliche Vorstellungen darüber zustande kommt, wofür das zur Verfügung stehende Geld ausgegeben werden soll (vgl. Hammond 2017, S. 238). Geld ist wohl eine der folgenreichsten menschlichen Erfindungen, weil sie nahezu alle menschlichen Belange betrifft. Es ist kaum möglich, sich dem Denken in monetären Kategorien zu entziehen. Und diese Kategorien sind derart mächtig, dass sie sogar natürliche Verhältnisse pervertieren. Karl Marx veranschaulichte dies beispielsweise mit den Worten „Geld macht den Hässlichen attraktiv" (Marx 1968, S. 566; Hetzel 2017, in Peters, S. 124). Wie wir Dinge und Menschen wahrnehmen, wie wir über sie denken und urteilen und wie wir uns ihnen gegenüber verhalten, hängt auch vom Geld ab.

Geld veränderte die Welt zu einem reinen arithmetischen Problem, merkt Schrader (in Peters 2017) treffend an. Diese Quantifizierung der Dinge durch das Geld hat noch weitere bemerkenswerte psychologische Folgen. Die Vorteile der Quantifizierung aller Güter und Dienstleistungen durch das Geld liegen zwar auf der Hand. Und unser Denken mag durch den permanenten Gebrauch des Geldes durchaus auch rationaler geworden sein. So schrieb Friedrich Nietzsche beispielsweise: „Preise machen, Werte abmessen, Äquivalente ausdenken, tauschen – das hat in einem solchen Maße das allererste Denken der Menschen präokkupiert, dass es in einem gewissen Sinne das Denken *ist*: hier ist die älteste Art Scharfsinn herangezüchtet worden" (Nietzsche 1887/1999, Aphorismus 302).

Doch wenn alles quantifiziert wird, geraten Qualitäten aus dem Blick und werden vielleicht gar nicht mehr als solche erfahrbar. „Die Tatsache, dass immer mehr Dinge für Geld zu haben sind, … hat zur Folge, dass die Dinge schließlich nur noch so weit gelten, wie sie Geld kosten, und dass die Wertqualität, mit der wir sie empfinden, nur als eine Funktion des Mehr oder Weniger ihres Geldpreises erscheint" (Simmel 2009/1907,

---

[14] In einer Untersuchung der Deutschen Stiftung für Zukunftsfragen gaben im Jahr 2013 in der Tat 67 % der befragten Kinderlosen an, deshalb keine Kinder bekommen zu wollen, weil diese zu viel Geld kosten (Zeyringer 2014, S. 183).

S. 424). Schrader (in Peters 2017) bringt es auf die einfache Formel: „Qualität wurde auf Quantität reduziert".

Simmel veranschaulicht den absurden Charakter der alles umfassenden Quantifizierung am Geldmaß an einer Nadel: Eine Nadel hat einen ungeheuren Nützlichkeitswert im praktischen Handeln der Menschen. Wir schätzen Nadeln jedoch nicht dementsprechend ein. Für uns sind Nadeln beinahe wertlos. Das Geld hat unser Denken hier in eine realitätsfremde Richtung gelenkt. Die Tatsache, dass Nadeln in Massen hergestellt werden können und beinahe unbegrenzt verfügbar sind, man also keine hohen Geldbeträge dafür zahlen muss, hat zu einer Entwertung von Nadeln geführt. Umgekehrt gilt dies natürlich auch: „ … auch die bloße Versagtheit eines begehrten Dings [stattet] dieses oft erst mit einem Wert aus, dem sein erlangter Genuss nur in sehr geringem Maße entspricht" (vgl. S. 34, Simmel 1907/2009). So resümiert Simmel (1907): „Indem das Geld alle … qualitativen Unterschiede zwischen [den Dingen] durch Unterschiede des Wieviel ausdrückt, indem das Geld, mit seiner Farblosigkeit und Indifferenz, sich zum Generalmesser aller Werte aufwirft, … höhlt [es] den Kern der Dinge, ihren Eigenwert, ihren spezifischen Wert, ihre Unvergleichbarkeit rettungslos aus" (S. 121–122) (vgl. Abb. 8).

In jüngster Zeit häufen sich Publikationen zur so genannten *Selbst-PR* (z. B. Ebbert 2016; Heggmaier 2017; Kaputa 2012). Die Selbst-PR Literatur offenbart das Problem hinter der ausufernden Quantifizierung aller Angelegenheiten in besonderer Weise: Denn selbst die eigene Person soll im Rahmen des Selbstmarketings den Marktgesetzen unterworfen werden. Personen machen sich auf diese Weise vergleichbar mit der Welt des Dinglichen, sie werden dadurch verhandelbar und ihr Wert reduziert sich auf das Maß der ökonomischen Verwertbarkeit ihrer Fähigkeiten. Die Selbst-PR mag durchaus ihre Berechtigung haben, doch **wer sich nicht ständig vergegenwärtigt, dass die *Person als Ganze* mehr ist als der monetäre Gegenwert ihrer wirtschaftlich einsetzbaren Fähigkeiten, dessen Denken läuft Gefahr, sogar in Bezug auf das eigene Selbstkonzept vom Quantitätsmoment des Geldes beherrscht zu werden.**

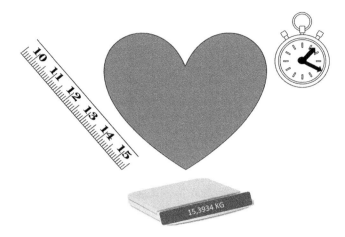

Abb. 8 Wer wollte Liebe messen? Wer bestimmte Dinge in Geldeinheiten quantifiziert, kann sie nicht mehr qualitativ erleben. Qualitätswerte, die kein Geld kosten, können bereichernd sein

Literatur

Bott, L. (2018). Get rich or keep trying – Persönlichkeitseigenschaften und Selbstmanagementkompetenzen in Zusammenhang mit dem Einkommen. Eine empirische Studie. Unveröffentlichte Masterarbeit an der Universität Koblenz-Landau.

Böwing-Schmalenbrock, M. (2012). *Wege zum Reichtum. Die Bedeutung von Erbschaften, Erwerbstätigkeit und Persönlichkeit für die Entstehung von Reichtum.* Wiesbaden: Springer.

Breier, S. (2017). *Geld Macht Gefühle. Wie Geld unser Denken, Fühlen und Handeln beeinflusst.* Berlin: Springer.

Bruner, J. S., & Goodman, C. C. (1947). Value and need as organizing factors in perception. *Journal of Abnormal and Social Psychology, 42,* 33–44.

Deckers, T., Falk, A., Kosse, F., & Schildberg-Hörisch, H. (2015). How does socio-economic status shape a child's personality. *IZA DP, No.* 8977.

Dette, D. E., Abele, A. E., & Renner, O. (2004). Zur Definition und Messung von Berufserfolg. Theoretische Überlegungen und metaanalytische Befunde zum Zusammenhang von externen und internen Laufbahnerfolgsmaßen. *Zeitschrift für Personalpsychologie, 3*(4), 170–183.

Ebbert, B. (2016). *Selbstmarketing. Mehr Erfolg durch geschickte Eigen-PR.* Freiburg: Haufe.

Eker, H. (2010). *So denken Millionäre: Die Beziehung zwischen Ihrem Kopf und Ihrem Kontostand.* München: Heyne.

Hammond, C. (2017). *Erst denken, dann zahlen. Die Psychologie des Geldes und wie wir sie nutzen können.* Stuttgart: Klett-Cotta.

Haubl, R. (1998). *Geld, Geschlecht und Konsum. Zur Psychopathologie ökonomischen Alltagshandelns.* Gießen: Psychosozial.

Heggmaier, D. (2017). *Selbst-PR. Der goldene Weg zu mehr Sicherheit und Erfolg.* München: von Mallwitz.

Hetzel, A. (2017). Von Mitteln, Medien und Gaben: Moderne Philosophien des Geldes. In S. Peters (Hrsg.), *Geld. Interdisziplinäre Sichtweisen* (S. 139–157). Wiesbaden: Springer.

Holzkamp, K., & Keiler, P. (1967). Seriale und dimensionale Bedingungen des Lernens der Größenakzentuierung: Eine experimentelle Studie zur sozialen Wahrnehmung. *Zeitschrift für Experimentelle und Angewandte Psychologie, 14*, 407–441.

Jeßegus, K. (2018). Unveröffentlichte Masterarbeit an der Universität Koblenz-Landau.

Jussim, L. (1986). Self-fulfilling prophecies: A theoretical and integrative review. *Psychological Review, 93*, 429–445.

Kaputa, C. (2012). *You are a Brand.* Boston: Brealey Publishing.

Kiyosaki, T. R. (2011). *Rich Dad. Poor Dad. Was die Reichen ihren Kindern über Geld beibringen.* München: FinanzBuch.

Koenig, P. (2007). *30 dreiste Lügen über Geld. Befreie Dein Leben, Rette Dein Geld.* Zürich: Oesch.

Lauer, S. (2015). Eine empirische Untersuchung über den Zusammenhang von dysfunktionalen Kognitionen und beruflicher Leistung. Unveröffentlichte Diplomarbeit an der Universität Koblenz-Landau.

Leidl, M. (2018). Unveröffentlichte Bachelorarbeit an der Universität Koblenz-Landau.

Mani, A., Mullainathan, S., Shafir, E., & Zhao, J. (2013). Poverty impedes cognitive dysfunction. *Science, 341(6149)*, 976–980.

Marx, K. (1844/1968/2017). *Ökonomisch-philosophische Manuskripte.* Norderstedt: BoD.

Müller, G. F. (2000). Eigenschaftsmerkmale und unternehmerisches Handeln. In *Existenzgründung und unternehmerisches Handeln – Forschung und Förderung* (S. 105–121). Landau: Verlag empirische Pädagogik.

Müller, M. (2017). *Erfolgreich mit Geld und Risiko umgehen. Mit Finanzpsychologie bessere Finanzentscheidungen treffen.* Heidelberg: Springer.

Nietzsche, F. (1887/1999). *Zur Genealogie der Moral.* Berlin: de Gruyter.

Peters, S. (Hrsg.). (2017). *Geld. Interdisziplinäre Sichtweisen.* Wiesbaden: Springer.

Sauerland, M. (2015). *Design Your Mind! Denkfallen entlarven und überwinden. Mit zielführendem Denken die eigenen Potenziale voll ausschöpfen.* Wiesbaden: Springer.

Schmitz, D. (2013). Finanzielles Selbstmanagement. Der Zusammenhang von Umgang mit Geld und Wohlbefinden. Unveröffentlichte Bachelorarbeit an der Universität Koblenz-Landau.

Schmölders, G. (1982). *Psychologie des Geldes.* München: Langen Müller.

Schnitzlein, D. D. (2013). *In Deutschland ist die Chancengleichheit ähnlich niedrig wie in den USA und deutlich geringer als in Dänemark.* Berlin: DIW Wochenberichte.

Schrader, H. (2017). Und es stinkt doch! Eine verstehende Analyse von Geld in der Alltagsökonomie. In S. Peters (Hrsg.), *Geld. Interdisziplinäre Sichtweisen* (S. 49–73). Wiesbaden: Springer.

Simmel, G. (2009/1907). *Philosophie des Geldes.* Köln: Anaconda.

Statista. (2019). https://de.statista.com/statistik/daten/studie/813/umfrage/macht-geld-gluecklich/. Zugegriffen am 31.08.2019.

Ullrich, W. (2009). Flüssig sein. Die Seele des Kapitalismus. In K. P. Liessmann (Hrsg.), *Geld – Was die Welt im Innersten zusammenhält* (S. 64–89). Wien: Zsolnay.

Uther, H.-J. (2015). *Deutscher Märchenkatalog.* Münster: Waxmann.

Zagorsky, J. L. (2007). Do you have to be smart to be rich? The impact of IQ on wealth, income and financial distress. *Intelligence, 35,* 489–501.

Zeyringer, J. (2014). *Wie Geld wirkt. Faszination Geld – wie es uns motiviert und antreibt.* Göttingen: Business Village.

Zitelmann, R. (2015). *Reich werden und bleiben. Ihr Wegweiser zur finanziellen Freiheit.* München: FBV.

Zitelmann, R. (2017). *Psychologie der Superreichen: Das verborgene Wissen der Vermögenselite.* München: FinanzBuch.

Reden ist Silber, Schweigen ist Geld? – *Tabuthema Geld*

Wissen Sie, was Ihr bester Freund oder Ihre beste Freundin verdient? Bevor Sie nach dieser Frage anfangen, an Ihren Qualitäten als Freund oder Freundin zu zweifeln, können wir Sie beruhigen: Die Chancen stehen nicht schlecht, dass die Wissenslücke nicht nur auf Ihr Konto geht. Vermutlich hat Ihre Freundin oder Ihr Freund nicht unwesentlich dazu beigetragen, dass Ihnen diese Information im Verlauf Ihrer Freundschaft entgangen ist.

Für diese Annahme spricht zumindest das Ergebnis einer Forsa-Umfrage aus dem Jahr 2018, die im Auftrag der Consorsbank erhoben wurde. In dieser Befragung gab über die Hälfte der befragten Personen an, nicht zu wollen, dass die Freunde wissen, was sie verdienen oder besitzen (finanzwelt). Dieses Studienergebnis deckt sich auch mit den Ergebnissen einer Befragung, die an unserem eigenen Institut durchgeführt wurde (Schmitz 2013): Die Zustimmung zu der Aussage „Ich spreche mit meinen Freunden über meinen Umgang mit Geld" fiel mit einem Mittelwert von 2,7 auf einer 5-stufigen Skala, insbesondere im Vergleich zu anderen Gesprächsthemen, eher gering aus.

© Springer Fachmedien Wiesbaden GmbH, ein Teil von Springer Nature 2019
M. Sauerland, J. Höhs, *Geld – Vom Sein zum Schein*,
https://doi.org/10.1007/978-3-658-26666-0_3

Die Erkenntnis, dass Geld ein Tabuthema ist, wird für Sie vermutlich nicht neu sein. Dies lässt zumindest das Ergebnis einer Emnid-Studie vermuten, die im Auftrag der Postbank erhoben wurde: Ganze 64 % der befragten Personen waren in der Befragung der Meinung, dass man über Geld nicht spricht (Postbank 2015). Aber haben Sie sich schon einmal gefragt, *warum* wir uns nicht einmal mit unseren engsten Vertrauten über unsere finanzielle Lage austauschen? Was sind die Gründe dafür, dass wir unseren Freunden zwar unsere Erfolge in vielen anderen Lebensbereichen mitteilen, aber unsere finanziellen Erfolge für uns behalten? Warum holen wir uns bei finanziellen Misserfolgen keine Ratschläge von unseren Freunden oder Familienmitgliedern ein, obwohl wir wissen – oder zumindest erahnen – dass sie uns mit ihrem Wissen oder ihren Erfahrungen helfen könnten? Und warum reagieren nicht nur andere Personen, sondern auch wir selbst so „komisch", wenn die Frage nach der Höhe des Einkommens oder nach konkreten Ausgaben aufkommt?

Diesen Fragen wird sich dieses Kapitel widmen. Zunächst werden wir die Ursachen und Gründe für das Tabu analysieren. Aufbauend auf den Herausforderungen und Konsequenzen, die sich durch die öffentliche und private Tabuisierung von Geldthemen ergeben, möchten wir anschließend konkrete Strategien für die Entwicklung einer „gesunden Beziehung" zum Thema Geld vorstellen.

1   Ursachen des Tabus – *Am Anfang war das Schweigen*

„Über Geld spricht man nicht" – diese Regel haben die meisten von uns schon in der Kindheit verinnerlicht. Schon früh werden wir von unseren Eltern darauf hingewiesen, dass finanzielle Angelegenheiten etwas Privates sind. Wir lernen von ihnen, die eigene finanzielle Situation nicht mit anderen zu teilen und im Gegenzug andere nicht nach ihrer finanziellen Situation zu fragen. Wem diese Regeln in der Erziehung nicht vermittelt wurden, verinnerlicht sie spätestens nach entsprechenden persönlichen Erfahrungen. Selbst auf gängige Fragen der Art „Wie viel verdienst du?" oder „Wie viel Miete zahlst du?" reagieren die meisten Personen irritiert. Je nach Beziehungsgrad zwischen dem Fragenden und dem Gefragten geht diese erste Irritation in (stille) Empörung oder Verlegenheit über, die sich in ausweichenden Antworten wie „Eigentlich verdiene ich in dem neuen Job nicht schlecht" oder „Ach, ich zahle viel zu viel für die kleine Wohnung!" niederschlägt. Manchmal wird die fehlende Auskunftsbereitschaft auch in ironische Rückfragen verpackt, wie z. B.: „Bist du an mir interessiert oder nur an meinem Geld?" Selbst, wenn man auf entsprechende Nachfragen tatsächlich eine informative Antwort erhält, leitet unser(e) Gesprächspartner(in) in den meisten Fällen einen schnellen Themenwechsel ein, durch den er oder sie uns diskret aber bestimmt zu verstehen gibt, dass es bei dieser einen finanziellen Offenbarung bleiben wird. Ohne dass uns dies auch nur mit einem Wort mitgeteilt wurde, verstehen wir, dass weitere Nachfragen unerwünscht sind. Diese und ähnliche Reaktionen, die uns das Gefühl vermitteln, eine unsichtbare Grenze überschritten zu haben oder etwas „Falsches" gefragt zu haben, lehren uns, das Thema Geld in zukünftigen Gesprächen zu vermeiden.

Das Wissen darüber, dass Geld ein Tabuthema ist, wird also im Zuge von *expliziten* und *impliziten* Lernprozessen erworben. Hierbei scheinen vor allem die *implizit* wirkenden Lernerfahrungen (d. h. die beschriebenen Erfahrungen in sozialen Situationen) einen prägenden Einfluss auf unser öffentliches Verhältnis zum Geld zu hinterlassen.

2   Gründe für das Tabu – *Auf der Suche nach dem Unsichtbaren*

Die tieferliegenden Gründe für die Aufrechterhaltung des Tabus zu analysieren, gestaltet sich aufgrund der Beschaffenheit des Tabus nicht einfach. Denn jedes Tabu stellt ein ungeschriebenes gesellschaftliches Regelwerk dar, das auf stillschweigend akzeptierten sozialen Übereinkünften basiert. Die Problematik bei dem Versuch, die Gründe des Tabus aufzudecken, ergibt sich daraus, dass sich das Tabu durch seinen *implizit* wirkenden und bedingungslosen Charakter der

Notwendigkeit einer Legitimierung entzieht. Das bedeutet: Anders als bei Gesetzen, die vor ihrem Inkrafttreten öffentlich verhandelt und deren Begründung explizit dokumentiert wurde, liegt es in der Beschaffenheit von Tabus Wirkungen zu entfalten, die nicht hinterfragt werden. Dies macht nicht nur das Wirken des Tabus an sich, sondern auch die Gründe für ein bestimmtes Tabu schwer greifbar. So problematisierte schon Sigmund Freud:

> „Die Tabuverbote entbehren jeder Begründung; sie sind unbekannter Herkunft; für uns unverständlich, erscheinen sie jenen selbstverständlich, die unter ihrer Herrschaft stehen."
> (Sigmund Freud, Totem und Tabu, Kapitel 4, zitiert nach Spiegel online)

Trotz dieser Einschränkungen wollen wir uns im nächsten Abschnitt der Herausforderung stellen, die Gründe für das Tabu zu analysieren und dessen Wirkmechanismen aufzudecken.

2.1   Warum wir nicht über Geld reden *können*

Ein naheliegender Grund dafür, dass Personen Gespräche über Geld so gut es geht vermeiden, besteht darin, dass es sich mehr um ein „nicht über Geld reden *können*" als um ein „nicht über Geld reden *wollen*" handelt. Möglicherweise befürchten viele Personen schlicht, dass ihre gravierenden Wissensdefizite entlarvt werden und sie sich vor Anderen mit ihren Wissenslücken blamieren könnten. Diese Angst wird zum Beispiel in einer von der *Welt* zitierten Umfrage des Forschungsmanagers KRUK deutlich, die in sieben europäischen Ländern jeweils 1000 Personen zu ihrem Finanzwissen befragte. Nur 53 % der Deutschen gaben hier an, mit Banken und Versicherungen „halbwegs gut zurecht zu kommen", während 13 % sogar der Meinung waren, gar kein Finanzwissen zu besitzen.

Die subjektive Wahrnehmung von mangelhaftem Wissen deckt sich mit den Fakten: Laut den Erkenntnissen einer Umfrage der Gesellschaft für Konsumforschung (GfK) aus dem Jahr 2017, die im Auftrag des Bankenverbandes erhoben wurde, verfügen ganze 26 % der 1004 befragten in Deutschland lebenden Personen über „kaum hinreichende" und „mehr als ein weiteres Drittel (37 %) gar über schlechte Voraussetzungen für eigene Finanz- und Vorsorgeentscheidungen" (Bankenverband 2018). Der Umfrage zufolge besitzt zudem nahezu jeder zweite Deutsche keine Börsenkenntnisse und ein Viertel der Befragten wisse nicht, was man unter Inflation verstehe. Alarmierend ist gemäß dem Bericht des Bankenverbandes hierbei, dass die Finanzkompetenz seit dem Jahr 2014 laut dem Finanzplanungsindex gesunken sei. In Hinblick auf diese Ergebnisse erscheint es verständlich, dass Personen sich in Geldgesprächen meist zurückhalten (weiterführende Befunde werden im nachfolgenden Kapitel berichtet).

Verstärkt wird diese Zurückhaltung dadurch, dass Personen davon ausgehen, über Finanzen eigentlich etwas wissen zu *müssen*. So ordnen die meisten Menschen grundlegendes Finanzwissen, aufgrund seiner alltäglichen Relevanz, der Allgemeinbildung zu. Aus dieser Zuordnung und dem festen Glauben, andere Personen besäßen ein deutlich besseres Finanzwissen, resultiert die Sorge, dass andere Personen von dem eigenen Wissensdefizit auf ein generelles Defizit in der Allgemeinbildung schließen könnten. Da niemand gerne als „Unwissende(r)" oder sogar als „dumm" eingestuft wird, besteht die logische Konsequenz darin, möglichst wenig finanzielles (Un)wissen preis zu geben.

Möglicherweise erklären diese Gedankenprozesse auch, warum Personen mit niedrigem Bildungsabschluss noch stärker dazu neigen, finanzielle Angelegenheiten zu tabuisieren als Personen mit höherem Bildungsabschluss. Während in der bereits erwähnten Emnid-Umfrage im Auftrag der Postbank aus dem Jahr 2015 ganze 65 % der befragten Personen mit Volks- oder Hauptschulabschluss es vorzogen, über die finanzielle Situation zu schweigen, gaben dies nur 57 % der Personen mit Abitur und Universitätsabschluss an. Möglicherweise befürchten Personen mit niedrigem Bildungsabschluss (fälschlicherweise) aufgrund ihrer kürzeren Schulbildung noch weitaus gravierendere Wissensdefizite im finanziellen Bereich aufzuweisen. Da allerdings Finanzbildung nur in den wenigsten weiterführenden Schulen fest in den Lehrplan integriert ist (ein Problem, auf das wir später noch einmal näher eingehen werden), dürfte diese Sorge unbegründet sein.

2.2   Warm wir nicht über Geld reden *wollen*

Trotz der Tatsache, dass Wissensdefiziten eine bedeutsame Rolle bei der Erklärung des Tabus zukommt, scheint eine Reduktion auf das mangelnde Finanz*wissen* nicht ausreichend zu sein. Dies wird zum Beispiel an dem Befund deutlich, dass laut der Umfrage im Auftrag der Postbank gerade einmal 4 % der Personen, die sich selbst ein geschicktes Händchen für finanzielle Erfolge zuschreiben, offen über Geld sprechen (FAZ 2015). Da anzunehmen ist, dass finanzieller Erfolg ein gewisses Maß an Finanzwissen erfordert, kann man aus diesem Befund schließen, dass Personen offenbar selbst dann nicht über Geld sprechen, wenn sie es aufgrund ihres Wissens prinzipiell könnten.

Geld und der Wunsch, von anderen gemocht zu werden
In den meisten Fällen liegt uns viel daran, von unseren Gesprächspartnern gemocht zu werden und bei ihnen einen positiven Eindruck zu hinterlassen. Dieser Wunsch nach einer positiven sozialen Bewertung durch Andere spielt für die Erklärung des Tabus auf zwei unterschiedliche Arten eine bedeutsame Rolle.

Zum einen kann der Wunsch, von Anderen gemocht zu werden, erklären, warum wir eher selten die Initiative für ein Gespräch über finanzielle Aspekte ergreifen. Vor allem im ersten Kontakt ist es wohl zumindest den meisten von uns wichtig, keinen oberflächlichen Eindruck zu erzeugen. Wir möchten vermeiden, dass finanzielle Nachfragen als Tendenz missverstanden werden, andere Personen auf ihren finanziellen Erfolg zu reduzieren. So wie wir es selbst nicht gerne sehen, wenn sich andere über den Besitz von teuren Luxusgütern definieren, so wollen wir auch nicht, dass unsere Gesprächspartner den Eindruck haben, dass wir sie anhand ihres Einkommens oder ihrer Ausgaben in eine bestimmte Schublade einordnen. Darum versuchen wir im ersten Kontakt keine Fragen finanzieller Art zu stellen.

Andererseits befürchtet der nach finanziellen Details Gefragte, den positiven Eindruck durch eine „falsche Antwort" zu gefährden. In Abhängigkeit des finanziellen Erfolgs werden verschiedene emotionale Reaktionen auf die persönlichen finanziellen Offenbarungen befürchtet, die wir nachfolgend erläutern wollen.

Soziale Bewertungsängste eines Wohlhabenden

Wohlhabende Personen rechnen vermutlich vor allem mit Neid und Missgunst und hegen die Befürchtung, dass andere Personen ihnen den rechtmäßigen Verdienst ihrer guten finanziellen Lage absprechen könnten. Dass diese Befürchtungen nicht ganz unbegründet sind und dass der Besitz von Geld zu starken emotionalen Reaktionen Anderer führen kann, zeigen immer wieder Beispiele aus der Öffentlichkeit. Auf die Offenlegung von Gehältern bestimmter Berufsgruppen wird häufig mit allgemeiner Empörung und Entrüstung reagiert. Immer wieder entfacht die Veröffentlichung von konkreten Zahlen eine Debatte über die (Un-)Verhältnismäßigkeit von Einkommenszahlungen. Beispiele stellen die Gehaltsenthüllungen des CDU-Politikers Friedrich Merz oder des Fußballprofis Lionel Messi dar.

Natürlich verdienen die meisten von uns keine Managergehälter und erwarten daher nicht ernsthaft, dass man sie aufgrund ihrer Einkommenshöhe und ihres resultierenden Wohlstands direkt der Steuerhinterziehung bezichtigt. Dennoch könnte die Angst vor negativen Reaktionen anderer und die damit einhergehende Befürchtung, von anderen nicht gemocht zu werden, auch in niedrigeren Einkommensklassen in abgemilderter Form handlungsleitend sein. Dies erscheint vor allem deshalb plausibel, weil es sich bei der Einschätzung des Wohlstands immer um eine *relative* Bewertung handelt.

Jeder misst den finanziellen Erfolg mit einer anderen *Metrik* und nutzt zur Klassifizierung finanzieller Größen eine andere *Skalierung*: Was für den Profifußballer ein geringes Einkommen ist, ist für den durchschnittlichen Studenten ein utopisches Gehalt. Die große Spannweite der Einschätzungen von Wohlstand und anderen finanziellen Größen liegt also vor allem in dem Fehlen einer einheitlichen Skala begründet. Normalerweise können wir bei der Einschätzung der Größe eines Objekts auf einheitliche Metriken und normierte Vergleichswerte zurückgreifen. Möchten wir wissen, wie unsere Körperfülle im Vergleich zu anderen Personen beschaffen ist, vergleichen wir unseren BMI-Wert mit der Norm und ordnen ihn einer Kategorie wie „normalgewichtig" zu. Wollen wir die Höhe unseres Einkommens bewerten, ist diese Einschätzung jedoch *nicht* anhand genormter Werte möglich. Die Norm ist variabel und verändert sich bei jedem einzelnen Vergleich aufs Neue. Es kommt bei jeder Einschätzung darauf an, zu welchen Größen wir unser Einkommen in Beziehung setzen: Zu den durchschnittlichen Werten unserer Freunde? Zum deutschen Durchschnitt? Zum Durchschnitt unserer Altersklasse? Eine Einschätzung erfolgt immer auf der Basis von persönlichen Referenzwerten. Die Skalierung, die wir bei der Bewertung anlegen, entwickelt sich durch eigene Erfahrungen (z. B. durch die Höhe der eigenen bisherigen Gehälter) und wird durch unser Umfeld geformt (z. B. Arbeitskollegen, Freunde). Auch der allgemeine Wohlstand des Wohnortes beeinflusst die Referenzwerte.

Dies bedeutet, dass für die Art der Reaktionen unserer Gesprächspartner nicht unsere Einkommenshöhe *an sich* entscheidend ist, sondern deren subjektive Bewertung. Je nach ihrer individuellen finanziellen Skalierung kann es also durchaus sein, dass eine Person auch dann mit Neid und Missgunst reagiert, wenn die gefragte Person zwar kein Managergehalt verdient, aber ein deutlich höheres Gehalt bekommt als die Person, die den Vergleich anstellt. Missgunst ist vor allem dann zu erwarten, wenn die Gesprächspartner in ähnlichen Berufen tätig sind und sich hinsichtlich ihrer Kompetenzen und Fähigkeiten sowie des Erfahrungshintergrunds sehr ähnlich sind. Unterscheidet sich unter diesen Bedingungen die Höhe des Gehalts, führt die Enthüllung dieser Tatsache verständlicherweise zu Unverständnis. Insbesondere dann, wenn Personen häufiger die Erfahrung machen, dass ihr Gehalt über den Werten ihrer Gesprächspartner liegt und sie sich sogar für ihre höhere Bezahlung rechtfertigen mussten, werden sie versuchen, Einkommensfragen in Zukunft aus dem Weg zu gehen.

Dies gilt natürlich nicht nur für Gehälter, sondern auch für die Enthüllung von getätigten Ausgaben. Die Gefahr, Neid zu erzeugen, besteht hier vor allem dann, wenn die fragende Person die gleichen Dinge gerne kaufen würde, sich diese aufgrund finanzieller Einschränkungen aber nicht leisten kann. Auch hier gilt, dass die häufige Erfahrung von entgegengebrachtem Neid und das Gefühl, den Verdienst der eigenen Besitztümer ständig vor anderen rechtfertigen zu müssen, mit der Zeit zu verhaltenen Reaktionen bei entsprechenden Nachfragen führt.

Soziale Bewertungsängste eines finanziell Erfolglosen

Im Gegensatz dazu ist anzunehmen, dass Personen mit Geld*mangel* sich vielmehr sorgen, dass ihre finanzielle Situation als ein Spiegelbild ihrer

Fähigkeiten und Leistungen beurteilt werden könnte. Sie befürchten, dass ihnen aufgrund ihrer schlechten finanziellen Lage mangelnde Anstrengung oder mangelnde Kompetenzen zur Last gelegt werden. Diese Befürchtung erscheint vom wissenschaftlichen Standpunkt aus auch nicht vollkommen abwegig zu sein.

Der *Gerechte-Welt-Theorie* zufolge (vgl. Lerner 1980) besitzen Menschen ein fundamentales Bedürfnis danach, an eine gerechte Welt glauben zu können. Eine gerechte Welt wird von Lerner definiert als eine Welt, in der Menschen das bekommen, was sie verdienen und verdienen, was sie bekommen. Dieses Bedürfnis äußert sich darin, dass Personen *Erfolge* bevorzugt auf Anstrengungen und Leistungen zurückführen, während *Misserfolge* mit mangelnden Kompetenzen und fehlender Anstrengung erklärt werden. Dieses Bewertungsmuster (in der Psychologie spricht man auch von einem *Attributionsstil*) erfüllt die Funktion, unsere eigene Zukunft als vorhersagbar und kontrollierbar zu erleben. Wir haben das Gefühl, durch eigene Leistungen und Anstrengungen unsere Ziele erreichen zu können. In einer Welt, in der Erfolg von Zufall und Glück abhinge, würde uns das Streben nach Zielen hingegen wenig attraktiv erscheinen. Jede Mühe und Investition wäre sinnlos.

Obwohl dieser Attributionsstil auf den ersten Blick recht sinnvoll zu sein scheint, kann er auf sozialer Ebene deutlichen Schaden anrichten. Dass die bedingungslose Zuschreibung von Misserfolgen auf persönliches Versagen nämlich nicht immer gerechtfertigt ist, wissen wir aus eigener Erfahrung. Gerade in finanziellen Angelegenheiten kann mitunter ein gewisses Maß an Zufall nicht in Abrede gestellt werden: Insbesondere schlechte Startbedingungen oder ungünstige globale Wirtschaftsfaktoren müssen bei der Bewertung von finanziellen Misserfolgen immer mitberücksichtigt werden.

Trotz dieses Wissens neigen wir dazu, diese Faktoren bei der Bewertung des finanziellen Erfolgs oder Misserfolgs anderer zu ignorieren und ihre finanzielle Situation stattdessen nahezu ausschließlich auf aktive Entscheidungen und Verhaltensweisen der Person zurückzuführen. Vor diesem Hintergrund erscheint es verständlich, dass Personen, die vielleicht auf die „falschen" Aktien gesetzt haben, sich nicht gerne zu ihrer finanziellen Lage äußern, weil sie befürchten, für ihre „Fehlentscheidungen" verantwortlich gemacht zu werden und sich rechtfertigen zu müssen. Besonders Personen, die bereits häufiger diese Erfahrung gemacht haben, werden Informationen über ihre finanzielle Situation nicht gerne mit anderen teilen. In Hinblick auf die Schutzfunktion, die das Tabu in diesen Situationen erfüllt, scheint es sogar seine Berechtigung zu haben.

2.3   Warum wir nicht über Geld reden *dürfen*

Dass wir nicht über Geld reden *wollen,* geht Hand in Hand mit der Tatsache, dass wir nicht über Geld reden *dürfen.* Es ist davon auszugehen, dass die im vorherigen Abschnitt beschriebenen sozialen Ängste (insbesondere die Bewertungsängste eines Wohlhabenden) zu großen Teilen in kulturell-religiösen Werten begründet liegen, die uns im Rahmen der Erziehung und der Sozialisation vermittelt werden.

Zahlreiche Textstellen in der Bibel lehren uns, welche negativen Konsequenzen mit einer Zuwendung zum Geld verbunden sind. Das *Gleichnis des verlorenen Sohnes* vermittelt uns beispielsweise, dass die Hoffnung, langfristiges Glück in monetären Werten zu finden, lediglich eine verführerische Illusion darstellt und zu einer Abkehr von den tatsächlich zählenden Werten wie Familie, Liebe und Religion verleitet, welche die wahren Quellen des Glücks darstellen (vgl. Lukas 15, 11–32).

Auch lehrt uns die Bibel, dass Geld eng mit negativen Charaktereigenschaften wie Geiz und Gier verzahnt ist. Geschichten wie *der Betrug des Hananias und der Saphira* (Apostelgeschichte 5, 1–11) oder das *Beispiel vom reichen Mann und dem armen Lazarus* (Lukas 16, 19–31) mahnen uns, dass Gott diese negativen Charakterzüge, die durch den Besitz von Geld hervorgerufen werden, sowohl zu Lebzeiten als auch nach dem Tod hart bestraft (vgl. auch *das Gericht der Reichen*, Jakobus 5, 1–6). Gleichzeitig werden wir durch Beispiele, in denen die Mittellosen für ihre Großzügigkeit belohnt werden, dazu ermutigt, ein bescheidenes und genügsames Leben ohne große Besitztümer zu führen (vgl. *die Spende der Witwe*, Markus 12, 41–44), mit dem Versprechen, eines Tages für das tugendhafte, bescheidene Verhalten mit dem Eintritt in das Himmelreich belohnt zu werden (vgl. auch *Reichtum und Nachfolge*, Lukas 18, 18–27).

Die in der Bibel vermittelten Überzeugungen, Geld und Gier seien untrennbar miteinander verknüpft, während der Besitz von Geld und Barmherzigkeit unvereinbar seien,[1] begünstigen nicht nur negative Glaubenssätze über Geld (vgl. Kap. „Geldgedanken – *Gedanken an Geld, über Geld denken, in Geld denken, Denken und Geld*"), sondern tragen auch maßgeblich zu der Aufrechterhaltung einer allgemeinen Tabuisierung von Geldthemen bei. Die Furcht, Gespräche über Geld könnten mit einer Offenbarung von Gier, einer Absprache der Fähigkeit zu lieben oder einer Abkehr von Gott gleichgesetzt werden, resultiert darin, dass von der Thematisierung von Geldbelangen bewusst und unbewusst Abstand genommen wird.

Da diese Unterstellungen insbesondere bei positiv besetzten Äußerungen über Geld befürchtet werden, werden öffentliche Äußerungen, die eine neutrale oder positive Einstellung zu Geld erkennen lassen, subjektiv als „verboten" wahrgenommen. Während bei Äußerungen, die ein offensichtliches Geldinteresse offenbaren, also negative Reaktionen erwartet werden, scheinen die meisten Personen hingegen davon auszugehen, dass *negative* Äußerungen über Geld nicht nur toleriert, sondern sogar *honoriert* werden. Dabei wird beispielsweise angenommen, dass dieses von Tugend und Bescheidenheit zeugende Verhalten mit positiven sozialen Reaktionen wie Sympathie belohnt wird.[2] Dieser Umstand begünstigt insbesondere eine Tabuisierung positiv besetzter Geldgespräche und erzeugt somit den (trügerischen) Eindruck einer allgemeinen negativen Einstellung zu Geld.[3]

---

[1] Diese Äußerung darf nicht als ein Zweifel an den jeweiligen Beziehungen missverstanden werden. Es ist nicht von der Hand zu weisen, dass Geld Gier begünstigt und über diese Prozesse vermutlich auch die Wahrscheinlichkeit für barmherziges und großzügiges Verhalten verringert. Die Ausführungen sollen lediglich darauf verweisen, dass es sich bei den Verbindungen nicht um zwingende Kausalitäten handelt.

[2] An dieser Stelle sei betont, dass ehrliche Bescheidenheit und Tugend aus gutem Grund in unserer Gesellschaft mit Sympathie belohnt werden und nicht nur aus religiöser Perspektive erstrebenswerte Werte darstellen.

[3] Eine mehrheitlich negative Einstellung zu Geld haben wir in unseren eigenen *anonym angelegten* Untersuchungen noch nie auffinden können.

3   Konsequenzen des Tabus – *Am Ende steht die Orientierungslosigkeit*

Obwohl das Schweigen viele negative Dinge von uns fernzuhalten scheint (z. B. die Offenbarung von Inkompetenz und Unwissenheit, Neid und Missgunst) sind mit der Tabuisierung von Geldthemen auch massive Nachteile verbunden. Die Nachteile ergeben sich vor allem aus Wissensdefiziten, die nicht nur für die Aufrechterhaltung des Tabus verantwortlich sind, sondern auch aus diesem resultieren. Die Unwissenheit führt nämlich zu vielen verpassten Chancen. Die negativen Konsequenzen sollen im folgenden Abschnitt anhand verschiedener Fragen veranschaulicht werden, deren Klärung durch die Tabuisierung erschwert wird (vgl. Abb. 1, rechts).

3.1   Was ist eigentlich „normal"?

Durch den mangelnden Austausch über Geldthemen fehlt uns nicht nur das Wissen darüber, wie wir unser Geld am besten investieren könnten, um es zu vermehren, sondern auch das Gefühl dafür, welche finanziellen Größen „normal" sind. Eine adäquate Einschätzung dessen, welche Einkommenszahlungen oder Ausgaben „normal" sind, erweist sich allerdings in vielen Lebensbereichen als notwendige Voraussetzung für ein erfolgreiches Handeln. Wir benötigen dieses Wissen beispielsweise, um uns für den richtigen Beruf oder einen zu unseren Bedürfnissen passenden Wohnort zu entscheiden.

Wie schlecht wir „finanzielle Normwerte" einschätzen können, fällt uns spätestens bei unseren ersten Bewerbungsgesprächen auf, in denen uns die Quantifizierung unserer Leistung in der Regel nicht leichtfällt. Ohne Referenzwerte durch eigene oder fremde Erfahrungen, ist die Beantwortung der Frage nach unseren Gehaltsvorstellungen schwierig zu beantworten. Wir wissen nicht, welches Gehalt für Berufseinsteiger angemessen ist und welche Erwartungen als unverschämt aufgefasst werden könnten. Auf der anderen Seite möchten wir natürlich vermeiden, uns unter Wert zu verkaufen. Das Internet hilft uns zwar, grobe Orientierungswerte zu finden, jedoch wird auch der kompetenteste

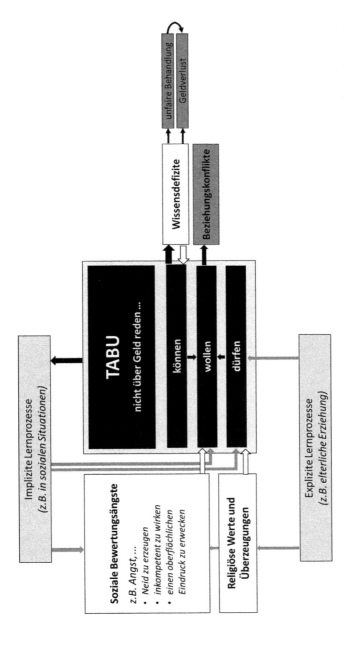

Abb. 1 Beziehungsgeflecht der Ursachen (*unten/oben und links*), Gründe (*Mitte*) und Konsequenzen (*rechts*) des Tabus, über Geld zu reden

Googler keine Angabe finden, die den individuellen Erfahrungs- und Qualifizierungshorizont detailliert widerspiegelt. Wir sind also vor allem in jungen Jahren auf uns allein gestellt und müssen uns die eigene Skalierung bzw. unser eigenes finanzielles Bewertungssystem durch ein „*Trial and Error*"-Vorgehen mit der Zeit eigenständig erarbeiten.

Auch außerhalb des Berufs kann die Einschätzung unserer persönlichen finanziellen Lage im Vergleich zu relevanten Anderen vor allem in der Jugend zu einem Problem werden. Wie bereits im vorherigen Abschnitt geschildert, versuchen wir, Fragen finanzieller Art so zu beantworten, dass unsere Antworten nicht negativ von der Norm abweichen. Für diese Einschätzung sind wir allerdings darauf angewiesen, zu wissen, was *normal* oder in Hinblick auf unserer Referenzkategorie *durchschnittlich* ist. Zu diesem Zweck versuchen wir, uns kontinuierlich und vorsichtig an dieses Wissen heranzutasten. Im jungen Erwachsenenalter nehmen wir daher auch öfter „seltsame" Reaktionen von anderen in Kauf, um zu einer Einschätzung darüber zu gelangen, wie viel Geld Gleichaltrige zur Verfügung haben, ob unsere Miete durchschnittlich ist oder um zu wissen, wie viel Geld Andere in bestimmte Freizeitaktivitäten investieren.

Obwohl anzunehmen wäre, dass wir mit zunehmendem Alter durch unsere Erfahrungen ein stärkeres Bewusstsein für Normwerte entwickelt haben und nicht mehr auf dieses „*Trial-and-Error*" Vorgehen in Gesprächen angewiesen sind, scheint uns dies nicht vollständig zu gelingen – verwiesen sei an dieser Stelle noch einmal auf den Befund, dass die Mehrheit der Deutschen nicht weiß, was der beste Freund oder die beste Freundin verdient. Dieser Befund zeigt, dass uns der Wissenserwerb über Normwerte selbst im Erwachsenalter nur bis zu einem bestimmten Grad gelingt.

Dies ist wohl auch darauf zurückzuführen, dass sich im Laufe unseres Lebens unsere Referenzobjekte ständig verändern. Im Jugendalter mag man die Person mit dem meisten Taschengeld gewesen sein, während man im jungen Erwachsenenalter im Vergleich zu den Arbeitskollegen plötzlich ein unterdurchschnittliches Einkommen bezieht. Wir müssen unsere Skalierungen und unsere Einschätzungen kontinuierlich anpassen und sind somit auch im fortgeschrittenen Alter auf Vergleichswerte anderer angewiesen.

3.2   Was ist *nicht* normal?

Der mangelnde Zugang zu Normwerten kann gravierende Folgen haben. Zum einen ermöglicht dieser Zustand die Entstehung und Aufrechterhaltung von Diskriminierung. Wer keine Kenntnis darüber hat, was man mit einer bestimmten Ausbildung und in einem bestimmten Beruf verdienen sollte oder was andere verdienen, wird schnell Opfer von Ausbeutung oder unfairer Behandlung. So bleibt beispielsweise die Tatsache einer ungleichen Bezahlung von männlichen und weiblichen Arbeitskräften durch das implizite (und teils auch explizite) Verbot, sich über die Höhe der Bezahlung auszutauschen, den weiblichen Arbeitskräften häufig vorenthalten.

Probleme ergeben sich auch aus der Tatsache, dass eine fehlende Thematisierung der Unterschiede in der Bezahlung nicht zugleich bedeutet, dass die Unterschiede in der Bezahlung nicht bekannt sind. Häufig führt schon die bloße *Vermutung* einer ungleichen Bezahlung zu unterschwelliger Frustration bei der diskriminierten Personengruppe, was ein schlechtes Arbeitsklima begünstigt. Die Tabuisierung von Geldthemen minimiert also nicht nur die Chance auf Gerechtigkeit am Arbeitsplatz, sondern trägt auch mittels unterschwelliger Konflikte zu einer geringeren Arbeitszufriedenheit bei.

3.3   Was kostet die Welt?

Eine andere verpasste Chance ergibt sich aus der Seltenheit, mit der man sich über bestimmte Ausgaben austauscht. Die Konsequenzen des mangelnden Austauschs lassen sich am Beispiel von Wohnungspreisen verdeutlichen. Das Wissen über übliche Wohnungspreise in einer bestimmten Stadt ist zum Beispiel relevant, wenn wir darüber nachdenken, für einen neuen Job in eine andere Stadt umzuziehen. Insbesondere, wenn es sich um eine Stadt im Ausland handelt, kann es schwierig sein, einzuschätzen, wie viel Geld einkalkuliert werden muss. Natürlich ist es möglich, sich auch ohne den direkten Austausch mit anderen Personen, z. B. anhand von verfügbaren Online-Statistiken, über die Wohnkosten und allgemeinen Lebenshaltungskosten zu informieren. Dennoch besteht bei solchen durchschnittlichen Werten die Gefahr, die Immobilienpreise einer Stadt zu unterschätzen oder zu überschätzen. In die Berechnung von Durchschnittswerten fließen nämlich sowohl stark überdurchschnittliche als auch stark unterdurchschnittliche Werte ein. Bezogen auf Wohnungspreise kann es daher im schlimmsten Fall passieren, dass niedrige Wohnungspreise zwar den Durchschnittspreis geringhalten, aber nur die stark überdurchschnittlichen Immobilien im Suchzeitraum zur Verfügung stehen. Günstigere Angebote existieren zwar prinzipiell, können aber zurzeit nicht tatsächlich erworben werden. Diese Gefahr, die sich bei allen Durchschnittswerten ergeben kann, führt zu starken Verzerrungen in der Einschätzung von Kosten und folglich zu finanziellen Fehlentscheidungen.

Die Gefahr von Fehlkalkulationen besteht vor allem dann, wenn die tatsächlichen Lebenshaltungskosten am neuen Wohnort stark von dem vorherigen Wohnort abweichen. Personen tendieren nämlich dazu, von aktuellen Zuständen auf zukünftige Gegebenheiten zu schließen, auch wenn sie prinzipiell wissen, dass die Rahmenbedingungen der zukünftigen Situation von den aktuellen Bedingungen abweichen. Voller Enthusiasmus über das Jobangebot mag man daher recht optimistisch sein, am anderen Ort eine Wohnmöglichkeit zu finden, die der aktuellen Wohnung ähnlich ist. In dem Glauben, ein solches Angebot zu finden, kann es passieren, dass man bestimmte Angebote vorschnell verwirft. Eine Wohnung, die kleiner und deutlich teurer als die jetzige Wohngelegenheit ist, erscheint einem zunächst keine geeignete Alternative zu sein. Erst nach einer weiteren zähen Suche stellt man fest, dass alle anderen verfügbaren Angebote *noch* teuer sind und das erste (nun nicht mehr verfügbare) Angebot eine Art Glückstreffer darstellte.

Vor diesem negativen Erwachen kann ein direkter Austausch mit Ansässigen schützen, da diese den aktuellen Wohnungsmarkt realistisch einschätzen können. Wer schon lange an einem Ort wohnt, weiß, wann auf welche Schnäppchen gehofft werden kann und welche Preise am wahrscheinlichsten sind. Warum deshalb nicht einfach direkt andere Personen nach den Mietpreisen und ihren einschlägigen Erfahrungen fragen?

Auch wenn Sie schon lange an einem Ort wohnen und nicht vorhaben, in eine andere Stadt umzuziehen, kann ein Austausch mit Freunden und Fremden über gezahlte Wohnungspreise von großem Nutzen sein. Möglicherweise wird Ihnen erst im Austausch mit anderen bewusst, dass Sie viel Geld durch einen Umzug in eine andere Wohngegend, die vielleicht zu Zeiten ihres Zuzugs noch nicht so attraktiv war wie zum jetzigen Zeitpunkt, sparen könnten.

3.4   Konsequenzen des Schweigens über Geld in Beziehungen

Ein anderer Bereich, in dem die Tabuisierung von finanziellen Angelegenheiten einen besonders großen Schaden anrichten kann, ist derjenige sozialer Beziehungen. Hier wird die emotionale Aufgeladenheit von Geldkonflikten besonders spürbar. Nicht ohne Grund heißt es schließlich „beim Geld hört die Freundschaft auf". Obwohl es subjektiv so wirken mag, dass es in Paarbeziehungen „ständig nur ums Geld geht", scheint das Thema nicht nur in Freundschaften, sondern auch in Paarbeziehungen ein absolutes Tabu zu sein. Dies wird an dem Befund deutlich, dass laut einer Befragung der Singlebörse Parship zwei Drittel der 18–65-jährigen befragten Personen laut eines Berichts der *WAZ* angaben, mit dem Partner kein offenes Verhältnis über die finanzielle Situation pflegen zu wollen.

Warum wir denken, dass Schweigen mehr wert ist als 1000 Worte
In sozialen Beziehungen scheint das Tabu vor allem die Funktion zu erfüllen, Konflikte zu vermeiden. Die Konflikte entstehen auf unterschiedliche Art und Weise. Zum einen führen unterschiedliche Wertesysteme und Erziehungsstrukturen zu unterschiedlichen *Prioritätensetzungen*, die wiederum zu unterschiedlichen Umgangsweisen mit Geld führen. Während der eine das Haus abbezahlen will, hält der andere die Pflege des seelischen Wohls in einem Luxusurlaub für wichtiger. Es liegt auf der Hand, dass das ständige Rechtfertigen der eigenen Prioritäten an den Nerven zehrt und die Qualität der Beziehung zunehmend belasten kann.

Spannend ist hierbei, dass sich zwar die meisten Personen der Relevanz von ähnlichen Umgangsweisen mit Geld für das langfristige Beziehungswohl bewusst sind, aber dennoch versuchen, über erste Anzeichen von Unterschieden großzügig hinwegzusehen. Erste Differenzen in finanziellen Angelegenheiten werden vor sich selbst und vor Freunden lange mit der Begründung heruntergespielt, dass es doch in der Beziehung auf deutlich wichtigere Dinge ankomme.

Die Stille vor dem Sturm

Doch dadurch, dass immer mehr Investitionen gemeinsam getätigt werden und die Unterschiede im Umgang mit Geld somit immer stärker zum Tragen kommen, wird es von Jahr zu Jahr schwieriger, über die Differenzen im finanziellen Wertesystem hinwegzusehen. Nach und nach mischen sich in die neckischen Späße über die Unterschiede im Geldverhalten mehr und mehr unterschwellige Vorwürfe, die spätestens dann in ernsten Konflikten ausarten, wenn nicht mehr zwischen *deinem* und *meinem* Geld unterschieden wird. In der Tat entscheiden sich laut der Partnerbörse eDarling 68 % der deutschen Ehepaare für diesen Schritt und eröffnen ein gemeinsames Konto. Spätestens zu diesem Zeitpunkt müssen einvernehmliche Lösungen für grundsätzliche finanzielle Fragen gefunden werden, wie beispielsweise auch, für welche Anschaffungen das Paar bereit ist, Schulden aufzunehmen. Nicht selten werden sich die Partner erst zu diesem Zeitpunkt schmerzlich darüber bewusst, die Differenzen im Umgang mit Geld zu lange vertuscht zu haben. Häufig müssen sich Paare eingestehen, keinen langfristigen Konsens in finanziellen Grundsatzfragen erreichen zu können. Doch was dann?

Die Konsequenz einer Trennung scheint vielen, z. B. in Hinblick auf die Dauer der Beziehung, nicht in Frage zu kommen. Viel zu fest ist auch der Glaube daran, dass finanzielle Werte und resultierende Verhaltensweisen formbar seien und sich mit der Zeit an die eigenen Umgangsformen anpassen werden. Dass es sich dabei allerdings eher um einen Irrglauben handeln dürfte, wird an dem Befund deutlich, dass ständige Differenzen in Geldangelegenheiten letztlich der stärkste Prädiktor für spätere Scheidungen sind. Zu diesem Ergebnis kam eine Untersuchung in den USA, in der 4574 Paare zu den Gründen ihrer Scheidung befragt wurden

(Dew et al. 2012). **Aus Geld als Eheschließungsgrund *Nummer 5* wird also schnell der Scheidungsgrund *Nummer 1*.**

Dabei führt nicht nur ein unterschiedlicher Umgang mit Geld zu Konflikten in Beziehungen, auch eine ungleiche Einkommensverteilung kann Konflikte schüren. Laut einem Bericht der *FAZ* kommt es nur in jeder vierten Beziehung vor, dass beide Partner gleich viel verdienen. Bei jedem fünften Paar ist der Mann laut des Berichts Alleinverdiener (FAZ 2013). Konflikte entstehen bei einer ungleichen Einkommensverteilung besonders dann, wenn diese ungleiche Verteilung nicht offen thematisiert wird und derjenige, der mehr Geld verdient, die Meinung vertritt, über die Verwendung des Geldes allein bestimmen zu können. Auch unabhängig davon, ob dieser Anspruch unterschwellig oder öffentlich an den Partner herangetragen wird, beinhaltet diese Auffassung enormes Konfliktpotenzial.

Nicht selten unterstellt der Alleinverdiener dem Beziehungspartner „das mühsam erwirtschaftete Geld zu verprassen", während der Beziehungspartner dem Alleinverdiener mit Misstrauen begegnet und das Gefühl verspürt, ihm oder ihr werde die eigene Mündigkeit abgesprochen. Häufig arten diese Diskussionen in sinnlosen Quantifizierungen aus und es wird vergeblich versucht, den Wert der Kindererziehung gegen den Wert der Arbeit des Alleinverdieners aufzurechnen. In Extremfällen werden diese Quantifizierungen sogar durch die Zahlung von sogenannten „Taschengeldern" explizit gemacht. Da eine Aufrechnung von Qualitäten in Quantitäten wenig sinnvoll ist, ist diese Diskussion schon in den Grundzügen zum Scheitern verurteilt. Der beste Weg, alle diese Konflikte zu umgehen, scheint für viele darin zu bestehen, das Thema Geld in der Beziehung zu tabuisieren und die Kommunikation über Einkommenszahlungen und Ausgaben komplett einzustellen. Aber genau hier liegt das Problem.

„Man kann nicht nicht kommunizieren"
Nur, weil die Einkommensunterschiede nicht thematisiert werden, heißt dies noch lange nicht, dass diese nicht existieren. So werden die Meinungen über gegenseitige Rechte und Pflichten im Umgang mit dem gemeinsamen Geld im Stillen weiter vertreten und diese dem Partner statt mit Worten über stillschweigende Handlungen mitgeteilt. Die unterschwelli-

gen Seitenhiebe und die Konfrontation mit vollendeten Tatsachen
schüren meist noch größeres Unverständnis und noch größeren Ärger.
Die Beziehung leidet zunehmend, bis die angestauten unterschiedlichen
Auffassungen in einer Grundsatzdiskussion eskalieren, die durch ein ganz
anderes Konfliktthema angestoßen werden kann. Diese Eskalation, bei
der jegliche Rücksicht auf Kommunikationsregeln verloren geht, belastet
die Beziehung im Endeffekt deutlich stärker, als es kontinuierliche, offen
ausgetragene kleinere Auseinandersetzungen je getan hätten.

Betrachtet man das Gesamtbild erscheint es also deutlich vorteilhafter,
den Austausch über finanzielle Angelegenheiten in Beziehungen schon
früh anzustoßen und sowohl die eigenen Werte und finanziellen Ziele
offenzulegen als auch die persönlichen Erwartungen an den Partner zu
diskutieren.

4   Die Enttabuisierung – *„Wir müssen reden!"*

Die Problematiken, welche mit der Tabuisierung von Geld verbunden
sind, legen nahe, dass wir von einer *Enttabuisierung* des Themas Geld aus
verschiedenen Gründen profitieren könnten. Wie wir gesehen haben,
würde mit einer Enttabuisierung auf gesellschaftlicher Ebene mehr
Gerechtigkeit in der Einkommensverteilung resultieren, während jeder
Einzelne auf ein höheres Ausmaß an finanziellem Erfolg oder eine höhere
Beziehungszufriedenheit hoffen könnte.

Natürlich ist es unrealistisch anzunehmen, das Tabu ließe sich innerhalb
kürzester Zeit aus der Welt schaffen. Schließlich handelt es sich, wie das
Kapitel gezeigt hat, um ein tief verwurzeltes gesellschaftliches Phänomen.
Trotzdem zeigt z. B. der heutige Umgang mit Sexualität im Alltag und den
Medien, dass Veränderungen der *Wahrnehmung von* und *im Umgang mit*
ehemaligen Tabuthemen durchaus möglich sind. Wer hätte schließlich vor
50 Jahren daran geglaubt, dass im Abendprogramm des öffentlich-rechtli-
chen Fernsehens ein homosexueller Kommissar im Tatort ermitteln würde?
Der Wunsch, dass über das Thema Geld in Zukunft zumindest genauso
häufig in der Öffentlichkeit gesprochen wird wie über andere Themen, hat

aufgrund der aufgeführten Potenziale, die eine offene Kommunikation mit sich bringen würde, jedenfalls seine Berechtigung.

Die Hoffnung auf einen zukünftigen Wandel wird durch ein Studienergebnis bestärkt, welches zumindest darauf *hindeutet*, dass in den jüngeren Generationen bereits ein Umdenken stattfindet. Bei der bereits zitierten Forsa Umfrage aus dem Jahr 2018 zeigten sich in Abhängigkeit des Alters nämlich deutliche Unterschiede im Ausmaß der Tabuisierung von Geldthemen. Während nur 58% der über 60-jährigen angaben, offen mit Freunden über Geld zu sprechen, waren es in der Gruppe der 18 bis 29-jährigen befragten Personen ganze 75% (finanzwelt).

4.1   Wie man das Tabu bricht

Der erste Schritt, eine Enttabuisierung systematisch einzuleiten, besteht darin, das Tabu zu hinterfragen. Dieser Schritt wurde in diesem Kapitel unternommen. Im besten Fall konnten wir Sie zum einen dazu anregen, darüber nachzudenken, aus welchen Gründen Sie persönlich das Thema Geld tabuisieren (falls Sie es tabuisieren). Vielleicht hat Sie das Kapitel aber zum anderen auch dazu gebracht, zu reflektieren, welche Vorteile Ihnen eine Kommunikation über Geldangelegenheiten bringen könnte. Falls Sie den Nutzen einer offenen Kommunikation über Geld für sich erkannt haben und sich gerne mehr über Geld austauschen würden, stellt sich natürlich die Frage, wie und unter welchen Bedingungen Sie mit dem Tabubruch am besten beginnen sollten. Hierfür möchten wir im folgenden Abschnitt Möglichkeiten aufzeigen, welche Schritte für eine gesündere Beziehung zum Thema Geld eingeleitet werden können.

Das erste Gespräch beginnt mit einer Frage
Wie auch in anderen Bereichen beruht eine gesunde Beziehung zum Geld vor allem auf einer offenen Kommunikation. Um offen über Geld kommunizieren zu können, müssen im ersten Schritt die persön-

lichen Gründe des Tabus erkannt werden, um an diesen Gründen anzusetzen.

Möglicherweise wurde Ihnen während des Lesens dieses Kapitels bewusst, dass auch Sie Gespräche über Geld besonders aufgrund Ihres geringen Finanz*wissens* meiden. Dieses Defizit lässt sich durch ein gezieltes Informieren beheben. Analysieren Sie dazu zunächst den Bereich, in dem ihre größten Wissenslücken existieren und nehmen Sie sich im nächsten Schritt vor, sich jeden Tag eine halbe Stunde auf diesem Gebiet weiterzubilden. Wichtig für die tatsächliche Umsetzung des Vorhabens sind konkrete „*Wenn-dann*"- Pläne, also zum Beispiel „*Wenn* ich morgens meinen Kaffee trinke, *dann* lese ich 5 Seiten über XY". Sie werden sehen, wie stark der Lernzuwachs schon durch diese kurzen Lernperioden ausfallen wird.

Abb. 2   Money Meeting

Eine besonders effektive Möglichkeit des Lernens besteht in der Etablierung von sogenannten *Money Meetings* (vgl. Abb. 2). Money Meetings sind Treffen, die Sie zu festen Tageszeiten ein oder zwei Mal pro Woche mit einem Freund (oder mehreren Freunden) gemeinsam durchführen. In diesen Meetings tauschen sich die Teilnehmer über ihre persönlichen Erfahrungen in Geldangelegenheiten aus und verhelfen sich somit gegenseitig, ihre finanziellen Kompetenzen zu steigern. Was zunächst etwas seltsam klingen mag und am Anfang große Überwindung kosten kann, kann Ihnen nicht nur helfen, sich ungezwungen mit anderen über Geld auszutauschen, sondern wird auch ihren finanziellen Erfolg fördern. Diese Möglichkeit sollten Sie vor allem dann in Erwägung ziehen, wenn Sie trotz oder gerade aufgrund Ihrer *nicht zufriedenstellenden finanziellen Situation* Schwierigkeiten haben, sich mit anderen Personen über das Thema Geld auszutauschen. Vielleicht helfen Ihnen die für Geldgespräche reservierten Treffen, den Mut aufzubringen, sich Ratschläge von *erfolgreicheren* Freunden einzuholen.

Haben Sie sich erst einmal gegenüber Ihren Freunden geöffnet, können Sie diesen neuen Zustand auch aktiv zugunsten Ihrer finanziellen Ziele nutzen. So können Sie das bei der Offenbarung erlebte Schamgefühl als Ansporn nutzen, um an Ihrer prekären finanziellen Situation zu arbeiten. Durch Ihr öffentliches Bekenntnis, sich in einer verbesserungswürdigen finanziellen Situation zu befinden, entwickeln Sie eine stärkere Bindung an Ihre Ziele, die Sie somit gewissenhafter verfolgen können. Im besten Fall stellt sich bei Ihrer Offenbarung sogar heraus, dass auch noch andere Ihrer Freunde das gleiche Ziel verfolgen wie Sie. Dies ermöglicht Ihnen, sich gemeinsam zu informieren, sich gegenseitig Tipps zu geben oder sich über Rückschläge auszutauschen. Auch können Sie Ihre Fortschritte gegenseitig überprüfen. Die gegenseitige Kontrolle erhöht die Wahrscheinlichkeit, Ihre Ziele zu erreichen.

Unabhängig davon, ob ein Freund ähnliche Ziele verfolgt wie Sie, könnte sich Ihre Ehrlichkeit auch positiv auf Ihre Freundschaft auswirken. Statt Verabredungen mit Ihren Freunden unter falschen Vorwänden aufgrund von finanziellen Engpässen oder aus Angst, Ihr finanzielles Ziel (z. B. diesen Monat mehr zu sparen) zu gefährden, abzusagen, können Sie sich mit ihren Freunden auf eine weniger kostspieligere Alternative einigen. Somit können Sie nicht nur Ihr Ziel, mehr zu sparen, verwirklichen, sondern gleichzeitig auch soziale Ziele realisieren.

Haben Sie für sich hingegen erkannt, dass Geld für Sie vor allem *in der Partnerschaft* ein Tabuthema ist, sollten Sie sich das Ziel setzen, das Thema Geld in Ihrer Partnerschaft offen zu thematisieren. Ehrlichkeit und Offenheit sind nicht nur in Freundschaften, sondern auch in Paarbeziehungen wichtig, um die Probleme, die durch die unterschiedlichen Ansichten und Umgangsformen mit Geld entstehen, effektiv lösen zu können. Thematisieren Sie daher schon bei den ersten Unterschieden in Geldangelegenheiten, was Ihnen im Umgang mit Geld wichtig ist, welche Ausgaben für Sie Priorität haben und ob Sie es bevorzugen, getrennte Konten oder ein gemeinsames Konto zu führen. Achten Sie dabei besonders darauf, Ihre Ansichten zu begründen und Ihre Sichtweise anhand konkreter Beispiele zu veranschaulichen! Pauschalisierende Aussagen wie „Du verprasst unser ganzes Geld!" sind wenig zielführend. Auch gilt es, einen kontinuierlichen Austausch zu pflegen, um neuen Herausforderungen (z. B. Kinder, Umzüge, Jobwechsel) oder den Umgang mit Veränderungen in der Einkommensverteilung bei der finanziellen Planung gerecht werden zu können. Dieser kontinuierliche Austausch kann beispielsweise in Form des bereits angesprochenen wöchentlichen *Money Meetings* erfolgen, in dem aktuelle Ausgaben und Einnahmen besprochen werden. Dieses Vorgehen reduziert unterschwellige Unterstellungen und Fehlschlüsse, welche die Beziehung belasten.

Rahmenbedingungen zur Auflösung des Tabus

Obwohl jeder Wandel mit dem Handeln des Einzelnen beginnt, ist es aufgrund der Tatsache, dass es sich bei dem Tabu um ein gesellschaftliches Phänomen handelt, natürlich auch wichtig, die Enttabuisierung auf gesellschaftlicher Ebene voranzutreiben. Um Unsicherheiten im Umgang mit Geld gar nicht erst entstehen zu lassen, ist es zum Beispiel wichtig, eine fundierte Finanzbildung ins Schulsystem zu integrieren und die Kommunikation über Geldangelegenheiten zu fördern. Wie weit wir von diesem Ziel derzeit noch entfernt sind, zeigt eine Umfrage der ING Diba, die das *Handelsblatt* zitiert: Laut dieser Umfrage haben nur 15 %

der deutschen weiterführenden Schulen *Finanzbildung* fest in den Lehrplan integriert. Die Notwendigkeit, die Finanzbildung in den Schulen stärker auszuweiten, lässt sich daran erkennen, dass rund ein Drittel der 16–25-Jährigen das eigene Finanzwissen mit der Note 4 oder schlechter bewerten würden, bei jungen Frauen seien es sogar 40 %.

Diese Ergebnisse sollten uns zu denken geben. Sie erfordern, dass wir uns einerseits stärker dafür einsetzen, schulpolitische Maßnahmen einzuleiten, aber andererseits auch, dass wir uns selbst in der eigenen Erziehung bemühen, unsere Kinder in Finanzangelegenheiten zu schulen. Sprechen Sie mit Ihren Kindern über finanzielle Dinge und vermitteln Sie Ihnen das Gefühl, Sie bei finanziellen Fragen um Rat fragen zu können! Vielleicht verstärkt dieses Angebot zugleich auch Ihre eigene Motivation, sich stärker mit finanziellen Fragen auseinanderzusetzen. Denn wer hat es schon gerne, wenn die Kinder mehr wissen als man selbst?

Für eine flächendeckende Enttabuisierung reicht es jedoch nicht, diese auf die jüngere Generation abzuwälzen. Auch die Altersgruppen, deren Kindererziehung (in jeglicher Hinsicht) schon abgeschlossen ist, müssen in den Prozess einbezogen werden. Da wir gesehen haben, dass der Lernprozess über finanzielle Referenzgrößen auch im hohen Erwachsenenalter noch nicht abgeschlossen ist, könnte ein flächendeckendes Informationsangebot über finanzielle Referenzwerte für die Enttabuisierung nützlich sein. Im nachfolgenden Kapitel werden wir solche grundlegenden Referenzwerte darstellen.

Wie eine offene Beziehung zum Thema Geld durch ein breites Informationsangebot gefördert werden kann, zeigt *Schweden*. Hier herrscht maximale Transparenz der Gehälter aller Bürger, sodass das Problem von Unsicherheit durch mangelnde Referenzwerte in der schwedischen Bevölkerung weniger stark vorhanden ist. Jeder Schwede besitzt seit der Geburt eine Personennummer, anhand der alle Ausgaben und Einnahmen im Laufe des Lebens auf dem Zentralrechner registriert und an das Finanzamt weitergeleitet werden. Diese Angaben sind laut eines Berichts des *Spiegels* nicht nur für die betreffenden Personen frei zugänglich, sondern auch für jede beliebige andere Person. Ein kostenloser Anruf bei der Steuerauskunft genüge, um präzise Auskünfte über alle steuerpflichtigen Einnahmen der Bürger zu erhalten. Der Service werde hierbei nicht nur von Unternehmen für Kreditauskünfte genutzt, sondern auch von Privatpersonen gerne in Anspruch genommen.

Obwohl die ethische Bewertung dieser Form von Transparenz natürlich Ihnen obliegt, sollte ein größeres Ausmaß an Offenheit bezüglich der Gehaltszahlungen meiner Meinung nach auch in Deutschland in den kommenden Jahren stärker vorangetrieben werden. Das Beispiel Schweden zeigt schließlich, dass dies nicht zwangsläufig negative Folgen hat. Das 2018 in Kraft getretene Lohntransparenzgesetz, welches helfen soll, Lohnunterschiede zwischen Frauen und Männern aufzudecken, lässt darauf hoffen, dass künftig noch weitere Schritte in Richtung einer stärkeren Transparenz in Geldangelegenheiten unternommen werden.

5   Fazit

Die Tabuisierung von Geld führt zu vielen verpassten Chancen. Zum einen verpassen wir die Chance auf *bessere Alternativen*, z. B. auf eine bessere Bezahlung, eine günstigere Wohnung oder eine lohnendere Geldanlage. Zum anderen belasten wir unsere Beziehungen unnötig, indem wir unsere Ansichten, wie man mit Geld umgehen sollte, verschweigen und nur unterschwellig zum Ausdruck bringen. Da eine offene Kommunikation über Geld viele der Probleme verhindern könnte, liegt es an jedem Einzelnen, an einer gesunden Beziehung zum Geld zu arbeiten. Für mehr Transparenz in finanziellen Themen ist es unsere Aufgabe, den bestmöglichen Beitrag zu einer öffentlichen Thematisierung finanzieller Angelegenheiten zu leisten, um die Enttabuisierung von Geld individuell und gesellschaftlich voranzutreiben.

Literatur

Bibel (z. B. Bibelserver). https://www.bibleserver.com/.
Dew, J., Britt, S., & Huston, S. (2012). Examining the relationship between financial issues and divorce. *Family Relations, 61*(4), 615. https://doi.org/10.1111/j.1741-3729.2012.00715.x.

Lerner, M. J. (1980). *The belief in a just world: A fundamental delusion. Perspectives in social psychology*. New York: Plenum Press.

Schmitz, D. (2013). Finanzielles Selbstmanagement. Der Zusammenhang von Umgang mit Geld und Wohlbefinden. Bachelorarbeit an der Universität Koblenz-Landau.

http://www.spiegel.de/karriere/gehaelter-in-schweden-maximale-transparenz-a-881340.html. Zugegriffen am 01.09.2019.

https://www.waz.de/wirtschaft/geld/der-preis-des-schweigens-warum-wir-nicht-ueber-geld-reden-id215195981.html. Zugegriffen am 01.09.2019.

https://www.postbank.de/postbank/pr_presseinformation_2015_08_05_tabuthema_geld.html. Zugegriffen am 01.09.2019.

https://www.nytimes.com/2018/08/28/smarter-living/how-to-talk-about-money.html. Zugegriffen am 01.09.2019.

https://www.faz.net/aktuell/finanzen/meine-finanzen/ueber-geld-spricht-man-nicht-tabuthema-unter-deutschen-13738804.html. Zugegriffen am 01.09.2019.

https://www.welt.de/finanzen/article161591772/Viele-Deutsche-sind-in-Geldsachen-voellig-ahnungslos.html. Zugegriffen am 01.09.2019.

https://www.cash-online.de/investmentfonds/2018/finanzkompetenz-der-deutschen-alarmierend-gering/409423. Zugegriffen am 01.09.2019.

https://www.edarling.de/ratgeber/beziehung/geld-und-beziehung. Zugegriffen am 01.09.2019.

https://www.faz.net/aktuell/finanzen/meine-finanzen/geldfragen-in-der-partnerschaft-die-liebe-und-das-liebe-geld-12615326-p2.html. Zugegriffen am 01.09.2019.

https://gutenberg.spiegel.de/buch/totem-und-tabu-931/4. Zugegriffen am 01.09.2019.

https://bankenverband.de/blog/finanzkompetenz-der-deutschen-lueckenhaft-und-uberschatzt/. Zugegriffen am 10.01.2019.

https://www.handelsblatt.com/politik/oekonomische-bildung/forsa-umfrage-junge-erwachsene-in-deutschland-haben-nur-ein-geringes-finanzwissen/22732780.html?ticket=ST-776855-VSxnnUuarvbrKPmKAcpo-ap1. Zugegriffen am 01.09.2019.

https://www.wunderweib.de/warum-heiraten-11-gute-gruende-fuer-die-ehe-fuer-die-deutschen-100640.html. Zugegriffen am 01.09.2019.

https://finanzwelt.de/ueber-geld-spricht-man-nicht-oder-doch/. Zugegriffen am 01.09.2019.

Wissen ist Macht – *Nichts wissen, macht auch nicht reich!*

1 Wissensbestände – *Fluchtursachen bekämpfen*

Faktenwissen in Finanzangelegenheiten ist offenkundig von erheblicher Bedeutung dafür, erfolgreiche geldbezogene Entscheidungen treffen zu können. Die Annahme liegt daher nahe, dass einem Großteil der Bevölkerung entsprechende Fakten bekannt sind. Dies ist jedoch keineswegs der Fall.

Die sogenannte „Commerzbank Studie" offenbarte beispielsweise ein erschreckend gering ausgeprägtes Wissen der Deutschen über die Themen *Geld und Finanzen* (Commerzbank Ideenlabor, NFO Infratest 2003). Obschon sich 80 % der 1000 Befragten in Finanzangelegenheiten subjektiv recht sicher und informiert fühlten, konnten 42 % der Probanden nicht einmal die Hälfte der Fragen eines entsprechenden Basiskenntnistests korrekt beantworten. So waren 30 % der Befragten außerstande, den Ertrag eines Sparplans richtig zu veranschlagen, die aktuelle Inflationsrate war über 50 % der Befragten nicht einmal näherungsweise bekannt und nur

© Springer Fachmedien Wiesbaden GmbH, ein Teil von Springer Nature 2019
M. Sauerland, J. Höhs, *Geld – Vom Sein zum Schein*,
https://doi.org/10.1007/978-3-658-26666-0_4

40 % konnten die Aufgaben der Europäischen Zentralbank (EZB) korrekt benennen. Immerhin kannte die Mehrheit der Befragten den Unterschied zwischen Effektivzins und Nominalzins bei der Kreditaufnahme. Allerdings verschätzten sich die meisten Probanden wiederum bei der Kalkulation von Zinseszinseffekten: Da Menschen ohnehin Schwierigkeiten damit haben, exponentielle Entwicklungsverläufe mental abzubilden (vgl. Dörner 1989, 2003), war den wenigsten Befragten klar, dass bei einer Geldanlage von 10.000 €, die mit 10 % verzinst wird, nach 30 Jahren insgesamt 174.494 € resultieren würden.

In einer Untersuchung unseres Forschungsinstituts sind wir der Frage nachgegangen, wie hoch das Wissen von Probanden hinsichtlich ihrer *persönlichen* Geldangelegenheiten ausgeprägt ist (Schmitz 2013). In die Untersuchung flossen die Daten von 191 getesteten Personen ein. Insgesamt lassen die Befunde den Schluss zu, dass das Wissen nur mäßig hoch ausgeprägt ist. Die „operationalen" Kenntnisse beispielsweise waren mit einem Mittelwert von 2,7 auf einer 5-stufigen Skala nur mittelmäßig. Diese Kenntnisse betreffen z. B. das Wissen um den eigenen Kontostand, den Überblick über Einnahmen, Ausgaben und Anlagen, die Kenntnis von finanziellen Zielen und die Nutzung von entsprechenden Kontrollinstrumenten. Das „strategische" Wissen war mit einem Mittelwert von 3,2 auf einer 5-stufigen Skala ebenfalls nur mittelhoch ausgeprägt. Diese Art des Wissens beinhaltet Kenntnisse über Anlagestrategien, Reaktionsmöglichkeiten auf Einkommensveränderungen, die Kenntnis von finanziellen Erfolgs- und Misserfolgsfaktoren, die Nutzung von Erfahrungswerten und das systematische Einholen von einschlägigen Informationen.

Auch andere Autoren beklagen den *finanziellen Analphabetismus* in Deutschland. Schmölders konnte schon 1982 das mangelnde Verständnis finanzieller Zusammenhänge aufzeigen: Zwar gingen 70 % der von ihm befragten Personen davon aus, dass das Preisniveau steigen wird, aber nur 40 % nahmen konsequenterweise auch an, dass dann auch der Wert der Währung entsprechend sinkt (S. 175). Zudem seien Geldvertrauen, Währungsvertrauen, Wirtschaftsvertrauen und Staatsvertrauen zwar logisch zusammenhängende Dinge, psychologisch wurden sie aber völlig unterschiedlich, z. T. sogar gegensätzlich, bewertet.

Die Befunde zahlreicher jüngerer Studien[1] lassen den Schluss zu, dass seit Schmölders Pionierarbeiten keinerlei Verbesserung eingetreten ist. So wurde von den genannten Quellen feststellt: „Die Hälfte der Deutschen sind finanzielle Analphabeten" oder „Ein großer Teil der deutschen Bevölkerung verfügt über eine unzureichende ökonomische Grundbildung. Die Studien zeigen, dass eklatante Wissensdefizite in wichtigen ökonomischen und finanziellen Grundfragen existieren" oder auch „Viele Deutsche haben nur geringes Interesse an Finanzthemen, die sie unmittelbar betreffen. Erstaunlich, denn zugleich steht finanzielle Sicherheit bei den meisten ganz oben auf der Werteskala" und auch kurz und nüchtern „Financial literacy remains at low levels".

Die Auftraggeber solcher Studien könnten zwar im Verdacht stehen, ein gewisses tendenziöses Eigeninteresse an solchen Interpretationen zu haben, die Ergebnisse weisen insgesamt jedoch in die gleiche Richtung wie die oben angedeuteten Befunde aus unserem eigenen Forschungsinstitut und weiterer Forscher. So zeigten Lusardi und Mitchell (2014, S. 5 ff.) beispielsweise in einer Untersuchung, dass lediglich 53 % der Befragten in Deutschland die folgenden drei Fragen (verkürzt wiedergegeben) korrekt beantworten konnten:

(1) Sie legen 100 $ zu einem jährlichen Zinssatz von 2 % an – haben Sie nach 5 Jahren *mehr, exakt so viel* oder *weniger* als 102 $?
(2) Wenn der Zins 1 % beträgt und die Inflationsrate 2 %, können Sie nach einem Jahr *mehr, weniger* oder *gleichviel* kaufen?
(3) Ist der Kauf einer Einzelaktie im Vergleich zu einem Aktienfondsanteil *riskanter* oder *weniger riskant*?[2]

---

[1] Zum Beispiel ING-DiBa aus dem Jahr 2017 mit über 12.000 Befragten, ca. 1000 Deutsche, Ipsos Institut; Forsa-Umfrage des F.A.Z.-Instituts für die Sparkassen Finanzgruppe; Umfrage Kundenmotive 2010 der comdirect bank; Finanzwissen-Studie 2012 der ING-DiBa; internationale Studie der Allianz-Forschungsgruppe 2016 und viele mehr.

[2] Die Originalfragen lauteten: Suppose you had $100 in a savings account and the interest rate was 2 percent per year. After 5 years, how much do you think you would have in the account if you left the money to grow: [**more than $102**; exactly $102; less than $102; do not know; refuse to answer.]. Imagine that the interest rate on your savings account was 1 percent per year and inflation was 2 percent per year. After 1 year, would you be able to buy: [more than, exactly the same as, or **less than today** with the money in this account; do not know; refuse to answer.]. Do you think that the following statement is true or false? "Buying a single company stock usually provides a safer return than a stock mutual fund." [true; **false**; do not know; refuse to answer.].

Testen Sie sich selbst! Die Auflösung finden Sie in der Fußnote unten auf der Seite. Mit dem genannten Ergebnis von 53 % lag die deutsche Stichprobe sogar noch vor den Befragten aller anderer Nationen.

Der finanzielle Analphabetismus richtet, z. B. durch Zins- und Dividendenverzicht oder private Überschuldungen, nicht nur einen hohen individuellen, sondern auch einen gesellschaftlich relevanten Schaden an. Haushalte tragen durch diese finanzielle Inkompetenz erhebliche Nachteile davon (vgl. Habschick et al. 2003, S. 10). Viele Personen haben sogar Angst davor, Finanzprodukte u. ä. nicht zu verstehen und kümmern sich daher nicht darum. Andere lassen sich auf dubiose Deals ein, nur, um in ihrer Inkompetenz nicht entlarvt zu werden und die Fassade der Wissenden aufrechterhalten zu können. Zitelmann resümiert treffend (2015, S. 16): „Wer nicht über die mentalen Voraussetzungen verfügt, um Geld zu erhalten und zu vermehren, und wem auch das Wissen über Investitionen fehlt, der wird unweigerlich das Geld wieder verlieren."

Die Ursachen für diesen spezifischen Wissensmangel sind mannigfaltig. Sie liegen z. B. in den bereits thematisierten negativen Einstellungen zum Geld begründet. Und auch die Tabuisierung von geldbezogenen Themen torpediert die Weitergabe und den wichtigen Austausch einschlägiger Informationen. Aber auch die Ignoranz finanzbezogener Themen in den Schulen trägt ihren Teil dazu bei: Deutsche Gymnasiasten können eher eine Gedichtanalyse in vier Sprachen verfassen, als die aktuelle Inflationsrate benennen. Allerdings gehört zu den Ursachen wohl *auch* die hohe Komplexität entsprechender Finanzprodukte, die manchmal anscheinend auch gar nicht verständlich gestaltet sein *sollen*.

Einige Kreditinstitute haben aus dieser Befundlage jedoch auch Konsequenzen gezogen und Bildungsbroschüren, wie z. B. den „Kanon", zur Aufklärung über grundlegende finanzbezogene Fakten, erstellt (vgl. Abb. 1). Solche Broschüren, die auch von nicht-kommerziellen Instituten wie der Bundesbank angeboten werden (z. B. „Geld verstehen"), sind im Internet frei zugänglich.

Eine effektivere Methode zur Beseitigung der Wissenslücken besteht jedoch darin, einschlägige Unterrichtseinheiten oder auch Trainings zur Steigerung der *finanziellen Selbstmanagementkompetenz* zu absolvieren. So betonte Alan Greenspan schon 2003: „A strong and effective system

Abb. 1 Cover der Broschüre „Kanon der finanziellen Allgemeinbildung" von Habschick, Jung und Evers (2003) (kostenlos erhältlich unter: http://tk.eversjung. de/www/downloads/kanon_broschuere_druckversion.pdf)

of education is one fundamental way to strengthen our economy and raise living standards. An education about personal finance that helps consumers of all ages meet the challenges and demands of our increasingly knowledge-based economy is one important component of such system!" (US-amerikanische Notenbank, 26.09.2003, Konferenz des Congressional Black Caucus). Unterrichtseinheiten kommt eine vielversprechende Wirkung beim Aufbau finanzieller Kompetenzen zu. In einem der nachfolgenden Kapitel werden wir die *Ziele, Inhalte* und den *Ablauf* eines solchen an unserem Forschungsinstitut durchgeführten Trainings zur Erhöhung der finanziellen Selbstmanagementkompetenz beschreiben und die Wirkung des Trainings wissenschaftlich belegen. Überdies beabsichtigen wir, auch mit Hilfe dieses Buchs die Geldkompetenz unserer Leserschaft zu steigern. Aus diesem Grund haben wir in den nächsten Abschnitten Fakten und Statistiken zusammengetragen, die Ihnen eine erste Orientierung in Geldfragen geben können und auch dazu beitragen sollen, Geld grundlegend zu verstehen.

2   Fakten – *Wir werden gehen, Geld wird bleiben*

2.1   Funktionen – *Geld funktioniert*

Viele Personen benennen, wenn sie danach gefragt werden, was Geld für sie ist, bestimmte Funktionen des Geldes bzw. des Geldsystems, wie z. B. „Geld ist für mich ein Tauschmittel" (vgl. Kap. „Geldgedanken – *Gedanken an Geld, über Geld denken, in Geld denken, Denken und Geld*"). Nachfolgend wollen wir die Funktionen des Geldes näher beleuchten.[3]

Sofern eine unmittelbare Bedürfnisbefriedigung möglich ist, entsteht bei Individuen kein subjektives *Wertgefühl* bezüglich des konsumierten Gegenstands. Wert entsteht erst, wenn die Bedürfnisbefriedigung *nicht* unmittelbar möglich ist, wenn sie blockiert ist oder ein Hemmnis vorausgesehen wird, wie beispielsweise die mangelnde zukünftige Verfügbarkeit eines Gutes. Dies hat nämlich eine psychologische Distanzierung von dem Gut zur Folge; die Einheit von konsumierendem Subjekt und konsumiertem Gut wird aufgelöst, das Gut wird für das Subjekt nun zum Objekt und dem Objekt wird aus einem Mangelgefühl heraus (z. B. aufgrund seiner Seltenheit, einer Blockade oder abzuwartender Zeit) ein Wert zugewiesen. Das Subjekt legt also unter diesen Umständen erst einen Wert in das äußere Gut hinein. Das Objekt ist nun etwas wert, weil es begehrt wird. Das Objekt ist nicht unmittelbar zu haben, sondern das Subjekt muss etwas aufwenden (z. B. Geduld, Arbeit oder ein anderes Gut), um es zu erhalten und sodann sein Bedürfnis befriedigen zu

---

[3] Mehrere Autoren weisen darauf hin, dass die Konzeption der Funktionen des Geldes nicht mit der historischen Entstehung des Geldes verwechselt werden darf (vgl. Brodbeck 2009, S. 218; Fruchtmann 2017 in Peters): Oft erfolgt die Herleitung der Funktionen des Geldes über die Rekonstruktion seiner geschichtlichen Entwicklung. Dies scheint durchaus naheliegend zu sein, es ist jedoch nicht vollständig gewiss, dass sich die Funktionen des Geldes tatsächlich sachlogisch parallel zur historischen Entwicklung entfaltet haben.

können. Diese Aufwendung ist quasi der Gegenwert, der den Wert des Gutes erzeugt. Alle Wertgefühle, die durch beschaffbare Objekte ausgelöst werden, entstehen also im Allgemeinen durch den Verzicht auf andere Werte.

Simmel hat diesen Sachverhalt schon 1907 klar beschrieben: „Die Möglichkeit des Genusses muss sich erst, als ein Zukunftsbild, von unserem augenblicklichen Zustand getrennt haben, damit wir die Dinge begehren, die nun in Distanz von uns stehen" (S. 43, Simmel 1907/2009). Die Erfahrung, dass wir viele Besitztümer erst dann als Werte schätzen, wenn wir sie verloren haben und dass auch die bloße Entbehrung eines begehrten Dings dieses oft erst mit einem Wert ausstattet, dem sein erlangter Genuss nur in sehr geringem Maße entspricht, dass zudem die Distanz von den Gegenständen unserer Genüsse diese in einem verklärtem Licht und in gesteigerten Reizen zeigt – all dies sind Formen dieser grundlegenden Tatsache (vgl. S. 34, Simmel 1907/2009). So ist es nicht deshalb schwierig, die Dinge zu erlangen, weil sie wertvoll sind, sondern wir nennen diejenigen Dinge wertvoll, die unserem Begehren Hemmnisse entgegensetzen, für deren Überwindung wir zumeist etwas Bestimmtes – z. B. ein anderes Gut – aufwenden und tauschen müssen.[4]

Menschen tauschen Güter zum Zweck der optimierten Bedürfnisbefriedigung. Der Austausch von Gütern basiert in der Regel auf einer Blockade, z. B., weil das Gut Y, welches Person A begehrt, sich noch im Besitz von Person B befindet. Person A muss für Person B also zunächst etwas aufwenden, das dem Wert von Gut Y entspricht, damit Person A in den Genuss des Gutes Y kommen kann. Person A muss – präziser formuliert – etwas aufwenden, was dem Wert des Gutes Y *in der Wahrnehmung von Person B* entspricht. Nur dann kommt ein Tauschhandel zustande.

Die einfachste Form des Handels besteht wohl darin, dass Person A über ein Gut X verfügt und eine andere Person B über ein Gut Y, beide jedoch das Gut des anderen lieber besitzen würden. Somit liegt ein Tausch der Güter nahe, sodass beide Personen zufriedener sein können als vor dem Tausch. Dabei bilden sich allerdings Wertnormen heraus, denn es ist

---

[4] Dies sind für das praktische geldbezogene Handeln äußerst wichtige Erkenntnisse, da man viel Geld sparen kann, wenn man sich vergegenwärtigt, dass manche Güter einem nur deshalb wertvoll erscheinen, weil man viel dafür aufwenden müsste, nicht aber, weil sie zur Befriedigung der eigenen Bedürfnisse entsprechend viel beitragen würden.

immer *auch* der Wert von Belang, den der Tauschpartner in sein eigenes Gut hineinlegt – dieser kann nicht ignoriert werden, da ansonsten kein Handel zustande kommen kann. Simmel schreibt: „Der eine soll nicht mehr und nicht weniger haben als der andere. Darüber hinaus aber bewirkt [der Tausch] eine Vermehrung der absoluten Summe empfundener Werte. Indem jeder nur in den Tausch gibt, was ihm relativ überflüssig ist, und in den Tausch nimmt, was ihm relativ nötig ist, gelingt es …, die … der Natur abgewonnenen Werte zu immer höherer Verwertung zu bringen" (1907/2009, S. 443).

Der beschriebene Tausch von Gütern kann als „Naturaltausch" bezeichnet werden: Dieser ist in seiner einfachsten Form durch zwei Akteure charakterisiert, die jeweils über eine limitierte Menge eines speziellen Gutes verfügen und darüber hinaus bereit sind, einen Teil des Gutes gegen den des anderen Akteurs zu tauschen. Beide Seiten akzeptieren den Tausch und sehen ihn als für sich vorteilhaft an (Gischer, in Peters 2017, S. 3). Der Tausch ist also ein Prozess, der aus dem Nebeneinander der Dinge ein Mit- und Füreinander schafft. A und B mögen ihre Besitztümer X und Y untereinander tauschen, allein A hätte keine Veranlassung, sein X fortzugeben, wenn er wirklich nur den für ihn gleich großen Wert Y dafür erhielte. Das Gut Y muss also für ihn ein größeres Wertquantum haben als das, was er bisher an X besessen hat. Wertgleichheit besteht im Tausch also streng genommen nur vom Standpunkt eines objektiven Beobachters aus: Wenn für A das Gut Y wertvoller ist als das Gut X und für B das Gut X im gleichen Ausmaß wertvoller ist als das Gut Y, so gleicht sich dies *objektiv betrachtet* wieder aus.

Beim Naturaltausch könnte sich jedoch das Problem ergeben, dass sich zwischen den potenziell tauschbaren Gütern eben keine Gleichwertigkeit herstellen lässt – Person A kann beispielsweise für die von ihr begehrte Kuh von Person B lediglich 5 Hühner bieten. Selbst wenn Person B noch weitere Güter für die Kuh aufwenden könnte, so ließe sich die Gleichwertigkeit dennoch nicht exakt herstellen. Unterschiedliche Güter sind zumeist nicht zum gleichen Wert tauschbar, gelegentlich existiert gar kein vergleichbares Tauschobjekt oder das Tauschobjekt ist nicht teilbar. In diesen Fällen würde es trotz der wechselseitigen Bedürfnislagen von Person A und Person B nicht zu einem Tausch kommen. An diesen Beispielen wird unmittelbar ersichtlich, dass

ein beliebig teilbares Tauschmittel, wie das Geld, jeden Tausch ermöglichen und diesen auch gerechter gestalten würde. Geld repräsentiert dann
nämlich den akzeptierten Tauschwert. Alle Güter ließen sich in derselben
und in beliebig kleinen Einheiten quantifizieren.

Der Vorteil der Quantifizierung von Gütern durch Geld wurde schon
früh erkannt und benannt: „Unzähligemal werde ich den Gegenstand a
begehren, der sich im Besitz von A befindet, während der Gegenstand
oder die Leistung b, die ich gern dafür hingäbe, für A völlig reizlos ist;
oder aber, die gegenseitig angebotenen Güter werden wohl beiderseitig
begehrt, allein über die Quanta, in denen sie sich gegenseitig entsprechen, lässt sich durch unmittelbares Aneinanderhalten eine Einigung
nicht erzielen. Deshalb ist es für die höchstmögliche Erreichung unserer
Zwecke von größtem Werte, dass ein Mittelglied in die Kette der Zwecke
eingefügt werde, in welches ich b jederzeit umsetzen und das sich seinerseits ebenso in a umsetzen kann .... das Geld ...!" (Simmel 1907, S. 301).
Unsere Handlungen sind daher auch auf das Geld gerichtet, um Ziele
erreichen zu können, die uns unzugänglich blieben, wenn wir unsere
Handlungen direkt auf diese Ziele richten würden – mit Geld kann man
Waren beschaffen, obwohl man sie selbst nicht herstellen kann und auch
nichts Vergleichbares einzutauschen hat.

Mit Hilfe des Geldes kann also sogar dann getauscht werden, wenn
keine Wechselseitigkeit der Bedürfnisse bei den Tauschpartnern besteht.
Mit Hilfe des Geldes können auch Güter getauscht werden, die nicht
gleich viel wert sind. Und mit Hilfe des Geldes braucht es keinen ortsge-
bundenen Gütermarkt mehr. Im Gegensatz zu vielen Naturalgütern kann
Geld nämlich leicht transportiert, aufbewahrt und angesammelt werden –
Geld erleichtert somit den bedürfnisunabhängigen, ortsunabhängigen,
zeitverzögerten und mehrere Personen betreffenden Handel.

**Interessanterweise ist das Geld wegen seiner universellen Ein-
setzbarkeit auch „mehr wert" als die eintauschbaren Objekte per se –
es besitzt ein *Superadditum*. Mit dem Begriff Superadditum ist
gemeint, dass der subjektive Wert des Geldes prinzipiell über einen
Gegenstand, der mit dem Geld käuflich erworben werden könnte,
hinausragt – das Geld ist sozusagen etwas mehr wert, da es zusätzlich
das Potenzial hat, auch gegen andere Gegenstände eingetauscht werden
zu können oder einen Wunsch auch erst in der Zukunft zu befriedigen.**

Der Wert des Geldes beinhaltet also mehr als nur den Gegenwert eines konkret käuflichen Objekts, nämlich die Macht und Möglichkeit, auch ein anderes Objekt kaufen zu können. „Man kann das zunächst so formulieren, dass der Wert des einzelnen Geldquantums über den Wert jedes einzelnen bestimmten Gegenstands hinausragt, der dafür einzutauschen ist: denn es gewährt die Chance, statt dieses Gegenstandes irgendeinen anderen aus einem unbegrenzt großen Kreise zu wählen" (Simmel 1907/2009, S. 305). Reiche Personen genießen somit Vorteile, die noch über den Genuss desjenigen hinausgehen, was für das Geld konkret beschaffbar ist. Geld vereint nämlich alle von seinem Besitzer gewünschten zukünftigen Verwendungen in sich; es ist das Mittel, um auch die entferntesten, auch die noch gar nicht ersonnenen Wünsche zu erreichen (vgl. Frankel 1979). Geld hat somit auch eine gewisse Macht über die Gegenstände. Aus diesem Grund halten viele Menschen lieber das Geld als den konkreten Gegenstand in Händen.

So lässt sich resümieren: Wir weisen dem Geld Wert zu, weil es ein Tauschwert ist; es erhält seinen Wert von uns dadurch, dass es für etwas Anderes steht. Geld ist demnach ein *Tauschmedium*, aber auch eine *Recheneinheit* und ein *Wertaufbewahrungsmittel* (Peters 2017).

In der Hochphase der letzten Finanzkrise wurde häufig die Frage gestellt, ob es eine Alternative zum Geld gibt. Wer die Frage auf diese Weise stellt, wird nun erkennen, dass es in einer arbeitsteiligen Gesellschaft aufgrund der geschilderten Funktionen wohl immer eine Form des Geldes geben wird. Allerdings ist zu beachten, dass Geld alles sein kann, was die genannten Funktionen zu erfüllen vermag; unter Umständen sogar Muscheln, Felle, Zigaretten, Perlen, Gold, Silber, Bits und Bytes oder Kreidezeichen.[5] Der Prozess der Monetarisierung unserer Gesellschaften jedenfalls ist universell und erscheint unumkehrbar (Peters 2017). Die heutigen Gesellschaften sind Geldgesellschaften (Frankel 1979). Die Frage

---

[5] In China wurden bei einem ungleichwertigen Tauschhandel die Wertüberschüsse per Kreidezeichen in Zahlen festgehalten. Man konnte somit durchaus ein minderwertigeres Gut für ein höherwertiges eintauschen, stand dann jedoch mit dem restlichen Wert, den man in diesem Tauschakt nicht aufbringen konnte, bei dem Tauschpartner *in der Kreide*. Beim nächsten Tausch konnte man die Zahl dann reduzieren oder das Kreidezeichen vollständig beseitigen lassen, wenn man diesmal ein höherwertigeres Gut eintauschte.

indes, ob es eine Alternative zum derzeit obwaltenden Geld*system* gibt, ist davon unabhängig.[6] **Für konsequentes geldbezogenes Handeln ist es durchaus hilfreich, die Alternativlosigkeit des Geldes zur Kenntnis zu nehmen, zu akzeptieren und etwaige Abwehrhaltung gegenüber dem Geld abzubauen – das Geld *an sich* hat viele hilfreiche und sozial verbindende Funktionen und sollte nicht für etwaige Schieflagen im Geld*system* verantwortlich gemacht werden.**

Im folgenden Abschnitt wollen wir die Funktionen des Geldes von seinem *Wesen* abgrenzen.

2.2   Definition – *Die Seele des Geldes*

Im letzten Abschnitt wurden die Funktionen des Geldes beschrieben. Wir haben gesehen, dass Geld ein allgemein anerkanntes Tausch- und Zahlungsmittel ist, auf das sich eine Gesellschaft verständigt. Auf diese Art wird Geld auch oft definiert (vgl. z. B. Gabler Wirtschaftslexikon).

Was aber macht das Wesen, die *Essenz* des Geldes aus? Der Versuch, Geld unabhängig von seinen Funktionen zu definieren, kristallisiert einen interessanten Sachverhalt heraus: Geld ist eine genuin psychologische Angelegenheit. So ist der Terminus *Geld* mit dem Begriff *Vertrauen* aufs engste verwoben.

Der Gebrauch des beinahe stoffwertlosen Geldes in einem ungedeckten Geldsystem ist nämlich im Wesentlichen vom Vertrauen der Nutzer abhängig. In den heutigen Geldsystemen gibt es i. d. R. keine volle Deckungsgarantie des Staates bezüglich des in seinen nationalen Grenzen im Umlauf befindlichen Geldes; heutige Geldsysteme, so Gischer, bieten daher keine Rückfallposition (in Peters 2017). Und damit wird das *Wesen* des Geldes durch das *Vertrauen* der Nutzer bestimmt.

---

[6] Dieses Kapitel beinhaltet keine Systemkritik. Wir ignorieren die negativen Konsequenzen jedoch nicht, die bestimmte Geldsysteme für bestimmte Bevölkerungsgruppen, für die Umwelt und sogar für das jeweilige System selbst haben können. Dies ist nur nicht der primäre Gegenstand dieses Buchs. Wir verweisen daher auf entsprechende Vorschläge zur Reformierung des Geldsystems, z. B. bei Kennedy (2009, S. 148 ff.; z. B. Geldsystem ohne Zins, Regionalwährung, sektorale Komplementärwährung, verfallendes Geld), bei Koller und Seidel (2014) oder Mekiffer (2016).

Die tiefgründigen Definitionen des Begriffs *Geld* beziehen sich daher tatsächlich auf diesen psychologischen Sachverhalt:

- „Geld ist die vielleicht konzentrierteste und zugespitzteste Form und Äußerung des *Vertrauens* in die gesellschaftlich-staatliche Ordnung." (Simmel 1907/2009, S. 216)
- „Geld ist ungedecktes *Vertrauens*geld." (Hörisch 2009, S. 98) [7]
- „Geld ist jedes wirksam dokumentierte Wert*versprechen* mit einem Mindestmaß an Allgemeingeltung." (Schmölders 1982, S. 26)

So kann in diesem Sinne auch festgehalten werden:

- „Geld wird nicht akzeptiert, weil es Wert hat, sondern es hat Wert, weil es akzeptiert wird!" (Gischer 2017, S. 8)[8]
- „Das Geld [ruht] letztlich nur im ‚Vertrauen' der Marktakteure." (Deutschmann 2009, S. 259)
- „Wenn alle glauben, dass alle glauben, dass Geld beglaubigungswürdig ist, funktioniert Geld." (Hörisch 2009, S. 100)
- „Das Geld herrscht auf den Märkten, weil die vielen Marktteilnehmer an seinen Wert glauben; sie glauben an seinen Wert, weil es herrscht. Dieser Zirkel wird nur in Krisen oder Inflationen offenbar. Es ist eine Illusion …. die durch die Köpfe der Menschen hindurch Macht ausübt." (Brodbeck 2009, S. 225)

---

[7] Viele finanzielle Begrifflichkeiten haben daher religiöse Bezüge. So lässt sich auch das Wort *Kredit* auf das lateinische „credere" zurückführen, was „glauben" oder „vertrauen" bedeutet. Ebenso spricht man von *Schuld, Erlös(ung)* und Wert-*Schöpfung*. Breier (2017) weist darauf hin, dass Geld auch transzendiert – d. h. durch Erbschaften etc. lebt der eigene Verdienst über den persönlichen Tod hinaus weiter. Geld ermöglicht daher quasi ein Fortleben über die begrenzte irdische Zeit hinaus und steht damit in der Nähe religiöser Erlösungsversprechen (vgl. S. 14). Die 1-Dollar-Note ist nicht ohne Grund mit den Worten versehen „In god we trust".

[8] Die Akzeptanz des Geldes geht erstaunlich weit: Wenn sich jemand z. B. aus einem Erbe ein Haus mit direktem Zugang zum See kauft und anderen damit den Zugang versperrt, wird dies hingenommen als müsse dies so sein. Die Schwelle, dass man sich mit Gewalt das subjektive Recht des Seezugangs zurückholt, scheint sehr hoch zu liegen – wo Geld fließt, fließt kein Blut (Bolz 2009, Se. 41 ff.).

Die Tatsache, dass das Wesen des Geldes letztlich *Vertrauen* ist, wird besonders augenfällig, wenn Geld als *Schuld* konzipiert wird. Moderne Konzepte definieren Geld nämlich in der Tat als Schuld, also als noch nicht geleisteter Gegenwert, z. B. einer Arbeit. Man kann diesen Sachverhalt auf folgende Weise verständlich machen: Wenn Person X Person Y in einem fairen Handel ein Gut a gibt, müsste Person Y Person X ein gleichwertiges Gut b geben. Dies ist zumeist jedoch nicht der Fall, sondern Person Y gibt Person X stattdessen einen bestimmten Geldbetrag. Geld symbolisiert in diesem Moment die *Schuld* von Person Y, b (noch) nicht geliefert zu haben. Auch am Beispiel von Lohnzahlungen lässt sich dies veranschaulichen: Lohn symbolisiert die geleistete Arbeit, die ein Arbeiter der Gesellschaft erbracht hat. Die Gesellschaft hat einen Profit gehabt und steht somit in der Schuld desjenigen, der ihr durch Arbeit gedient hat. Lohn ist ein Symbol dafür, dass die Gesellschaft noch keine gleichwertige Leistung zurückgegeben hat, dass sie dem Arbeitenden also noch etwas schuldig ist. Es ist unmittelbar ersichtlich, dass *Vertrauen* in diesem System unabdingbar ist, denn der mit Geld ausbezahlte Arbeitende muss zunächst darauf vertrauen, dass die Gesellschaft die von ihm erbrachte Vorschussleistung in irgendeiner Form nachträglich mit Hilfe des Papiergeldes begleichen wird.

Geld wurde von verschiedenen Autoren sehr unterschiedlich definiert. Dabei wurde es schon bezeichnet als *Spiegel, Mythos, Religion, politisches Phänomen, soziologisches Phänomen, komplexitätsreduzierendes Kommunikationsmittel, komplexitätserhöhende Kommunikationsverzerrung, rationale Einheit* und eben als *Schuld* (vgl. z. B. Frankel 1979). Der multiplen Funktionen und des universellen Charakters des Geldes eingedenk, kann dies nicht erstaunen. Wird Geld jedoch in seinem Wesen erfasst, bleibt jedenfalls ein psychologisches Phänomen übrig – *Vertrauen.*

Die meisten Geld*systeme* sind daher auch abhängig vom *Vertrauen* der Bürger: Entziehen Individuen dem Geldsystem ihr Vertrauen, bricht es zwangsläufig zusammen. Fehlendes Vertrauen oder Misstrauen kann dazu führen, dass …

- Viele Privatpersonen Geld   Folge: Banken-Run, Banken-Crash
  abheben wollen.
- Privatpersonen in Substanz   Folge: Blasenbildung, z. B. am
  investieren.   Immobilienmarkt
- Banknoten nicht akzeptiert   Folge: Naturalwirtschaft, Plünderungen
  werden.
- Börsenmakler mehr (ver)kaufen   Folge: Börsencrash oder Blasenbildung
  als sie (ver)kaufen.
- Die Zuversicht in die   Folge: Abwanderung
  Wirtschaftsleistung sinkt.
- Das Solvenzvertrauen bei   Folge: hohe Zinsforderungen
  Kreditgebern sinkt.
- Banken sich untereinander   Folge: Zusammenbruch des Systems
  kein Geld leihen.

Dies sind Phänomene, die aus dem Erleben und Verhalten vieler Einzelpersonen entstehen können. Und es sind durchaus keine rein hypothetischen Szenarien. Es gibt zahlreiche Belege für solche Ursache-Wirkung Beziehungen in der Geschichte.

Am 05.10.2008 verkündeten Bundeskanzlerin Angela Merkel und der damalige Finanzminister, Peer Steinbrück, im Angesicht der sich zuspitzenden Finanzkrise, dass die Spareinlagen der Bürger sicher seien: „Wir sagen den Sparerinnen und Sparern, dass ihre Einlagen sicher sind – auch dafür steht die Bundesregierung ein!".

Diese „Garantie" war rein politischer Natur („wir hätten es gerne so"), sie war aber nicht rechtsverbindlich und hätte real auch nicht eingehalten werden können, da das Geldvermögen der Deutschen die Wirtschaftsleistung zweier Jahre übersteigt. Es war nichts weiter als eine *vertrauensbildende Maßnahme*, um den Zusammenbruch des Systems zu verhindern.

Die Einsicht in die Zerbrechlichkeit des Geldsystems und die Abhängigkeit des Geldes vom Vertrauen der Bürger mögen so manchen schon in der Ausrichtung der eigenen Vermögensbildung beeinflusst haben. Mich haben diese Erkenntnisse beispielsweise dazu bewegt, Geld in Substanz zu bringen; d. h. das Geld in materielle Werte zu investieren, die noch etwas verlässlicher durch das Rechtssystem geschützt sind und auch nicht völlig wertlos werden können. Nachvollziehbar sind für mich aber auch Strategien, die darauf abzielen, Geld systematisch in den eigenen Qualifikations- und

Kompetenzaufbau zu investieren, um in jedem System und in jeder Systemkrise gebraucht zu werden und bestehen zu können.

Für die Belange dieses Buches ist es erforderlich, auch auf den Begriff „Reichtum" definitorisch einzugehen. Geld bildet zumeist die Basis von Reichtum.[9] Doch was ist Reichtum?[10]

Ist Reichtum ....

- „nicht mehr arbeiten zu müssen",
- „Gut X kaufen zu können",
- „nicht arm zu sein",
- „ohne Schulden zu sein",
- „in finanzieller Hinsicht wie Bill Gates zu sein",
- „in finanzieller Hinsicht wie der Nachbar zu sein",
- „einen Betrag > X zu besitzen" oder
- „zu den oberen 10 % zu gehören"?

Reichtum – allgemein formuliert – ist eine wirtschaftliche Situation, in der die verfügbaren Werte den zur Befriedigung grundlegender Bedürfnisse notwendigen Bedarf übersteigen. Eine spezifischere Definition des Begriffs Reichtum ist jedoch durchaus schwierig. Böwing-Schmalenbrock schrieb 2012 sogar: „Genau genommen ist der noch jungen Reichtumsforschung in Deutschland die Etablierung eines inhaltlich und terminologisch einheitlichen Verständnisses von Reichtum bislang noch nicht gelungen" (S. 13).

Zur Definition des Reichtums haben sich jedoch die 200 %- bzw. die 300 %-Regeln durchgesetzt, und zwar bezogen auf das mittlere Einkommen: Reich ist demnach, wer mehr als das Doppelte (oder Dreifache) des durchschnittlichen (Mittelwert) oder des mittleren

---

[9] Bei Betriebsvermögen spielt daher die schnelle Liquidierbarkeit der Vermögenswerte in Geldmittel eine große Rolle hinsichtlich der Einschätzung von Reichtum.

[10] Viele Menschen wenden an dieser Stelle vielleicht ein, dass Reichtum als *innerer* Reichtum aufgefasst werden sollte. Damit ist jedoch der seelische Reichtum gemeint, der in diesem Buch auch noch thematisiert wird (vgl. nachfolgende Kapitel), insbesondere dessen Abhängigkeit oder Unabhängigkeit vom *monetären* Reichtum. Um den Zusammenhang beider Faktoren untersuchen zu können, müssen wir an dieser Stelle auch den rein monetären Reichtum definieren.

(Median) Netto(äquivalenz)einkommens bezieht.[11] Diese Regeln lehnen sich an die symmetrisch verlaufende Definition von Armut an: Armut ist dann gegeben, wenn weniger als 50 % vom mittleren Haushaltseinkommen zur Verfügung stehen. Diese Prozentregelungen sind nicht unumstritten,[12] sie lassen sich aber durchaus inhaltlich begründen.

Die Reichtumsgrenzen sind bei Anwendung dieser Regeln erstaunlich niedrig angesetzt. Reichtum würde dann nämlich bereits bei ca. 3300 € monatlicher Nettoeinkunft beginnen und würde ca. 9,2 % der deutschen Bevölkerung betreffen. Bei der 300 %-Schwelle wären 2,4 % betroffen, die über ein Einkommen von monatlich über ca. 4900 € verfügen. Reichtum beginnt aber im Verständnis der Allgemeinbevölkerung bei durchschnittlich 26.694 € monatlichem Nettoeinkommen – davon wären aber lediglich 0,1 % der deutschen Bevölkerung betroffen (Böwing-Schmalenbrock 2012, S. 32). Allerdings ist zu beachten, dass die Streuung der Angaben bei diesem errechneten Mittelwert sehr hoch ist. Setzt man daher den *Median* anstelle des Mittelwertes ein, um die sehr unterschiedlichen Vorstellungen von Reichtum in der Bevölkerung zu relativieren, stellt sich Reichtum in der Tat schon bei ca. 5000 € Nettoeinkunft pro Monat ein. Die 300 %-Regel scheint also die Vorstellungen der Menschen von Reichtum recht gut abzubilden. Unter Reichtum wird im Allgemeinen auch das Ausmaß an Unabhängigkeit von externen Mittelzuflüssen verstanden – auch dies wäre bei Einkommen nach der 300 %-Regel wohl nach einer gewissen Zeit gegeben.

---

[11] Das *Äquivalenz*einkommen ist ein personenbezogenes Nettoeinkommen, das der besseren Vergleichbarkeit von Einkommen in Haushalten unterschiedlicher Größe und Zusammensetzung dient. Es basiert auf der Annahme, dass das Haushaltseinkommen selbst kein ausreichender Indikator für den Lebensstandard ist, da in größeren Haushalten z. B. Einspareffekte auftreten (z. B. durch die gemeinsame Nutzung von Wohnraum). Aus diesem Grund erhalten die einzelnen Mitglieder des Haushalts sogenannte Äquivalenzgewichte: Der ersten erwachsenen Person im Haushalt wird das Gewicht 1, Kindern unter 14 Jahren das Gewicht 0,3 und weiteren Personen ab 14 Jahren das Gewicht 0,5 zugeordnet. Beispiel: Das Äquivalenzeinkommen in einem Vierpersonenhaushalt mit zwei Kindern unter 14 Jahren läge bei einem verfügbaren Einkommen von 4500 € monatlich bei 2142,86 € (4500/(1,0 + 0,5 + 0,3 + 0,3)). Eine alleinstehende Person mit einem verfügbaren Einkommen von 2142,86 € würde demnach als diesem Haushalt gleichwertig eingestuft.

[12] Die Problematik dieser Definitionen wird erkennbar, wenn man sich vergegenwärtigt, dass das Durchschnittseinkommen in einer Bevölkerung mal eben halbiert oder auch verdoppelt werden könnte und sich dadurch an der Verteilung von armen und reichen Personen in dieser Gesellschaft oder an der Etikettierung von Personen als arm oder reich nichts ändern würde.

Die bislang präsentierten Daten beziehen sich ausschließlich auf das Einkommen. Allerdings wird Reichtum oft eher am Vermögen festgemacht. So stimmen 70 % der Befragten einer Stichprobe der Aussage zu, Reichtum bedeute „ausschließlich vom Vermögen leben zu können, ohne arbeiten zu müssen" (Böwing-Schmalenbrock 2012, S. 25). Der Inbegriff von Reichtum im Verständnis der Allgemeinbevölkerung liegt nach wie vor bei einem Vermögen von 1000.000 € (Böwing-Schmalenbrock 2012, S. 33). Die Grenze für Vermögensreichtum im Fall der Anwendung der 200 %-Regel würde bereits bei 326.000 € beginnen und im Fall der Anwendung der 300 %-Regel bei 489.000 € (Frick et al. 2010, S. 30). Der sogenannte stabile Reichtum, ab dem Menschen tatsächlich allein von ihren Vermögenswerten leben können, beginnt nach Böwing-Schmalenbrock jedoch erst bei 2,4 Millionen Euro Haushaltsgesamtvermögen (S. 45).

Definitionen, die sich an Grenzen orientieren, mögen durchaus naiv erscheinen. Volz schreibt amüsant, es sei ein „erstaunlich armes Vokabular zur Beschreibung einer so reichen Wirklichkeit, […] immer von den Armen und den Reichen sprechen zu müssen" (1997, S. 374). Dennoch stellen solche Definitionen eine pragmatische Orientierung dar und helfen durchaus dabei, die Psychologie des Geldes systematisch zu erforschen, auch wenn sie in gewisser Hinsicht beliebig anmuten.

Es ist daher aufschlussreich, die Begriffe *Reichtum* oder *Wohlstand* auch für sich selbst zu definieren. Was ist Reichtum für Sie? Unter welchen Bedingungen würden Sie sich reich fühlen? Welche „Summen" wären erforderlich? Wenn es Ihnen auf diese Weise gelingt, z. B. einen Zielbetrag zu definieren, dann ist es auch möglich, eine der größten psychologischen Fallen beim Streben nach Geld zu umgehen: Da das Resultat des Strebens nach Geld *an sich* nämlich nichts Gegenständliches ist, man also nichts *Greifbares* in Händen hält, sondern zumeist lediglich eine abstrakte Zahl auf dem Konto verändert wird, fehlt oft auch jedes glücksstiftende Erlebnis einer Zielannäherung oder Zielerreichung; Befriedigungs- oder gar Sättigungszustände werden auf diese Weise nicht spürbar. Gier, Unersättlichkeit, Zwanghaftigkeit und Besessenheit kennzeichnen das Streben nach Geld daher sehr oft – es muss immer mehr sein. Die Kenntnis eines konkreten Zielbetrags dämpft diese Problematik ab.

Ohne Ziel kann auch kein konkreter Handlungsplan zur Zielerreichung entwickelt werden, und es ist überdies ausgeschlossen, zu ermitteln, welche Handlungsweisen überhaupt geeignet sind, einen Wunschzustand herbeizuführen. Aus diesen Gründen ist es hilfreich, *realistische*, *aktiv beeinflussbare* und *zeitlich verankerte* Ziel- und Teilzielkriterien für Ihr persönliches Verständnis von Reichtum oder Wohlstand zu benennen, sofern Sie diese anstreben!

2.3   Daten – *Was bin ich wert?*

Im vorangegangenen Abschnitt haben wir zu Definitionszwecken bereits einige Daten und Fakten aufgeführt. In diesem Abschnitt wollen wir dies noch ergänzen und einige interessante Fakten aufbereiten, die wir für die Erörterungen in den nächsten Kapiteln benötigen. Vermutlich interessieren sich die meisten Leser jedoch auch *per se* für die genannten Fakten. Die Daten können Ihnen *zur Orientierung* dienen, z. B. dahingehend, ob Ihre finanziellen Wünsche und Ziele angemessen sind oder ob die Wahrnehmung Ihres eigenen ökonomischen Status realitätsgerecht ist – es gibt durchaus viele reiche Personen, die sich nicht als reiche Personen wahrnehmen. Mir haben die nachfolgend aufgeführten Werte jedenfalls geholfen, meine finanzielle Situation besser einzuschätzen und Forderungen in Honorarverhandlungen besser begründen zu können.

So ist häufig von Interesse, welches Einkommen die Bundesbürger im Durchschnitt erzielen.[13] Die verschiedenen Kennwerte – Medianeinkommen, mittleres Einkommen in Brutto- und Nettowerten – werden daher ebenso aufgeführt wie deren prozentuale Verteilungen in der Bevölkerung. Dieselben Kennwerte werden für Vermögenswerte berichtet. Darüber hinaus soll dies in den Zusammenhang makroökonomischer Daten gestellt werden. So werden auch die Inflationsrate, das Zinsniveau, die Staatsverschuldung und deren jeweilige Entwicklung berichtet.

Die Angaben, die zu diesen Parametern in verschiedenen Untersuchungen berichtet werden, weichen teils erheblich voneinander ab. So haben wir für das mittlere Nettovermögen der Deutschen Werte zwischen ca.

---

[13] Die Vergleichbarkeit der Daten verschiedener Länder ist aufgrund unterschiedlicher Lebenshaltungskosten und unterschiedlicher Besteuerung der Einkommen schwierig.

50.000 € und ca. 250.000 € finden können. Zumeist wird weder spezifiziert, auf welches *Jahr* sich die Daten beziehen, noch ob das Einkommen *pro Haushalt* oder *pro Kopf* erfasst wurde, teils wird nicht einmal benannt, ob es sich um *Netto-* oder *Bruttowerte* handelt. Dabei existieren unzählige Kennwerte, die z. T. auch als „bereinigte Werte" ausgewiesen werden, die sich also z. B. nur auf die *über 17-Jährigen* beziehen, die *Inflationsrate einkalkulieren* oder währungstechnisch auch derart verrechnet werden, dass sie *international vergleichbar* sind. Teils wird das *Durchschnittseinkommen* berichtet, also die Summe aller Bruttoeinkommen geteilt durch die Anzahl der Einkommensbezieher, und teils wird das *Medianeinkommen* angegeben, also die Einkommenshöhe, von der aus die Anzahl der Personen bzw. Haushalte mit niedrigerem Einkommen genauso groß ist wie die der Haushalte mit höherem Einkommen (welches also die Mitte der nach Größe sortierten Einkommen darstellt und daher im Vergleich zum mittleren Einkommen weniger „anfällig" für extrem hohe und extrem niedrige Einkommenswerte ist). Oft wird das *Pro-Kopf-Einkommen (PKE)* angegeben, also das auf ein Jahr bezogene Durchschnittseinkommen der Einwohner eines Landes, und zwar aller Einwohner (z. B. BIP in Dollar/ Bevölkerungszahl). Manchmal wird auch das *Reale Pro-Kopf-Einkommen* angegeben, das durch die Inflationsrate bereinigt ist und als Gradmesser für den Wohlstand eines Landes im Vergleich zu anderen Ländern angesehen wird, obwohl sich das Einkommen ggf. lediglich auf wenige Personengruppen kumuliert. Wir haben sogar Angaben gefunden, die so etwas wie das *Volkseinkommen* oder lediglich das *verfügbare Einkommen* abbilden müssten. Jeder dieser Kennwerte mag zur Beantwortung verschiedener Fragestellungen seine Berechtigung haben. Wir haben uns nachfolgend darum bemüht, aktuelle, aussagekräftige, nachvollziehbare und noch einigermaßen miteinander vergleichbare Daten zu finden. Die jeweiligen Quellen sind daher in den Tabellen benannt.

Einkommen

Tab. 1 zeigt das mittlere Einkommen, als Brutto- und als Nettowert, angegeben als Nettoäquivalanzeinkommen, als Nationaleinkommen, als Haushaltseinkommen und individueller Pro-Kopf Lohn für die erwerbstätige Bevölkerung und die ausschließlich vollzeitbeschäftigten Arbeitnehmer.

Tab. 1 Einkommen in verschiedenen Kennwerten und Kontexten

	Bezeichnung	Betrag	Anmerkung	Quelle
1.	**Einkommen**			
1.1	Nettoäquivalenzeinkommen (*Mittelwert, pro Kopf, gewichtet*)	2065 €	Durchschnittliches monatliches Nettoäquivalenz-Einkommen, 2017	http://appsso.eurostat.ec. europa.eu/nui/show. do?dataset=ilc_di03&lang=de *und* http://www.bpb.de/ nachschlagen/zahlen-und-fakten/europa/70628/ einkommen
	(*Median, pro Kopf, gewichtet*)	1827 €	Mittleres monatliches Nettoäquivalenz-einkommen, 2017	http://appsso.eurostat.ec. europa.eu/nui/show. do?dataset=ilc_di03&lang=de *und* http://www.bpb.de/ nachschlagen/zahlen-und-fakten/europa/70628/ einkommen
1.2	Bruttonationaleinkommen (*pro Kopf, ungewichtet*)	3373 €	Bruttonationaleinkommen (BNE), pro Kopf (alle Bundesbürger), 2017	Weltbank, 2018 Statistisches Bundesamt, 2018 https://de.statista.com/statistik/ daten/studie/161330/ umfrage/entwicklung-des-bruttonationaleinkommens-bne-in-deutschland-pro-kopf/

1.3	Haushaltseinkommen	brutto netto	4337 € 3314 €	Durchschnitt des monatlichen Brutto- u. Nettoeinkommens pro privatem Haushalt in 2016; *verfügbares* Haushaltsnettoeink., 2017: 1345 €	Statistisches Bundesamt, 2018 https://de.statista.com/statistik/daten/studie/261850/umfrage/brutto-und-nettoeinkommen-je-privatem-haushalt-in-deutschland/
1.4	Erwerbstätigenentgelt (**Mittelwert**, pro Kopf)	brutto netto	2857 € 1888 €	Durchschnitt der monatlichen Bruttolöhne u. -gehälter und der Nettolöhne u. -gehälter, nur für erwerbstätige Arbeitnehmer, 2017	Statistisches Bundesamt, 2018 https://de.statista.com/statistik/daten/studie/161355/umfrage/monatliche-bruttoloehne-und-bruttogehaelter-pro-kopf-in-deutschland/
	Vollzeitbeschäftigtenentgelt (**Mittelwert**, pro Kopf)	brutto netto	3771 € 2578 €	Durchschnitt der monatlichen Bruttolöhne und -gehälter und Nettolöhne u. -gehälter, nur von vollzeitbeschäftigten Arbeitnehmern, 2017	Statistisches Bundesamt, 2018 https://de.statista.com/statistik/daten/studie/237674/umfrage/durchschnittlicher-bruttomonatsverdienst-eines-arbeitnehmers-in-deutschland/

Vermögen

Tab. 2 zeigt das Vermögen der Deutschen, als Brutto- und als Nettowert, angegeben als Gesamtvermögen, als Haushaltsvermögen und als Pro-Kopf Vermögen.

Für viele Menschen ist von Interesse, in welche Gruppe sie mit ihrem eigenen Einkommen fallen, d. h. auch, wie viel Prozent weniger oder mehr verdienen als sie selbst. In der Abb. 2 können Sie sich mit Ihrem persönlichen Nettoeinkommen vergleichen, um eine Orientierung zu bekommen. Die Einkommen sind in der Bevölkerung ungleich verteilt: In der Nettoeinkommensgruppe bis 999 € befinden sich schon 32,6 % der Erwerbstätigen, zwischen 1000 € und 1999 € liegen etwa 43 %, in der Einkommensgruppe 2000 € bis 2999 € sind es nur noch 15,8 %, während in die Einkommensgruppe 3000 € bis 3999 € lediglich 5,1 % und über 4000 € bloß noch 3,4 % fallen. Dabei wächst die Gruppe der Niedrigeinkommensbezieher, während die Mittelschicht erodiert (vgl. Goebel et al. 2008; Grabka und Frick 2008). Die Schere zwischen armen und reichen Personen geht insofern tatsächlich weiter auseinander, allerdings erweckt diese Metapher oft den Eindruck als würden die Einkommensbezieher in den unteren Gruppen immer weniger Einkommen beziehen. Dies ist jedoch nicht der Fall, denn auch deren Nominaleinkommen wachsen.

Eine Ungleichverteilung lässt sich auch für das Gesamtvermögen der Deutschen feststellen: Das reichste Zehntel der deutschen Bevölkerung (über 17 Jahre) besitzt mit 4813 Milliarden Euro über 60 % des Gesamtvermögens in Höhe von ca. 7225 Milliarden €. Ein Haushalt dieser obersten Gruppe verfügt demnach über ein Nettovermögen von mindestens 470.000 €. Die ärmeren 50 % der deutschen Bevölkerung besitzen mit 103 Milliarden Euro netto nicht mal 1,5 % dieses Gesamtvermögens – bis zu einem Nettovermögen von 60.000 € gehört man gerade eben noch zu dieser Gruppe (vgl. Abb. 3, Deutsche Bundesbank, 2018).[14,15]

---

[14] Als die reichsten Deutschen gelten nach dem Forbes-Magazin übrigens die „Aldi-Erben", Beate Heisler und Karl Albrecht jr., mit einem geschätzten Vermögen von über 26 Milliarden Euro.

[15] Eine Ungleichverteilung von Einkommen und Vermögen wird zu einem gesellschaftlichen Problem, wenn für viele Menschen keine Aussicht mehr besteht, aus eigener Kraft in die höheren Schichten aufsteigen zu können.

Tab. 2 Vermögen in verschiedenen Kennwerten und Kontexten

Nummer	Bezeichnung	Betrag		Anmerkung	Quelle
2.	**Vermögen**				
2.1	Gesamtvermögen	brutto	14.200.000.000.000 €	2017	https://crp-infotec.de/deutschland-privatvermoegen-vermoegnsberg/ und andere Quellen
		netto	12.570.000.000.000 €	Netto-Geldvermögen: 5977.000.000 €	
2.2	Haushaltsvermögen	brutto	240.200 €	2014	Deutsche Bundesbank 2018 https://www.bundesbank.de/Redaktion/DE/Downloads/Veroeffentlichungen/Monatsberichtsaufsaetze/2016/2016_03_vermoegen_finanzen_private_haushalte.pdf?__blob=publicationFile
				nur Sach- u. Immobilienvermögen: ca. 225.000 €, nur Beteiligungsvermögen: ca. 12.000 €)	
		netto	214.500 €		
2.3	Pro-Kopf Vermögen	brutto	179.794 €	2017	Credit Suisse Research 2018 Global Wealth Report
	Mittelwert				
	Median	netto		s.o.	
		brutto	77.200 €	20162014	Deutsche Bundesbank 2018 https://www.bundesbank.de/Redaktion/DE/Downloads/Veroeffentlichungen/Monatsberichtsaufsaetze/2016/2016_03_vermoegen_finanzen_private_haushalte.pdf?__blob=publicationFile
		netto	60.400 €		

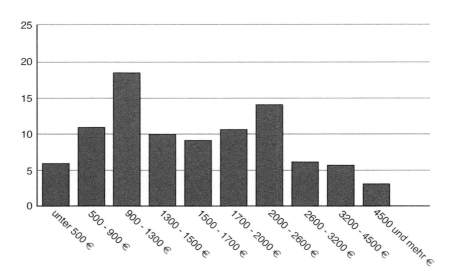

Abb. 2 Vergleichswerte in Prozentangaben von zehn etwa vergleichbar verteilten Gruppen zur exakteren Einordnung des persönlichen Nettoeinkommens (basierend auf Daten des Statistischen Bundesamtes, Mikrozensus ab 2010). In der Nettoeinkommensgruppe von 900 bis 1300 € befinden sich beispielsweise 18,5 % aller Einkommensbezieher

Die Kluft zwischen armen und reichen Personen ist in anderen Ländern noch weitaus größer. Obwohl es in den USA ca. 530 Milliardäre gibt, weist der Global Wealth Report 2016 für *Russland* die größte Ungleichverteilung der Vermögen aus.

2.4   Makroökonomische Daten – *Große Perspektive, große Abgründe*

Inflationsrate, gesamt, individuell und deren Entwicklung
Vielen Deutschen ist die aktuelle Inflationsrate nicht annähernd bekannt. Ihre Höhe ist jedoch entscheidend für die Entwicklung der Kaufkraft und für die Einschätzung, ob sich eine Geldanlage mit einer bestimmten Verzinsung überhaupt rentiert. Liegt die Verzinsung einer Geldanlage (mit z. B. 1,5 %) unterhalb der Inflationsrate (von z. B. 1,8 %), besteht kein Grund zur Freude über die hohe Verzinsung, denn

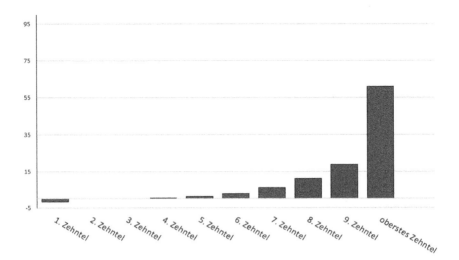

Abb. 3 Vermögensverteilung in Deutschland, Anteil am Gesamtvermögen in Prozent. (Quelle: Bundeszentrale für politische Bildung, 2013, basierend auf Daten der Deutschen Bundesbank, dem Sozioökonomischen Panel und Berechnungen des Deutschen Instiituts für Wirtschaftsforschung in Berlin, Daten aus dem Jahr 2007; die Daten der Hans-Böckler Stiftung weisen für das Jahr 2018 eine vergleichbare Verteilungen aus)

letztlich muss ein Kaufkraft*verlust* hingenommen werden. Eine Modellrechnung zeigt, welche Kaufkraft von einer ersparten Summe in Höhe von 20.000 € bei einer jährlichen Inflationsrate von durchschnittlich 2 % nach 20 Jahren noch übrig ist: Es sind dies lediglich 13.459,43 €. Der absolute Kaufkraftverlust beträgt somit 6540,57 €, der prozentuale Kaufkraftverlust beträgt 32,70 %, die absolute Preissteigerung beträgt 9718,95 € und die relative Preissteigerung 48,59 %. Sie können dies selbst für andere Werte errechnen lassen: https://www.zinsen-berechnen. de/inflationsrechner.php.

Die Inflationsraten in Deutschland für den *Euro* seit 2008 sind in Abb. 5 dargestellt. Die Entwertung der Deutschen Mark (DM) – eine der stabilsten Währungen, die es je gab – durch die Inflation betrug in den Jahren ihrer Existenz, zwischen 1950 und 2001, 80 % (Kennedy 2009, S. 153)!

Unbekannt ist den meisten Menschen auch ihre *individuelle Infla-tionsrate*. Es ist durchaus denkbar, dass die allgemeine Inflation durch starke Preisanstiege in *einigen wenigen* Bereich getrieben wird, wie z. B. Mieten oder Benzinkosten. Wer jedoch nicht zur Miete wohnt und nicht auf einen Pkw angewiesen ist, hat eventuell eine deutlich niedrigere individuelle Inflationsrate. Der allgemeine Index der Konsumentenpreise anhand eines repräsentativen Warenkorbs muss für Sie persönlich also nicht unbedingt relevant sein. Dies können Sie mit dem persönlichen Inflationsrechner, den das Statistische Bundesamt über folgenden Link bereitstellt, ermitteln:

- https://www.destatis.de/DE/Service/InteraktiveAnwendungen/ InflationsrechnerSVG.svg;jsessionid=DCC348BF4347911D86B762 170AA7BD52.InternetLive2?view=svg.

Die Inflation ist somit eine zentrale Variable, wenn es um Geldan-gelegenheiten geht. Sie kommt – stark vereinfacht beschrieben – zustande, wenn die Nachfrage das Angebot übersteigt (z. B. aufgrund einer Rohstoffknappheit, Geldmengenerhöhung, Lohn(kosten)steigerung). Unter diesen Umständen werden Waren für höhere Preise angeboten. Unternehmen erwirtschaften damit Gewinne. Zumeist werden Anteile an den Gewinnen in die Expansion der Unternehmen investiert und höhere Löhne an die Mitarbeiter ausbezahlt. Dies erhöht wiederum die Nachfrage nach Konsumgütern und Dienstleistungen, was zu Preis-steigerungen führt und den mehr produzierenden Unternehmen wiede-rum höhere Gewinne verschafft. Eine moderate Inflation von ca. 2 % gilt daher als Indikator für eine gut laufende Wirtschaft.

Bei einer Deflation sinken die Preise. Dies ist aber kein Grund zur Freude, denn das Absinken der Preise führt in der Regel nicht zum Kauf von Produkten, sondern vielmehr zum Abwarten, Zögern und zum Aufschub von Investitionen. Personen kaufen unter solchen Bedingungen nämlich nicht, weil sie erwarten, dass die Preise noch weiter sinken werden. Dies lähmt das Wirtschaftsgeschehen.

Die Abb. 4 zeigt die Inflationsrate in Deutschland in ausgewählten Jahren, also die jährliche Veränderung der Verbraucherpreise in Prozent-angaben. Die Vergleichbarkeit der Daten zwischen den verschiedenen

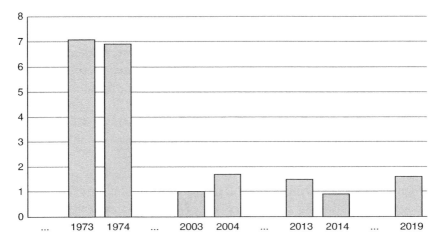

Abb. 4 Inflationsrate in Deutschland in ausgewählten Jahren (jährliche Verbraucherpreisänderung, prozentuale Veränderung gegenüber dem Vorjahr, bedingte Vergleichbarkeit, Quelle: Statistisches Bundesamt, Preise, Verbraucherpreisindizes für Deutschland, Lange Reihen, 2018; inkl. Prognose für 2019)

Jahren ist wegen unterschiedlicher Indexbildungen und Basisjahre nur bedingt gegeben.

Verzinsung und deren Entwicklung

Die Verzinsung einer Geldanlage (bzw. von Krediten) ist weitgehend abhängig vom Leitzins der Zentralbanken. Der Leitzins ist ein geldpolitisches Steuerungsinstrument der Zentralbanken. Er gibt den Banken Orientierung, zu welchem Zinssatz sie Unternehmen und Privatpersonen Geld leihen können. Diese Orientierungsfunktion kommt ihm zu, weil sich die Banken selbst zu diesem Zinssatz bei der Zentralbank Geld leihen können. Ist der Leitzins niedrig, können sich Banken also problemlos Geld von der Zentralbank leihen und damit hohe Geldvolumina in die Privatwirtschaft geben. Da der niedrige Leitzins auch zu einer geringeren Verzinsung von Sparguthaben führt, besteht zusätzlich ein erheblicher Anreiz, Geld auszugeben. Die Nachfrage nach Produkten und Dienstleistungen wird dadurch also stimuliert und die Preise steigen (vgl. z. B. derzeitige Immobilienpreise). Der Zweck einer Leitzinssenkung besteht demnach darin, die Wirtschaft konjunkturell zu beleben, denn wenn mehr investiert und konsumiert wird, können Unternehmen i. d. R. expandieren, die Arbeitslosenquote sinkt, Menschen haben mehr Geld zur Verfügung, kaufen mehr, es wird mehr produziert usw. Andererseits können mit einer Leitzinssenkung auch erhebliche Nachteile verbunden sein, die einige Autoren z. B. als *schleichende Enteignung* der Sparer bezeichnen.

Die Abb. 5 zeigt den Zinssatz, den es durchschnittlich auf kurz- bis mittelfristige Guthaben (z. B. Sparbuch, Tagesgeld) in ausgewählten Jahren in Deutschland gab.

Interessanterweise war die Unzufriedenheit über die Niedrigzinsphase in den letzten Jahren recht hoch ausgeprägt. In den 60er und 70er Jahren indes haben nur wenige gejammert: Viele Menschen haben sich in diesen Zeiten vielmehr über üppige Zinsen gefreut. Die Gesamtbilanz täuscht jedoch. Da Zins und Inflation immer gemeinsam kalkuliert werden müssen, war die Lage in den letzten Jahren sogar besser als in Zeiten der üppigen Zinszahlungen. Dies liegt daran, dass die Inflationsrate in den Zeiten der üppigen Zinszahlungen noch deutlich über diesen üppigen Zinszahlungen lag, und zwar deutlicher als dies in den letzten Jahren der Fall war. Der Zinssatz sollte also immer *inflationsbereinigt* kalkuliert

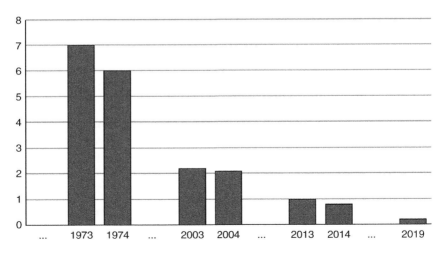

Abb. 5 Durchschnittliche Zinssätze für Spareinlagen (Guthabenzins, primär Sparbuch) in ausgewählten Jahren in Deutschland (bedingte Vergleichbarkeit; Statista, basierend auf Daten der Deutschen Bundesbank; inkl. Prognose für 2019)

werden (die schwarzen Balken aus Abb. 5 müssen über die weißen Balken aus Abb. 4 gelegt werden – der Teil, der „übersteht", bildet den inflationsbereinigten Realzins ab). Die entsprechenden Ergebnisdaten lassen sich der Abb. 6 entnehmen. Zur Veranschaulichung wurde eine einfache Subtraktion durchgeführt; also z. B. für das Jahr 1974: Zinssatz von 6,0 % – Inflationsrate von 6,9 % = Realverzinsung von – 0,9 %; bzw. für das Jahr 2003: Zinssatz von 2,2 % – Inflationsrate von 1,0 % = Realverzinsung von + 1,2 %.

Allerdings sieht die jüngste Prognose für 2018 und 2019 (mit insgesamt ca. -1,5 Realzins) wiederum problematisch aus, denn im Mai 2018 lag die Inflationsrate z. B. bei 2,2 % bei weiterhin fast fehlender Verzinsung oder teils sogar bereits realisiertem Negativzins. So warnte die Bundesbank, dass im ersten Quartal des Jahres 2018 eine Geldschmelze von 0,8 % zu verzeichnen war (Focus 2018, S. 54). Für das Jahr 2019 wird eine Realverzinsung von – 1,4 % prognostiziert.

Shafir, Diamond und Tversky (1997) konnten zeigen, dass die meisten Menschen die Inflationsrate beim Nachdenken über geldbezogene Sachverhalte im Allgemeinen und bei ihren Finanzentscheidungen im Speziellen kaum berücksichtigen. Die Autoren bezeichnen das Phänomen

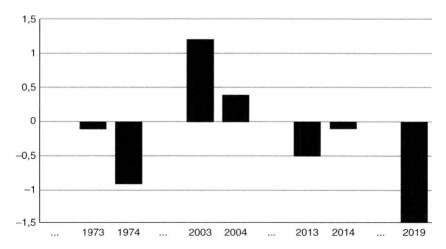

Abb. 6 Durchschnittliche Realverzinsung von Spareinlagen in ausgewählten Jahren (inflationsbereinigte Guthabenzinsen auf Spareinlagen (Zinssatz – Inflationsrate), inkl. Prognose für 2019)

daher treffend als *Money-Illusion*. So habe ich mich auch schon über den vermeintlichen Zuwachs der Konsummöglichkeiten bei so mancher Lohnerhöhung gefreut, ohne zu realisieren, dass damit noch nicht einmal die Inflation ausgeglichen wurde und die Konsummöglichkeiten daher lediglich weniger stark gesunken sind.

Eine hohe Inflationsrate muss jedoch nicht unbedingt eine Aufforderung sein, Geld risikoreich anzulegen, nur um die Inflationsrate mit einer höheren Zinsrate oder Dividende übertreffen zu können. Je nachdem, wie Sie Ihr Geld später investieren wollen, ist die allgemeine Inflationsrate für Sie persönlich vielleicht ganz und gar irrelevant. Wenn Sie später in Dinge investieren, bei denen die allgemeine Preisentwicklung keine Rolle gespielt hat, müssen Sie eventuell gar keinen Kaufkraftverlust hinnehmen, selbst wenn Sie Ihr Geld jahrelang auf dem unverzinsten Konto herumliegen lassen haben. Dies werden Sie von Bankberatern natürlich nie zu hören bekommen. Aber als Privatinvestor sind Sie ja nicht gezwungen, permanent zu investieren. Sie können stattdessen manchmal auch günstigere Zeiten für Ihre spezielle Investition abwarten und bis dahin einfach gar nichts tun – was wäre schon ein 20 %-iger *allgemeiner* Kaufkraftverlust in 10 Jahren, wenn die begehrte Investition bis dahin 40 % günstiger geworden ist?[16]

Diese Sachverhalte sind stark vereinfacht dargestellt. Noch dazu hat das derzeit obwaltende Finanzsystem einige der hier beschriebenen Mechanismen geradezu pervertiert (Spekulation statt Investition, Geldschöpfung aus dem Nichts, ausufernde Staatsverschuldung, Negativzinsen in Boomzeiten etc.). Auf die Problematiken, die damit verbunden ist, werden wir nachfolgend kurz eingehen.[17]

---

[16] Ein solcher Preisrückgang, z. B. bei Aktien oder Immobilien, ist natürlich auch nicht garantiert. In der Tat lässt sich darüber streiten, ob es überhaupt möglich ist, bei Investitionen den "richtigen Einstiegszeitpunkt" ausfindig zu machen und ob beim Warten auf günstigere Preise zwischenzeitlich nicht zu viel Potenzial verschenkt wird und daher doch besser kontinuierlich investiert werden sollte. Die nachfolgenden Abschnitte in diesem Kapitel lassen allerdings einen Preisrückgang in vielen Assetklassen erahnen, da derzeit (gemessen an diversen Fundamentalkriterien) viele Aktien und Immobilien "künstlich" überbewertet erscheinen und diese Überbewertung vermutlich nicht dauerhaft fortbestehen kann.

[17] Ein Geldsystem mit Zinsen erfordert permanentes Wachstum, denn die Zinsen müssen zusätzlich zum geliehenen oder ggf. gedeckten Betrag erwirtschaftet werden. Irgendjemand muss die

Staatsverschuldung in Deutschland, Europa und der Welt und deren Entwicklung

Die meisten Staaten geben mehr Geld aus als sie einnehmen – sie verschulden sich. Und die Verschuldung hat in den letzten Jahren dramatisch zugenommen. Dies gilt auch für viele europäische Staaten und bis vor einigen Jahren auch für Deutschland. Die Entwicklung der Staatsverschuldung in Deutschland geht aus der Abb. 7 hervor. Demnach hat die Gesamtverschuldung Deutschlands im Jahr 2016 ca. 2005.641.000.000 €

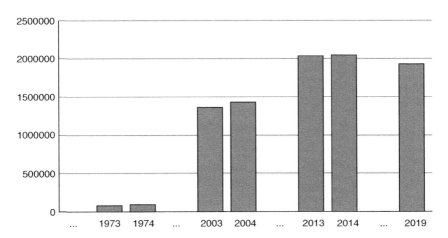

Abb. 7 Staatsverschuldung der Bundesrepublik Deutschland (Bund & Länder) in Millionen Euro in ausgewählten Jahren (der Vergleich zu den Jahren 1973 und 1974 ist u. a. aufgrund der Wiedervereinigung und der Einführung des Euro nur bedingt möglich) (Quelle: Statistisches Bundesamt). Wie ersichtlich ist, wurden in den letzten Jahren keine neuen Schulden aufgenommen

---

Zinsen zahlen. Der Zinseszinseffekt auf Schulden erfordert darüber hinaus ein exponentielles Wachstum – das reale Wirtschaftswachstum ist aber zumeist bestenfalls linear. Dies führt zu einer Problematik, die z. B. Kennedy (2009, S. 150 ff.) wie folgt beschreibt: Die zusätzlich zu erwirtschaftenden bzw. an die letzten Glieder der Wirtschaftskette weitergegebenen Zinsen führen z. B. dazu, dass beim Trinkwasserpreis 38 % für Zinsen zu entrichten sind. Erst ab einem Anlagevermögen von ca. 500.000 € könnten Personen selbst von diesem Zinssystem profitieren. Die Schere zwischen der sogenannten Realwirtschaft und Geldwerten geht auseinander, es kommt zu Spekulationsblasen, die platzen können. Einige Autoren schlagen daher vor, dass man Wachstum zukünftig als qualitatives statt als quantitatives Wachstum begreifen müsse.

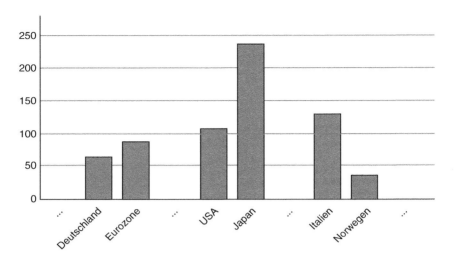

Abb. 8 Staatsverschuldung ausgewählter Staaten (und der Eurozone), angegeben als prozentualer Betrag vom Bruttoinlandsprodukt. (Quelle: Internationaler Währungsfonds, 2018)

betragen. In den letzten Jahren sind dies ca. 60 % des Bruttoinlandsprodukts gewesen.[18]

Die Abb. 8 zeigt die Verschuldung ausgewählter Staaten (und der Eurozone) im Vergleich, angegeben in Prozentwerten des jeweiligen Bruttoinlandsprodukts. In Japan, das Land mit der höchsten Staatsverschuldung, müsste die gesamte Volkswirtschaft 2,36 Jahre ausschließlich wirtschaften, um die Schulden abbezahlen und die Gläubiger Japans ausbezahlen zu können. Dies beträfe letztlich also auch jeden einzelnen *BÜRGE*r Japans.

In der nachfolgenden Abb. 9 wollen wir die weltweiten Staatsschulden in einige interessante Relationen setzen. Wenn Sie die aufgeführten Daten zur Staatsverschuldung als bedenklich erachten, dann werden Sie die Daten zu den Spekulationsgeschäften vermutlich als hochgradig problematisch ansehen. Der Wert aller „spekulativen Wetten" auf die zukünftige Entwicklung von Unternehmen, Rohstoffen etc. beträgt nämlich

---

[18] Bruttoinlandsprodukt (BIP): Jährlich erwirtschafteter Wert aller Güter und Dienstleistungen.

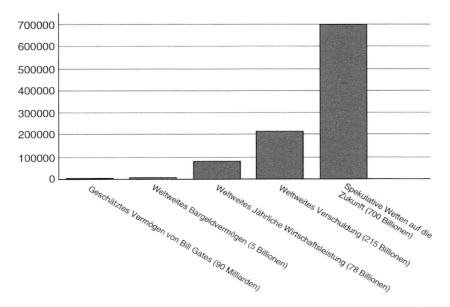

Abb. 9 Geschätztes Gesamtvermögen von Bill Gates, Summe des weltweiten Bargeldvermögens, Werte aller jährlich weltweit erarbeiteten Waren und Dienstleistungen, weltweite Verschuldung von Staaten und Privathaushalten, Wert von spekulativen Wetten auf die zukünftige Wirtschaftskraft in Milliarden Euro. (Quellen: IWF, statista, Forbes, Handelsblatt, 2018)

weltweit über 700 Billionen Euro (Derivate). Dagegen erscheinen die weltweiten Schulden von ca. 215 Billionen Euro geradezu klein und die reale weltweite Wirtschaftsleistung von 78 Billionen Euro kommt nicht einmal in die Nähe dieses Wertes. Aus diesem Grund warnen viele Ökonomen immer wieder davor, dass sich die sogenannte Finanzwirtschaft von der Realwirtschaft in dramatischer Größenordnung entkoppelt habe und Crashs damit wahrscheinlicher würden.

Die Schlussfolgerungen aus allen diesen Daten können vielschichtig sein. Einige Autoren wie Krall (2017), **Otte** (2011, 2016) **Weik und Friedrich** (2015), **Wolff** (2017) **oder teils auch Sinn** (2012, 2015) **prophezeien oder befürchten auf der Basis dieser unheiligen Allianz aus *ungedecktem Geld, niedrigen Zinsen, hoher Verschuldung* und *gefährlicher Blasenbildung* schon für die nahe Zukunft eine**

neuerliche Finanzkrise. Daraus leiten die Autoren auch konkrete Investitionsempfehlungen ab; auf eine vereinfachte Formel gebracht: raus aus Finanzprodukten, rein in Sachwerte!

Unsere Absicht besteht zuallererst darin, Ihre finanzielle Selbstmanagementkompetenz zu fördern und Sie dazu anzuregen, sich zu informieren, um ein nüchternes, weder durch Naivität noch durch irrationale Ängste beeinflusstes Urteil ausbilden zu können. Sie haben gesehn, welche Bedeutung schon diese wenigen und vereinfacht dargestellten Fakten für Ihre geldbezogenen Entscheidungen haben. Wer reich werden und dies auch bleiben will, sollte bei den eigenen Finanzentscheidungen wenigstens die hier dargelegten Fakten und skizzierten Entwicklungen im Auge behalten.

Literatur

Bolz, N. (2009). Wo Geld fließt, fließt kein Blut. In K. P. Liessmann (Hrsg.), *Geld – Was die Welt im Innersten zusammenhält* (S. 41–63). Wien: Zsolnay.

Böwing-Schmalenbrock, M. (2012). *Wege zum Reichtum. Die Bedeutung von Erbschaften, Erwerbstätigkeit und Persönlichkeit für die Entstehung von Reichtum*. Wiesbaden: Springer.

Breier, S. (2017). *Geld Macht Gefühle. Wie Geld unser Denken, Fühlen und Handeln beeinflusst*. Berlin: Springer.

Brodbeck, K.-H. (2009). Geldwert und Geldgier. Zur Macht einer globalen Illusion. In K. P. Liessmann (Hrsg.), *Geld – Was die Welt im Innersten zusammenhält* (S. 2007–2238). Wien: Zsolnay.

Commerzbank Ideenlabor, NFO Infratest. (2003). http://www.presseportal.de/pm/6676/451748. Zugegriffen am 31.08.2019.

Deutschmann, C. (2009). Geld – die verheimlichte Religion unserer Gesellschaft? In K. P. Liessmann (Hrsg.), *Geld – Was die Welt im Innersten zusammenhält* (S. 139–263). Wien: Zsolnay.

Dörner, D. (1989/2003). *Die Logik des Misslingens*. Reinbek: Rowohlt.

Focus. (2018). *So sparen Sie richtig*. Heft Nr. 35. München: Forcus Magazin.

Frankel, H. S. (1979). *Geld. Philosophie und Psychologie des Geldes*. Wiesbaden: Gabler.

Frick, J. R., Grabka, M. M., & Hauser, R. (2010). *Die Verteilung der Vermögen in Deutschland*. Berlin: Sigma.

Fruchtmann, J. (2017). Das neoliberale Geldverständnis und der Mythos der Rationalisierung. In S. Peters (Hrsg.), *Geld. Interdisziplinäre Sichtweisen* (S. 11–47). Wiesbaden: Springer.

Gischer, H. (2017). Was ist Geld? In S. Peters (Hrsg.), *Geld. Interdisziplinäre Sichtweisen* (S. 1–10). Wiesbaden: Springer.

Global Wealth Report. (2016). https://www.credit-suisse.com/corporate/de/articles/news-and-expertise/the-global-wealth-report-2016-201611.html; http://www.db.zs-intern.de/uploads/1479892972-GlobalWealthReport2016.pdf. Zugegriffen am 31.08.2019.

Goebel, J., Habich, R., & Krause, P. (2008). Einkommen – Verteilung, Armut und Dynamik. In *Datenreport 2008* (S. 163–172). http://www.bpb.de/nachschlagen/datenreport-2018/private-haushalte-einkommen-konsumwohnen/278275/einkommensentwicklung-und-verteilung. Zugegriffen am 31.08.2019.

Grabka, M. M., & Frick, J. R. (2008). Schrumpfende Mittelschicht – Anzeichen einer dauerhaften Polarisierung der verfügbaren Einkommen. *DIW Berlin, Wirtschaft Politik Wissenschaft, 10*, 2008.

Greenspan, A. (2003). US-amerikanische Notenbank, 26.09.2003, Konferenz des Congressional Black Caucus.

Habschick, M., Jung, M., & Evers, J. (2003). *Kanon der finanziellen Allgemeinbildung.* http://tk.eversjung.de/www/downloads/kanon_broschuere_druckversion.pdf. Zugegriffen am 31.08.2019.

Hörisch, J. (2009). Mein, nicht dein. Das digitale Medium Geld und das analoge Medium Abendmahl. In K. P. Liessmann (Hrsg.), *Geld – Was die Welt im Innersten zusammenhält* (S. 90–120). Wien: Zsolnay.

Kennedy, M. (2009). Geld regiert die Welt! – Doch wer regiert das Geld? In K. P. Liessmann (Hrsg.), *Geld – Was die Welt im Innersten zusammenhält* (S. 148–167). Wien: Zsolnay.

Koller, C., & Seidel, M. (2014). *Geld war gestern. Wie Alternativwährungen und die Shared Economy unser Leben verändern werden.* München: FinanzBuch Verlag.

Krall, M. (2017). *Der Draghi-Crash. Warum uns die entfesselte Geldpolitik in die finanzielle Katastrophe führt.* München: FinanzBuch Verlag.

Kundenmotive. (2010). comdirect bank; Geliebt, aber vernachlässigt – die Deutschen und ihre Einstellung zu Geld und Finanzen. https://www.comdirect.de/cms/ueberuns/media/comdirect_studie_2010.pdf. Zugegriffen am 31.08.2019.

Lusardi, A., & Mitchell, O. S. (2014). The economic importance of financial literacy: Theory and evidence. *Journal of Economic Literature, 52*(1), 5–44.

Mekiffer, S. (2016). *Warum eigentlich genug Geld für alle da ist.* München: Carl Hanser.

Otte, M. (2011). *Stoppt das Euro Desaster!* Berlin: Ullstein.

Otte, M. (2016). *Der Crash kommt. Die neue Weltwirtschaftskrise und wie Sie sich darauf vorbereiten.* Berlin: Econ.

Peters, S. (Hrsg.). (2017). *Geld. Interdisziplinäre Sichtweisen.* Wiesbaden: Springer.

Schmitz, D. (2013). *Finanzielles Selbstmanagement. Der Zusammenhang von Umgang mit Geld und Wohlbefinden.* Bachelorarbeit an der Universität Koblenz-Landau.

Schmölders, G. (1982). *Psychologie des Geldes.* München: Langen Müller.

Shafir, E., Diamond, P., & Tversky, A. (1997). Money illusion. *The Quarterly Journal of Economics, 112,* 341–374.

Simmel, G. (2009/1907). *Philosophie des Geldes.* Köln: Anaconda.

Sinn, H.-W. (2012). *Die Target-Falle. Gefahren für unser Geld und unsere Kinder.* München: Hanser.

Sinn, H.-W. (2015). *Der Euro – von der Friedensidee zum Zankapfel.* München: Hanser.

Statista. (2019). https://de.statista.com/. Zugegriffen am 31.08.2019.

Volz, F.-R. (1997). Reichtum zwischen Missbilligung und Rechtfertigung. In E.-U. Huster (Hrsg.), *Reichtum in Deutschland. Die Gewinner in der sozialen Polarisierung.* Frankfurt: Campus.

Weik, M., & Friedrich, M. (2015). *Der Crash ist die Lösung: Warum der finale Kollaps kommt und wie Sie Ihr Vermögen retten.* Köln: Bastei Lübbe.

Wolff, E. (2017). *Finanz-Tsunami. Wie das globale Finanzsystem uns alle bedroht.* Marburg: Büchner.

Zitelmann, R. (2015). *Reich werden und bleiben. Ihr Wegweiser zur finanziellen Freiheit.* München: FBV.

Geld ist (nicht) Alles – *Alles eine Sache der Einstellung?*

Unser Verhalten wird maßgeblich von unseren Einstellungen beeinflusst. So wird eine Person mit einer positiven Einstellung zum Umweltschutz darum bemüht sein, sich in möglichst vielen Lebensbereichen umweltbewusst zu verhalten. Vielleicht wird sie sogar hin und wieder andere auf deren umweltschädliches Verhalten aufmerksam machen und zu umweltfreundlicheren Alternativen ermutigen. Noch offensichtlicher ist der handlungsleitende Einfluss von Einstellungen im politischen Bereich. Die Einstellung, die wir zu den zur Wahl stehenden Parteien haben, wird darüber entscheiden, welcher Partei wir am Wahltag unsere Stimme geben.

Im Umkehrschluss bereitet es uns in vielen Fällen auch nur wenig Mühe, die Einstellungen einer Person aus ihrem Verhalten zu erschließen. Bei einer Person, die ihren Müll sorgsam trennt, Plastikverpackungen bei ihren Einkäufen gezielt vermeidet und sich ausschließlich von saisonalen Produkten ernährt, erwarten wir eine positive Einstellung zu Umweltschutzmaßnahmen. Auch liegt es auf der Hand, dass eine Person, die sich immer wieder negativ zu den Programminhalten einer bestimmten Partei äußert, dieser Partei negativ gegenüber eingestellt ist.

Das Verhalten als Indikator für die zugrunde liegende Einstellung zu nutzen, scheitert allerdings kläglich, wenn es um die Einstellung zu Geld

© Springer Fachmedien Wiesbaden GmbH, ein Teil von Springer Nature 2019
M. Sauerland, J. Höhs, *Geld – Vom Sein zum Schein*,
https://doi.org/10.1007/978-3-658-26666-0_5

geht. Dies wird deutlich, wenn man versucht, die Einstellungen zu Geld aus Alltagsbeobachtungen abzuleiten. Schnell findet man sich einer Vielzahl von Widersprüchen gegenübergestellt, die eindeutige Rückschlüsse auf die zugrunde liegende Einstellung unmöglich machen.

Die zwei Seiten einer Münze

Einerseits distanzieren sich viele Personen in ihren Aussagen klar von Geld. Immer wieder hört man jemanden im eigenen Umfeld argumentieren, der Besitz von viel Geld sei alles andere als erstrebenswert, denn es verderbe den Charakter und mache zugleich unglücklich. Auch wird auf Personen, die „für Geld alles machen", denen es „immer nur ums Geld geht" und für die Geld scheinbar „das Maß aller Dinge darstellt" im Allgemeinen mit Ablehnung, Empörung und Unverständnis reagiert. Schließlich sind die meisten von uns davon überzeugt, selbst „nicht käuflich" zu sein und finden es deshalb auch bei anderen weitaus sympathischer, wenn jemandem Geld „nicht besonders wichtig" ist.

Aufgrund dieser Beobachtung könnte man erwarten, dass nicht nur um *geldverliebte Personen*, sondern auch um *Geld an sich* ein großer Bogen gemacht wird. Schließlich würden sich Personen ihrer eigenen Argumentation zufolge durch den Erwerb von Geld nur selbst schaden. Aber würden *Sie* einen geschenkten 500 Euro Schein ablehnen?

Vermutlich eher nicht. Wahrscheinlich würden auch Sie verblüfft reagieren, wenn eine Person das Geld tatsächlich einfach ablehnt. Vielleicht würden Sie dieser Person sogar Arroganz und ein fehlendes Wertebewusstsein unterstellen. Auch die Tatsache, dass die meisten täglich für Geld arbeiten gehen, spricht eher dafür, dass die Mehrheit Geld *anstrebt*, statt sich davon entfernen zu wollen und vielmehr den Wunsch hegt, Geld zu *vermehren,* statt den eigenen Geldbesitz zu verringern. Darüber hinaus erscheint es mehr als fragwürdig, dass Eltern ihren Kindern Mengen an Geld anlegen würden, wenn sie ernsthaft der Überzeugung wären, dass das Geld ihren Kindern in Zukunft Schaden zufügen wird. Ist die Einstellung zu Geld also doch eher positiv?

In diesem Kapitel wollen wir diesen Widersprüchen auf den Grund gehen. Wir werden klären, ob die Einstellung zu Geld in der Regel positiv oder negativ ist und analysieren, welche Rolle es spielt, ob wir fremdes oder unser eigenes Geld bewerten. Darüber hinaus werden wir uns der Frage widmen, inwiefern unser Verhalten ein Spiegelbild unserer Einstellungen ist und auch Auskunft darüber geben, wie die *Bewertung* von Geld unseren *Umgang* damit beeinflusst. Anschließend werden wir Methoden vorstellen, mit denen es möglich ist, den persönlichen Stellenwert des Geldes zu analysieren. Darauf aufbauend werden wir erläutern, inwieweit eine Veränderung dieses Stellenwerts einen Beitrag zum Gelderwerb leisten kann.

1   Alle guten Dinge sind drei

Um die Frage zu beantworten, ob Personen eine positive oder negative Einstellung zu Geld haben, muss zunächst geklärt werden, was eine *Einstellung* ist. Eine Einstellung ist definiert als eine „zusammenfassende Bewertung eines Objektes, die auf *kognitiven, affektiven* und *verhaltensbezogenen* Grundlagen beruht" (Haddock und Maio 2014).

Die *kognitive Komponente* einer Einstellung beschreibt unsere Gedanken, unser Wissen und unsere Überzeugungen zu einem Objekt. Fallen uns viele positive Eigenschaften ein, wenn wir über ein Objekt nachdenken, deutet dies auf eine positive Einstellung hin. Denken wir hingegen eher, dass das Objekt viele negative Eigenschaften besitzt oder zu etwas Negativem führt, weist dies auf eine negative Einstellung hin. Die kognitive Komponente einer Einstellung spielt vor allem bei teuren Anschaffungen wie einem Auto oder einem Haus eine Rolle. Bei diesen Dingen denken wir in der Regel länger über den Kauf nach und wägen die positiven und negativen Eigenschaften verschiedener Vergleichsobjekte gegeneinander ab.

Die *affektive Komponente* bezieht sich auf die Gefühle, die ein Objekt in uns auslöst. Der Anblick, der Gedanke oder die Berührung von einem Objekt, das wir mögen, ruft in uns positive oder „warme" Gefühle hervor. Diese Gefühle begünstigen die Entwicklung einer positiven Einstellung zu diesem Objekt. Im Gegensatz dazu begegnen wir Objekten, die wir nicht mögen, mit negativen Gefühlen wie Abneigung, Angst, Wut, Hass oder Ekel. Diese Reaktionen begünstigen die Entwicklung einer negativen Einstellung. Die negative Einstellung zu Spinnen wird beispielsweise bei vielen Menschen eher in einem Gefühl von Angst begründet liegen als in rationalen Argumenten (vgl. Haddock und Maio 2014).

Die *verhaltensbezogene Komponente* bezieht sich auf alle Verhaltensweisen, die wir in Hinblick auf das Einstellungsobjekt ausgeführt haben oder planen auszuführen. Werden wir gefragt, ob wir eine Person mögen, könnten wir uns ins Gedächtnis rufen, wie wir uns in der Vergangenheit gegenüber dieser Person verhalten haben. Aus der Tatsache, dass wir den Kontakt mit dieser Person bei jeder Gelegenheit gezielt meiden und uns z. B. in der Kantine jeden Tag aufs Neue bewusst nicht neben diese Person setzen, könnten wir schlussfolgern, dass wir diese Person nicht besonders mögen.

Kopf oder Zahl?

Überträgt man dieses Wissen auf die *Einstellung zu Geld*, könnte man erwarten, dass eine Person dann eine positive Einstellung zu Geld hat, wenn ihre Gedanken über Geld positiver Natur sind, die Vorstellung von Geld positive Gefühle auslöst und das Verhalten der Person darauf ausgerichtet ist, Geld zu erwerben. Konkret könnte dies eine Person sein, die davon *überzeugt* ist, dass Geld zu Freiheit führt, die sich über Geldgeschenke *freut* und einen gut bezahlten Job *ausführt*. Im Gegensatz dazu erscheint es plausibel, dass eine Person mit einer negativen Einstellung zu Geld *denkt*, dass der Erwerb von Geld negative Konsequenzen hat (z. B. den Charakter verdirbt), negative Gefühle wie Wut *empfindet*, wenn ihr jemand für einen getätigten Gefallen Geld anbietet, und bei feierlichen Anlässen darum *bittet*, keine Geldgeschenke zu erhalten.

Obwohl nicht auszuschließen ist, dass es tatsächlich einige Personen gibt, die eine ausnahmslos positive oder negative Einstellung zu Geld besitzen, sprechen die in der Einführung beschrieben Alltagsbeobachtungen eher *dagegen*, dass pauschal positive oder negative Einstellungen zu Geld die Regel darstellen. Die widersprüchlichen Verhaltensweisen legen vielmehr den Schluss nahe, dass die Einstellung zu Geld bei den meisten Menschen nicht *entweder* positiv *oder* negativ ausgeprägt ist, sondern sich vielmehr als ein *sowohl als auch* beschreiben lässt.

Man denkt nur mit dem Herzen gut

Obwohl sich die drei Einstellungskomponenten bei vielen Einstellungsobjekten im Großen und Ganzen entsprechen, ist es keine Seltenheit, dass sich unsere Gefühle und Gedanken in Bezug auf ein Einstellungsobjekt voneinander unterscheiden. Denken Sie beispielsweise an den Annäherungskonflikt, dem wir täglich bei der Essensauswahl zum Opfer fallen: Obwohl uns viele Gründe dafür einfallen, warum wir auf die Pizza mit Extrakäse in Hinblick auf unsere Gesundheit (und unsere Bikinifigur) besser verzichten sollten, fühlen wir uns zu dieser Wahl deutlich stärker hingezogen als zu den Salatalternativen (für die uns doppelt so viele positive Argumente einfallen).

In der Psychologie wird dieser Zustand, wenn eine Person ein Objekt gleichzeitig mag und nicht mag, als *Einstellungsambivalenz* bezeichnet (Cacioppo et al. 1997). Welche Bewertung für die resultierende Einstellung ausschlaggebend ist, hängt sowohl von dem Einstellungs*objekt* als auch von der *Person* ab, welche die Bewertung vornimmt (Haddock und Maio 2014).

So beruht die Einstellung zu einigen Objektklassen stärker auf rationalen Argumenten, während die Einstellung zu anderen Objekten hauptsächlich von unseren Gefühlen geprägt ist. Bei Gebrauchsgütern wie einem neuen Küchenmesser basiert die Einstellung beispielsweise eher auf den objektiven Eigenschaften des Messers. Bei Lebensmitteln gründet die Einstellung hingegen häufig auf einem Genuss*empfinden*, sodass die Bildung der Einstellung gegenüber Nahrungsmitteln in der Regel gefühlsbasiert erfolgt.

Auch *Personen* unterscheiden sich darin, welche Einstellungskomponente den Prozess der Einstellungsbildung am stärksten beeinflusst. Während einige Personen ihr Urteil hauptsächlich gefühlsbasiert treffen, entsteht das Urteil anderer Personen zuvorderst durch ein Abwägen von rationalen Argumenten. Wissenschaftliche Belege für diese Unterschiede lieferte eine Gruppe von Forschern, die nachweisen konnte, dass unterschiedliche Werbeappelle (emotionale Werbebotschaften vs. argumentationsbasierte Werbebotschaften) bei verschiedenen Personen einen unterschiedlich starken Einfluss auf die Einstellungsbildung hatten, je nachdem, ob diese Personen ein stärkeres Denkbedürfnis (*need for cognition*) oder ein stärkeres Bedürfnis nach dem Empfinden von Emotionen besaßen (Haddock et al. 2008).

Zwei Seelen in einer Brust

Einstellungsambivalenz bezieht sich nicht nur auf Widersprüche *zwischen* den einzelnen Komponenten einer Einstellung, sondern kann sich auch in Widersprüchen *innerhalb* einer Einstellungskomponente äußern. Dies bedeutet, dass eine Person nicht nur gleichzeitig positive Gefühle und negative Gedanken (oder umgekehrt) in Bezug auf ein Objekt haben kann, sondern auch auf *einer* der Komponenten mit Gegensätzen konfrontiert sein kann (z. B. mit widersprüchlichen Gedanken). So kann eine Person sowohl Argumenten zustimmen, die *für* die Einführung eines neuen Gesetzes sprechen, aber gleichzeitig auch Argumente der *Gegen*position vertreten.

Diese Form von Einstellungsambivalenz tritt vor allem bei der kognitiven Komponente der Einstellung zu Geld deutlich in Erscheinung, also in den Gedanken, Überzeugungen und dem Wissen über Geld: Unsere Gedanken schweifen ab in eine Welt, in der uns unser Reichtum ein glücklicheres Leben beschert, aber eine Sekunde später vertreten wir die Auffassung, dass reiche Personen unglücklich und einsam sind. Wir sind einerseits davon überzeugt, dass Geld unser Bedürfnis nach Macht befriedigen kann, aber unterstellen den Reichen gleichzeitig, von ihrem Geld beherrscht zu werden.

Betrachtet man diese Widersprüche einmal genauer, fällt auf, dass sich die meisten weniger auf Geld *an sich*, sondern vielmehr auf den Besitz von *viel Geld* beziehen. Wirkliche Freiheit erwarten wir erst bei einer *großen* Menge an Geld und absolute Abhängigkeit entsteht auch erst dann, wenn es um *viel Geld* (z. B. hohe Schulden) geht. Auch wahres Glück (oder Unglück) schreiben wir vor allem Personen zu, die *viel Geld* besitzen. Ebenso ist für eine wirksame Einflussnahme, d. h. für eine effektive Befriedigung des Bedürfnisses nach Macht, nicht nur *etwas* Geld, sondern *viel* davon erforderlich. Dieser Umstand spricht dafür, dass eine differenziertere Betrachtung der Einstellung zu Geld notwendig ist.

2   Wenig und viel Geld, nahes und fernes Geld, mein und dein Geld

Positiv sehen!

Die Notwendigkeit, zwischen *Geld per se* und *viel Geld* zu differenzieren, lässt sich anhand eines kleinen Gedankenexperiments schnell veranschaulichen: Versuchen Sie doch einmal, fünf positive Eigenschaften eines leeren Kontos aufzuzählen! Vermutlich merken Sie schnell, dass Sie für diese Aufgabe lange brauchen. Erstellen Sie nun eine gedankliche Liste mit fünf *negativen* Eigenschaften eines leeren Kontos! Diese Aufgabe wird Sie wahrscheinlich nicht viel Zeit und Mühe kosten. Probieren Sie nun, sich an eine Situation zu erinnern, in der Sie sich über den Verlust von Geld gefreut haben! Auch hier wird es Ihnen vermutlich eher schwerfallen, sich an eine solche Situation zu erinnern, während es leichtfallen dürfte, sich an eine Situation zu erinnern, in der Sie den Verlust als schmerzliche Erfahrung wahrgenommen haben. Wahrscheinlich wird es Ihnen ähnlich gehen, wenn Sie dazu aufgefordert werden, an eine Situation zu denken, in der Sie sich darüber beschwert haben, eine zu hohe Bezahlung zu erhalten.

Das Gedankenexperiment veranschaulicht, dass eine negative Bewertung von Geld an sich aus mehreren Gründen eher unwahrscheinlich ist. Eine negative Einstellung zu Geld würde bedeuten einen geldlosen Zustand zu bevorzugen und diesen Zustand gezielt anzustreben. Es würde bedeuten, ein geldloses Leben mit positiven Eigenschaften zu verbinden. Weiter würde es heißen, sich über den Verlust von Geld zu freuen. Nicht zuletzt müsste jegliche Bezahlung für eine abgeleistete Arbeit abgelehnt werden. Können Sie nach dem Gedankenexperiment von sich sagen, dass Sie sich in der Beschreibung einer negativen Einstellung zu Geld wiederfinden?

In der Tat scheinen sich die meisten Personen darüber einig zu sein, dass unter gegebenen Bedingungen ein gewisses Maß an Geld zur Existenzabsicherung notwendig und Geld per se somit „gut" ist. Dies konnten wir in einer eigenen wissenschaftlichen Untersuchung nachweisen. Mit einem Gesamtmittelwert von M = 3,26 auf einer fünftstufigen Skala erwies sich die Einstellung zu Geld bei den 149 befragten Probanden als eher positiv. Dabei zeigte sich die positive Einstellung vor allem bei der affektiven Komponente, das heißt den Gefühlen gegenüber Geld (Aden 2018).[1]

An die Beobachtung, dass die Einstellung zu *Geld an sich* im Allgemeinen positiv ist, schließt die Frage an, warum *viel Geld* anders, insbesondere widersprüchlicher, bewertet wird. Wie lässt sich der Umstand erklären, dass wir gleichzeitig den Wunsch hegen, reich zu sein und unser Leben darauf ausrichten, Geld zu vermehren, während wir das Streben nach viel Geld und „die Reichen" immer wieder abwerten und uns gedanklich, affektiv und in unserem Verhalten von Reichtum distanzieren? Diesen Widersprüchen wollen wir im folgenden Abschnitt auf den Grund gehen.

Schein oder nicht Schein

Der Gedanke, dass die Einstellung zu *Geld per se* anders sein soll als die Einstellung zu *viel Geld* erscheint zunächst merkwürdig. Dennoch lässt sich die Notwendigkeit einer Unterscheidung leicht veranschaulichen:

Denken Sie beispielsweise an Ihr monatliches Gehalt! Vermutlich löst der Gedanke an den konkreten Betrag bei Ihnen – in Abhängigkeit der Zufriedenheit mit Ihrem Einkommen – ein wenig Freude aus. Vergleichen Sie dieses eher nüchterne Erlebnis nun mit der Vorstellung daran, dass Sie eine Million Euro im Lotto gewonnen haben. Sofort weicht das Abbild eines konkreten Geldbetrags einer Vielzahl von lebhaften Vorstellungen, die in der Regel mit intensiveren Gefühlen einhergehen. Diese Unterschiede verdeutlichen, dass sich nicht nur die gedanklichen, sondern auch die gefühlsbasierten und verhaltensbezogenen Reaktionen

---

[1] Beispielhafte Aussagen lauten: „Ich bin davon überzeugt, dass Geld etwas Positives ist", „Ich denke oft über meine finanzielle Situation nach" (kognitiv); „Geld trägt dazu bei, dass ich mich gut fühle", „Geld zu haben ist wichtig für mich, um mich gut zu fühlen" (affektiv); „Ich gehe mit meinem Geld sorgfältig um", „Ich betreibe finanzielle Planung für die Zukunft" (verhaltensbezogen).

zu Geld in Abhängigkeit der Höhe des Geldbetrags unterschiedlich gestalten.

Die Reaktionen unterscheiden sich nicht nur *quantitativ,* sondern auch *qualitativ*: Während uns der Erhalt von geringen Geldsummen bei anderen Personen nicht besonders stört, entfacht das Wissen darüber, dass eine andere Person eine große Geldmenge z. B. in Form eines Lottogewinns erhalten hat, bei vielen Personen ein unmittelbares Gefühl von Neid. Denken Sie auch an die emotionalen Reaktionen in Erbschaftsstreitigkeiten oder an die Emotionen, die bei großen Fehlinvestitionen oder einer hohen Verschuldung erlebt werden! Diese Vielzahl an verschiedenen Emotionen scheint kaum mit den überschaubaren Emotionen vergleichbar zu sein, die Personen bei der Konfrontation mit geringen Geldbeträgen erleben.

Die Vermutung, dass auf hohe Geldsummen anders reagiert wird als auf kleine Geldsummen, spiegelt sich auch in den Forschungsergebnissen einer dänischen Studie wieder. In der Studie sahen die Versuchspersonen mehrere Videos, in denen entweder normale Handlungen mit Geld ausgeführt wurden (z. B. Geld betrachten oder es falten) oder Geldscheine zerstört (z. B. zerschnitten) wurden. Die Zerstörung von Geld (nicht aber die Zerstörung anderer Bilder) löste bei den Versuchspersonen nicht nur ein subjektives Gefühl von Unbehagen, sondern auch ein starkes Ausmaß an Erregung aus, welches sich auch in messbaren physiologischen Hirnreaktionen niederschlug. Interessanterweise fielen die Hirnreaktionen bei hohen Geldsummen dabei deutlich stärker aus als bei kleinen Geldnoten (Becchio et al. 2011).

Nah oder fern?

Eine wissenschaftliche Erklärung dafür, warum unterschiedlich hohe Geldbeträge unterschiedlich wahrgenommen und bewertet werden, liefert die *Construal Level Theory* (Trope und Liberman 2003, 2011). Eine Annahme dieser Theorie ist, dass die *psychologische Distanz*, die wir in Bezug auf ein Objekt erleben, Einfluss darauf nimmt, wie *abstrakt* wir über dieses Objekt nachdenken. Psychologische Distanz wird dabei als subjektiv wahrgenommene Entfernung eines Objektes definiert, wobei der Referenzpunkt dieses Urteils das *Selbst im Hier und Jetzt* ist (Trope und Liberman 2011). Die Distanz vom *Selbst im Hier und Jetzt* kann sich auf eine *räumliche* (in greifbarer Nähe vs. viele Kilometer entfernt), *zeitli-che* (jetzt vs. in einem Jahr), *soziale* (Familie vs. Fremder) oder *hypothe-tische* Dimension (unrealistisches Ereignis vs. realistisches Ereignis) beziehen (Trope et al. 2007).

Wie abstrakt oder konkret wir über ein Objekt nachdenken, zeigt sich darin, welche Worte wir zur Beschreibung dieses Objekts verwenden. So behält man einen weiter zurückliegenden Urlaub eher als grobe Beschreibung wie „Spaß mit Freunden" im Gedächtnis, als dass man alle konkreten Details beschreibt (z. B. wo übernachtet wurde, welche Sehenswürdigkeiten wann besichtigt wurden) (Trope und Liberman 2011). Gemäß der Theorie ist die Beziehung zwischen der erlebten psycholo-gischen Distanz und der Abstraktheit, mit der über ein Objekt nachge-dacht wird, wechselseitig. Demnach beeinflusst nicht nur die erlebte psychologische Distanz, wie wir über einen Sachverhalt nachdenken. Umgekehrt beeinflusst auch der Abstraktionsgrad, mit dem uns ein Sachverhalt dargestellt wird, wie entfernt wir das Objekt wahrnehmen. Spricht jemand beispielsweise detailliert über einen Umzug (z. B. über die Anzahl an zu transportierenden Kartons) gehen wir davon aus, dass der Umzug in naher Zukunft (z. B. morgen) stattfinden wird. Erwähnt jemand, dass für sie oder ihn „ein Umzug ansteht", gehen wir davon aus, dass dieses Ereignis zeitlich noch etwas weiter entfernt liegt. Überträgt man diese Annahmen auf das Thema Geld, erscheint die unterschiedliche Bewertung von *Geld*, mit dem wir tagtäglich *nah* in Berührung kommen, und *viel Geld*, das Teil einer *fernen* Zukunftsvision ist, durchaus begründet: Während die psychologische und physische Nähe von kleineren Geldbeträgen konkrete Gedanken und erfahrungs-basierte Bewertungen ermöglicht, mündet die empfundene Distanz zu dem „großem Geld" in unklaren Definitionen und Vorstellungen, die mit uneinheitlichen Bewertungen einhergehen.

Das große Geld am Horizont
Die gedankliche Unterscheidung zwischen konkretem Geld, das wir täglich in den Händen halten, und hypothetischem Geld außerhalb unseres Besitzstandes, wird auch sprachlich deutlich. Wir sprechen davon, „irgendwann mal reich" zu sein oder „viel Geld zu haben", wobei

wir „reich" und „viel" in den seltensten Fällen exakt definieren. Streben wir eine bestimmte Geldsumme an? Ist dieser Geldbetrag eine Million? Ist er schon bei 500.000 erfüllt? Oder geht es gar nicht um einen bestimmten Betrag, sondern wollen wir einfach nur *reicher sein als andere*?

Selbst wenn man den Zielzustand als eine Million Euro definiert, fallen die Assoziationen zu diesem Geldbetrag deutlich gröber und vielseitiger aus. Während der eine daran denkt, *„frei zu sein"*, denkt ein anderer an ein großes Ferienhaus *„irgendwo* am Atlantik".

Im Gegensatz dazu werden die meisten Menschen bei dem Gedanken an ein Zweieurostück direkt eine *konkrete* Vorstellung davon haben, welche Güter man mit dem Geld erwerben kann. Manch einer wird zum Beispiel an einen Kaffee denken, in den man das Geld an der nächsten Straßenecke investieren könnte.

Denken Sie groß!

Dass *viel Geld* in der Tat abstrakter wahrgenommen wird als kleine Geldbeträge, konnte auch wissenschaftlich nachgewiesen werden (Hansen et al. 2013). Hansen und Kollegen zeigten ihren Versuchspersonen zunächst Bilder, auf denen entweder Münzen oder Scheine abgebildet waren.[2] Die Bilder, auf denen verschiedene Formen von Geld abgebildet waren, dienten dazu, den jeweiligen Versuchspersonen entweder den Gedanken an *wenig Geld* oder den Gedanken an *viel Geld* zugänglich zu machen. Die anschließende Aufgabe der Versuchspersonen bestand darin, so schnell wie möglich eine Reihe von Buchstaben in verschiedenen Bildern zu identifizieren. Bei den Bildern handelte es sich immer um einen großen Buchstaben, in dem kleinere Buchstaben angeordnet waren (z. B. ein großes H aus kleinen L's). Die Versuchspersonen sollten so schnell wie möglich entscheiden, ob in dem jeweiligen Bild ein bestimmter Buchstabe (z. B. ein H oder L) enthalten war, unabhängig davon, ob der Buchstabe als der große oder als kleiner Buchstabe auftauchte.

---

[2] Zwei Kontrollgruppen erhielten keine Bilder von Geld, um Alternativerklärungen bei der späteren Interpretation der Ergebnisse ausschließen zu können.

Die Forscher nahmen an, dass die Präsentation der Scheine abstrakte Gedanken hervorrufen würde, die zu einem weit ausgerichteten Wahrnehmungsfokus führen würden. Sie erwarteten daher, dass diesen Versuchspersonen eine schnellere Identifikation von *großen* Buchstaben gelingen würde. Da geringe Geldsummen hingegen *kein* hohes Abstraktionslevel erzeugen sollten, weil über kleine Geldbeträge weniger abstrakt nachgedacht wird, erwarteten sie diesen Effekt bei der vorherigen Präsentation der Münzen nicht. Die Ergebnisse bestätigten diese Erwartung: Personen, die Bilder mit Geldscheinen sahen, identifizierten große Buchstaben schneller als kleine Buchstaben. Die Gruppen, denen Bilder von Münzen, Blumen oder keine Bilder gezeigt wurden, zeigten diese signifikanten Reaktionszeitunterschiede zwischen den verschiedenen Buchstabenpräsentationen hingegen nicht. Die Autoren deuten diesen Befund als Beleg dafür, dass der Gedanke an *viel Geld* mit einem Denken auf einem *höheren Abstraktionslevel* einhergeht.

Aus den Augen, aus dem Sinn
Jeder von uns kommt täglich mit kleineren Geldbeträgen in Berührung. Sei es beim Einkauf von Lebensmitteln oder bei der Prüfung des eigenen Kontostandes. Da die täglichen Erfahrungen mit dieser Form von Geld in der Regel ähnlicher Natur sind, fällt auch die Bewertung von Geld per se, die aus diesen konkreten Erfahrungen abgeleitet wird, recht einheitlich (in der Regel positiv) aus. Die meisten betrachten Geld an sich als *gut*, freuen sich über einen Geldschein zum Geburtstag und lehnen geschenktes Geld in der Regel auch nicht ab.

Dass die Einstellung zu viel Geld weniger konsistent ist, ist darauf zurück zu führen, dass bei der Bewertung überdurchschnittlich hoher Geldbeträge nicht oder nur auf wenige direkte persönliche Erfahrungen zurückgegriffen werden kann. Dadurch, dass „viel Geld" für die meisten nicht wirklich „greifbar" ist und große Geldbeträge als *weit entfernt* vom *Selbst im Hier und Jetzt* erlebt werden, verändert sich die persönliche Bewertung von viel Geld je nach Situation. Aufgrund der mangelnden Existenz einschlägiger Erfahrungen, kann die Bewertung von viel Geld nur aus den Erfahrungen mit geringeren Geldsummen erschlossen werden. Je nach Situation werden somit unterschiedliche persönliche

Erfahrungen mit kleineren Geldbeträgen in verallgemeinerter und oftmals überspitzter Form auf den Besitz von viel Geld übertragen. Bei diesem Abstraktionsprozess geht jegliche Form der Differenzierung verloren. Die Folge dieses Denkens sind demnach pauschalisierende und unzulässig vereinfachte Bewertungen.

Dass diese pauschalen Schlussfolgerungen bei näherem Hinsehen oftmals sogar unvereinbar sind, wird uns dabei gar nicht bewusst. Denken wir beispielsweise an die Freude, die wir bei konkreten Geldgeschenken erleben, gelangen wir zu dem Schluss, dass wir bei Erhalt einer deutlich *größeren* Summe an Geld auch *deutlich mehr* Freude erleben werden. Wir erwarten einen geradezu unbeschreiblich schönes Glückserleben. Da das große Geld noch in weiter Zukunft liegt oder anderen Personen gehört, sehen wir bei dieser Vorstellung keine Notwendigkeit, dieses „unbeschreibliche Glück" oder andere Merkmale des „Reichseins" zu differenzieren und zu konkretisieren. Weil wir nicht am eigenen Leib erfahren können, wie es sich *tatsächlich anfühlt*, reich zu sein, besitzen wir auch gar nicht die Fähigkeit, uns diesen Zustand exakt, konkret und detailliert vorzustellen – selbst, wenn wir es versuchen würden.

Auch die *negativen* Schlussfolgerungen, die wir aus den Beobachtungen reicher Personen aus der Ferne ziehen, differenzieren wir nicht aus. So gelangen wir beispielsweise zu dem pauschalen Urteil, dass alle reichen Personen oberflächlich, gierig und selbstsüchtig seien. Alternative Möglichkeiten wollen und können wir uns nicht vorstellen. Es liegt auf der Hand, dass wir etwas, das wir uns nur schwer vorstellen können, auch nur mangelhaft bewerten können.

Mein Geld, dein Geld, alles ein Geld?

Ausgehend von der Annahme, dass sich unsere Bewertungen je nach Abstraktionsgrad unterscheiden, lässt sich auch erklären, warum wir *fremdes Geld* und *das eigene Geld* unterschiedlich bewerten. Aufgrund der Tatsache, dass das *Selbst im Hier und Jetzt* den Referenzpunkt bei der Bewertung darstellt, fühlen wir uns unserem eigenen Geld „näher" als fremdem Geld. Entsprechend unterscheidet sich auch die Bewertung. Die empfundene Nähe, die wir zu dem eigenen Geld haben, führt dazu, dass den meisten Personen das eigene Geld wichtiger ist als das Geld fremder Menschen, der Verlust des eigenen Geldes schmerzlicher

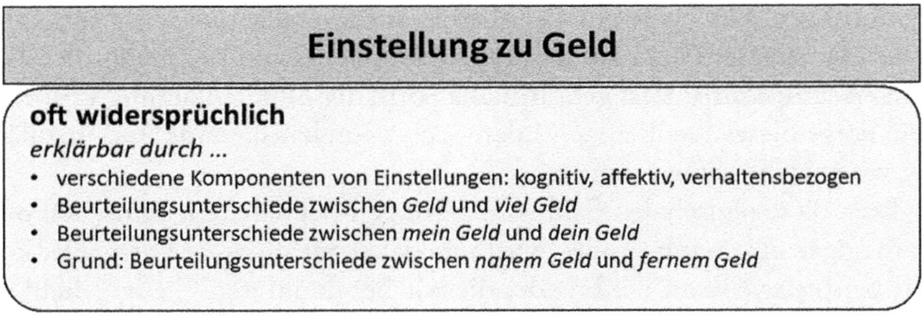

Abb. 1 Erklärungen für die Tatsache, dass die Einstellung zu Geld oft widersprüchlich ist

empfunden wird als der Geldverlust eines Freundes und wir mit dem eigenen Geld auch anders umgehen als mit Geld, das wir nicht selbst erwirtschaftet haben.

Die Möglichkeit, Geld je nach Kontext mit einer unterschiedlichen Distanz wahrzunehmen, erfüllt einige nützliche Funktionen. Man denke beispielsweise an Berufe, in denen enorm hohe Investitionen getätigt werden müssen. Die Möglichkeit, Geld in diesen Kontexten als etwas Fernes, vom Selbst Losgelöstes zu betrachten, ist in vielerlei Hinsicht als äußerst funktional zu betrachten (z.B. ermöglicht es, rationale Entscheidungen zu treffen) (vgl. Abb. 1).

3   Im Auge jedes Betrachters

Trotz der Tatsache, dass ein großer Anteil der Unterschiede in den Einstellungen zu Geld auf das subjektive und situative Verständnis des Geldbegriffs zurückgeführt werden kann, wäre die Annahme, dass *sämtliche* Unterschiede zwischen Personen in der Bewertung von Geld nur auf ein unterschiedliches Geldverständnis zurückzuführen sind, wohl eine zu starke Vereinfachung. Im Folgenden wollen wir uns daher der Frage widmen, wie die individuelle Bewertung von Geld, unabhängig davon wie dieses Geldverständnis zustande kommt, das Verhalten beeinflusst und inwieweit sich Personen in der Stärke des Einflusses unterscheiden.

Achte auf deine Gedanken, denn sie werden zu Taten?

Um zu prüfen, inwieweit die Einstellung zu Geld mit dem individuellen Verhalten zusammenhängt, muss man im ersten Schritt festlegen, welches Verhalten bei einer bestimmten Einstellung zu Geld erwartet werden kann. Eine konkrete Definition dieses Verhaltens ist die Voraussetzung dafür, um im nächsten Schritt überprüfen zu können, ob sich dieses Verhalten tatsächlich beobachten lässt. Dieses Vorhaben gestaltet sich jedoch aus mehreren Gründen schwierig.

So fällt es beispielsweise schwer, zu bestimmen, welches Verhalten eine positive Einstellung zu Geld erkennen lässt. Naheliegend wäre, dass sich eine stark positive Einstellung zu Geld in einem sparsamen Umgang mit Geld äußert (wenig ausgeben). Dieses Verhalten wäre die konsequente Umsetzung des Ziels, Geld zu behalten oder es zu vermehren. Andererseits scheint es aber auch plausibel anzunehmen, dass sich eine stark positive Einstellung zu Geld in einem opulenten Lebensstil widerspiegelt (viel ausgeben).

Gleichzeitig ergibt sich das Problem, dass dasselbe Geldverhalten auf unterschiedlichen Einstellungen gründen kann. So kann hinter dem sparsamen Verhalten einerseits der Wunsch stehen, Geld zu vermehren, andererseits aber auch das Bedürfnis, sich bewusst (z. B. aus religiösen Gründen) vom Geldbesitz zu distanzieren.

Nicht zuletzt müssen äußere Faktoren berücksichtigt werden, die das Geldverhalten einer Person beeinflussen: So mag eine Person gegenüber dem Geld positiv eingestellt sein, aber aufgrund ungünstiger Bedingungen am Arbeitsmarkt nicht in der Lage sein, im Sinne ihres Geldinteresses zu handeln (z. B. einen gut bezahlten Beruf auszuüben). Eine Person könnte sich auch *unabhängig* von ihrer Einstellung zu Geld allein aufgrund ihrer Interessen für einen gering bezahlten Beruf entscheiden. Teils kann die Einstellung also *überhaupt nicht* im Verhalten erkannt werden.

Wer A sagt, muss auch B sagen?

Es ist also möglich, dass sich Einstellungen und Verhalten nicht vollständig entsprechen. Die sogenannte *Einstellungs-Verhaltens-Lücke* ist vor allem im Gesundheitsverhalten häufig zu beobachten. So haben zwar viele Personen eine positive Einstellung zu Vorsorgeuntersuchungen, nehmen diese aber trotzdem nur selten tatsächlich in Anspruch. Ähnlich verhält es sich mit der Einstellung zum Blutspenden: Obwohl die meisten von uns davon überzeugt sind, dass es sich beim Blutspenden um eine gute Sache handelt, spenden nur 2–3 % der Deutschen regelmäßig Blut (Ärzteblatt).

Warum auf „Attitude" nicht immer „Behavior" folgt

Eine Theorie zur Erklärung der Lücke zwischen den Einstellungen einer Person und ihrem tatsächlichen Verhalten ist die *Theorie des geplanten Verhaltens* (Ajzen 1991). Diese Theorie geht davon aus, dass die Einstellung einer Person keinen direkten Einfluss auf das Verhalten ausübt. Die Annahme ist, dass Einstellungen lediglich zur Formung einer *Verhaltensabsicht* führen. Dies bedeutet, dass eine Person mit einer positiven Einstellung zum Umweltschutz zunächst einmal nur mit einer erhöhten Wahrscheinlichkeit *beabsichtigt*, umweltfreundliches Verhalten an den Tag zu legen.

Die Stärke dieser Verhaltensabsicht wird dabei nicht nur durch die Einstellung zu einem Objekt, sondern zusätzlich auch von *subjektiven Normen* beeinflusst. Die subjektiven Normen beschreiben die Annahme einer Person darüber, ob ein bestimmtes Verhalten von bedeutsamen Anderen positiv bewertet wird.

Darüber hinaus wird die Verhaltensabsicht davon beeinflusst, ob eine Person davon ausgeht, das Verhalten tatsächlich ausführen zu können. Diese *wahrgenommene Handlungskontrolle* nimmt sowohl Einfluss auf die Verhaltens*absicht* als auch auf das Verhalten selbst.

Hätte, würde, könnte

Die Theorie eignet sich gut, um einen weiteren Anteil der Widersprüche zwischen den geäußerten Einstellungen zu Geld und dem jeweiligen Geldverhalten zu erklären. So kann eine Person zwar eine durchaus positive Einstellung zu Geld haben, aber aufgrund ihrer religiösen Erziehung die Befürchtung hegen, dass ihr *soziales Umfeld* das Streben nach Geld negativ bewerten könnte (vgl. subjektive Norm). Aus diesem Grund könnte sie vermeiden, Geld aktiv anzustreben. Ein anderes Beispiel stellt eine Person dar, die sich aufgrund ihres hohen Anerkennungsbedürfnisses für einen gut bezahlten Beruf entscheidet, um anderen zu gefallen. Diese Entscheidung kann gemäß der Theorie auch dann gefällt werden, wenn die Einstellung zu Geld *nicht* überdurchschnittlich positiv ist.

Auch kann eine Person zwar eine positive Einstellung zu Geld haben und beabsichtigen, das eigene Geld durch einen sorgsamen Geldumgang zu vermehren, aber sich aufgrund ihrer Geselligkeit und Unternehmungslust nicht in der Lage fühlen, sparsam mit Geld umzugehen. Diese Überzeugung kann darin münden, dass diese Person das Ziel, einen sparsamen Geldumgang zu pflegen, gar nicht erst in Angriff nimmt. Natürlich ist es ebenso möglich, dass eine Person aufgrund von finanziellen Einschränkungen *tatsächlich nicht* dazu in der Lage ist, Geld anzusparen. Dies dürfte insbesondere für diejenigen eine reale Einschränkung darstellen, die mit dem eigenen Einkommen nicht nur sich selbst, sondern auch andere Personen versorgen (vgl. geringe Handlungskontrolle).

4   Auf Umwegen zum Ziel

An diesen Beispielen wird ersichtlich, dass die Einstellung zu Geld in isolierter Form nur einen geringen Informationswert besitzt. Um Vorhersagen über das Geldverhalten einer Person treffen zu können, muss die Einstellung zu Geld *in Relation* zu anderen Größen betrachtet werden. Das bedeutet, es ist weniger von Interesse, *ob* eine Person eine positive Einstellung zu Geld besitzt, sondern *wie stark* diese Einstellung *im Vergleich* zu anderen Einstellungen und Werten ist. Um der Haltung einer Person zu Geld näher zu kommen, ist es hilfreich, den *Stellenwert* von Geld zu analysieren. Dabei ist zu erwarten, dass sich eine *starke* Einstellung zu Geld gegen andere Einflussfaktoren im Verhalten durchsetzen kann.

Stärke zeigen

Welche *Bedeutung* eine Person Geld zuschreibt, lässt sich am besten in Situationen erkennen, in denen die Einstellung zu Geld eine andere Verhaltenstendenz hervorruft als die Einstellung zu einem anderen

Einstellungsobjekt. Diese Situation ist beispielsweise gegeben, wenn eine umweltfreundlichere Alternative (z. B. eine Bahnreise) mit höheren Kosten verbunden ist als eine umweltschädliche Alternative (z. B. die Anreise mit dem Flugzeug). Unter Berücksichtigung der anderen Einflussfaktoren, die gemäß der *Theorie des geplanten Verhaltens* das Entscheidungsverhalten beeinflussen (z. B. finanzielle Beschränkungen), wird sich die *stärkere Einstellung* im Verhalten durchsetzen (Petty und Krosnick 1995). Je nachdem, ob es einer Person wichtiger ist, Geld zu sparen oder der Umwelt etwas Gutes zu tun, wird sie sich für das Flugticket oder das Bahnticket entscheiden.

Welche Rolle der persönliche Stellenwert von Geld für das Verhalten und die individuelle Lebensführung spielt, lässt sich gut am Beispiel der Berufswahl veranschaulichen. So kann eine unterschiedliche Gewichtung des finanziellen Aspekts eines Jobs zu gänzlich unterschiedlichen Entscheidungen führen und die Lebensführung somit in unterschiedliche Richtungen lenken. Denken Sie beispielsweise nur daran, dass einige Personen dazu bereit sind, für einen besser bezahlten Job mit der ganzen Familie auf die andere Seite des Globus zu ziehen! (vgl. Abb. 2).

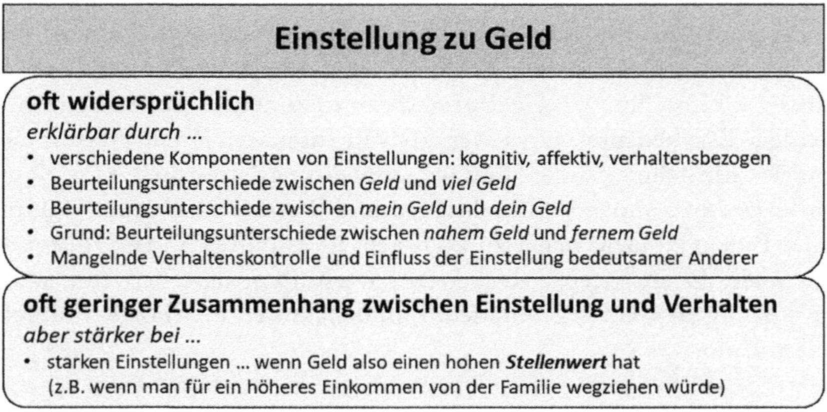

Einstellung zu Geld

oft widersprüchlich
erklärbar durch …
- verschiedene Komponenten von Einstellungen: kognitiv, affektiv, verhaltensbezogen
- Beurteilungsunterschiede zwischen *Geld* und *viel Geld*
- Beurteilungsunterschiede zwischen *mein Geld* und *dein Geld*
- Grund: Beurteilungsunterschiede zwischen *nahem Geld* und *fernem Geld*
- Mangelnde Verhaltenskontrolle und Einfluss der Einstellung bedeutsamer Anderer

oft geringer Zusammenhang zwischen Einstellung und Verhalten
aber stärker bei …
- starken Einstellungen … wenn Geld also einen hohen **Stellenwert** hat
  (z.B. wenn man für ein höheres Einkommen von der Familie wegziehen würde)

Abb. 2 Ob aus einer bestimmten Einstellung zu Geld entsprechendes geldbezogenes Verhalten folgt, hängt vom Stellenwert des Geldes ab

Wo ist der Wert im Stellenwert?

Einige werden sich an dieser Stelle vielleicht fragen, was einem das Wissen über die Einstellung zu Geld nützt. Insbesondere in Hinblick auf andere Personen scheint dieses Wissen eher nebensächlich. Was haben wir schließlich davon, Vorhersagen darüber treffen zu können, ob eine Person lieber mit der Bahn als mit dem Flugzeug reist?

Im folgenden Abschnitt werden wir Ihnen verdeutlichen, dass der Nutzen des Wissens über die individuelle Bedeutung von Geld für eine erfolgreiche Lebensführung äußerst relevant ist.

Wenn nur einer die Münze nicht ehrt, ist die Beziehung nichts wert

Ein Bereich, in dem das Wissen über die Bedeutung von Geld zentral ist, ist derjenige sozialer Beziehungen. Unterschiedliche Meinungen über den Stellenwert von Geld schüren permanent Konflikte in Partnerschaften. Während *sie* ihre Lebensführung am Gelderwerb ausrichtet, indem sie einen gut bezahlten, aber sehr zeitintensiven Beruf ausübt und mit dem erwirtschafteten Geld sehr sparsam umgeht, ist es *ihm* wichtiger, viel Zeit mit der Familie verbringen zu können. Er hält das permanente Preisevergleichen, um eine Ersparnis von geringen Centbeträgen zu erzielen, anders als die Partnerin für Zeitverschwendung und ist dazu bereit, für einen Urlaub auch mal einen unverhältnismäßigen Preis zu bezahlen.

Konflikte, die aus einem solchen unterschiedlichen Umgang mit Geld resultieren, belasten die Beziehung spürbar und verringern die Beziehungsqualität nachhaltig. Daher empfehlen wir, unterschiedliche Vorstellungen bezüglich des „richtigen" Umgangs mit Geld in der Beziehung zu thematisieren. Wir regen dazu an, den unterschiedlichen Umgang mit Geld konstruktiv zur Sprache zu bringen und Lösungen dafür zu finden.

Eine erfolgreiche Umsetzung dieses Vorhabens ist allerdings daran gebunden, dass einer Person die Einstellung bekannt ist, die ihr Partner zu Geld hat. Dabei muss nicht nur Wissen darüber erworben werden, ob die Einstellung positiv oder negativ ist, sondern es ist überdies Wissen über den Stellenwert erforderlich, den der eigene Partner dem Geld beimisst. Um eventuelle Gegensätze zu thematisieren, ist es allerdings nicht nur wichtig, zu wissen, welche Umgangsweisen der Partner mit Geld pflegt, sondern es muss auch klar sein, warum man diese Verhaltensweisen als problematisch erachtet. Das heißt, man muss auch wissen, welche Bedeutung man *selbst* dem Geld beimisst und welchen Stellenwert Geld in der *eigenen* Lebensführung einnimmt.

Dieser zuletzt genannte Aspekt weist auf einen weiteren bedeutenden Nutzen hin, den das Wissen über die Einstellung zu Geld und seiner Bedeutung mit sich bringt. Auf diesen Nutzen gehen wir in den nachfolgenden Abschnitten ein.

5   Der ehrliche Blick in den Spiegel

Wer die eigene Einstellung zu Geld kennt und weiß, wie wichtig ihm Geld ist, der kann dieses Wissen in vielerlei Hinsicht für sich nutzen. Dieses Wissen ist nicht nur dem Gelderwerb zuträglich, sondern kann gleichzeitig auch etwas Befreiendes haben. **Wer erkennt, dass Geld einen hohen Stellenwert in der eigenen Lebensführung einnimmt und diese Tatsache wertungslos anerkennt, der kann gezielt daran arbeiten, sich von dem Zwang zu lösen, das Streben nach Geld zu unterdrücken. Das Ziel, das eigene Geld zu vermehren, kann sodann konsequent verfolgt werden.** Wie dies genau möglich ist, werden wir in einem nachfolgenden Kapitel noch näher ausführen. Zuvor werden wir uns allerdings der Frage widmen, wie man erkennt, welchen Stellenwert Geld im eigenen Leben einnimmt (vgl. Abb. 3).

Während man sich bei der Fremdanalyse mit fehlerbehafteten Methoden wie der reinen Beobachtung oder Fremdberichten begnügen muss, ergeben sich für die Analyse des *persönlichen Stellenwerts* von Geld deutlich mehr Möglichkeiten.

Natürlich ist es möglich, die Bedeutung von Geld ebenso aus dem *eigenen Verhalten* abzuleiten, wie dies bei der Analyse des Geldverhaltens anderer Personen oft geschieht. In Hinblick auf die verfälschenden Einflüsse, denen man bei diesem Vorgehen allerdings ausgeliefert ist (wie z. B. den Einflüssen der Handlungskontrolle, s.o.), empfiehlt es sich, bei der Selbstanalyse auf andere Mittel zurückzugreifen. Ein recht erfolgsver-

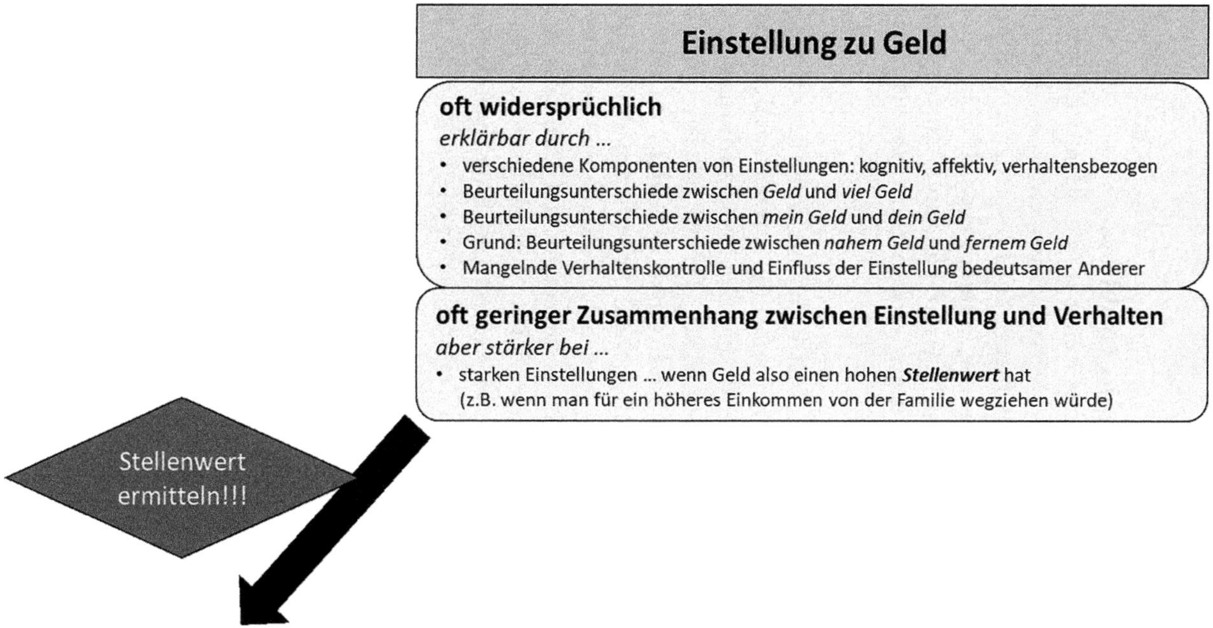

Einstellung zu Geld

oft widersprüchlich
erklärbar durch ...

- verschiedene Komponenten von Einstellungen: kognitiv, affektiv, verhaltensbezogen
- Beurteilungsunterschiede zwischen *Geld* und *viel Geld*
- Beurteilungsunterschiede zwischen *mein Geld* und *dein Geld*
- Grund: Beurteilungsunterschiede zwischen *nahem Geld* und *fernem Geld*
- Mangelnde Verhaltenskontrolle und Einfluss der Einstellung bedeutsamer Anderer

oft geringer Zusammenhang zwischen Einstellung und Verhalten
aber stärker bei ....

- starken Einstellungen ... wenn Geld also einen hohen *Stellenwert* hat
  (z.B. wenn man für ein höheres Einkommen von der Familie wegziehen würde)

Stellenwert
ermitteln!!!

Abb. 3 Ob aus einer bestimmten Einstellung zu Geld entsprechendes geldbezogenes Verhalten folgt, hängt vom Stellenwert des Geldes ab. Es ist daher wichtig, den Stellenwert, den Geld für die eigene Person hat (und ggf. für den Partner hat), zu ermitteln

sprechender Zugang zum persönlichen Stellenwert des Geldes stellt die Analyse der eigenen Bedürfnisse dar.

Auf der Suche nach der Quelle des Geldflusses

Die Idee dieses Vorgehens ist, dass hinter jedem Streben nach Geld der Wunsch steht, bestimmte Bedürfnisse zu befriedigen. So wird eine Person, die Geld als wichtiges Mittel zur Befriedigung ihres Sicherheitsbedürfnisses sieht, dem Geld eine hohe Bedeutung in ihrer Lebensführung beimessen, weil Geld es ihr ermöglicht, sich gegen Notstände abzusichern. Das Wissen, durch Geldressourcen gegen Notzustände abgesichert zu sein, verspricht ihr Bedürfnisbefriedigung.

Je nachdem, *wie stark* das Sicherheitsbedürfnis einer Person ausgeprägt ist, wird die Person ihre Lebensführung unterschiedlich stark am Gelderwerb ausrichten. Während das Sicherheitsbedürfnis bei einer durchschnittlich sicherheitsorientierten Person schon durch einen sicheren Arbeitsplatz befriedigt wird, muss das Gehalt für eine Person mit einem überdurchschnittlich hohen Sicherheitsbedürfnis darüber hinaus auch hoch genug sein, um eine Vielzahl an Versicherungen abschließen zu können. Ähnlich wahrscheinlich ist es, dass sich eine Person mit einem starken Bedürfnis nach Nähe und sozialem Anschluss für einen geringer bezahlten, aber weniger zeitintensiven Beruf entscheiden wird, um möglichst viel Zeit mit den Freunden und der Familie verbringen zu können.

Neben der Frage *wie stark* ein Bedürfnis ausgeprägt ist, ist es in Hinblick auf den Zusammenhang zwischen bestimmten Bedürfnissen und dem Geldverhalten auch von Bedeutung, *welche Rolle* Geld bei der Befriedigung der jeweiligen Bedürfnisse einnimmt. Eine Person, die Geld als *einziges* Mittel zur Befriedigung ihres Sicherheitsbedürfnisses ansieht, wird vermutlich deutlich stärker ihre Berufswahl am Geld ausrichten als eine Person, die noch andere Wege sieht, um sich sicher zu führen (z. B. durch den Aufbau fester Beziehungen) (vgl. Abb. 4).

5.1   In zwei Schritten zur Erkenntnis

Die Ausführungen verdeutlichen, dass Bedürfnisse einen erfolgsversprechenden Zugang zu der persönlichen Bedeutung von Geld darstellen. Hierbei müssen zunächst die Bedürfnisse einer Person identifiziert und ihre Hierarchie analysiert werden. Es muss also ergründet werden, welche Bedürfnisse das Verhalten einer Person besonders stark prägen. Im nächsten Schritt muss geprüft werden, inwieweit diese zentralen Bedürfnisse an das Streben nach Geld gekoppelt sind. Das bedeutet es muss analysiert werden, welche Bedürfnisse eine Person hofft mit Geld befriedigen zu können.

Schritt 1: Bedürfnisse analysieren

Im folgenden Abschnitt werden wir Ihnen einige Methoden vorstellen, die es Ihnen ermöglichen, Ihre Bedürfnisse und deren Stärke ausfindig zu machen. Die fünf Methoden sind dabei nicht als Abfolge zu verstehen, sondern stellen austauschbare Mittel zur Erreichung desselben Ziels dar. Es bleibt somit Ihnen selbst überlassen, ob Sie sich für eine Methode entscheiden, die Ihnen besonders gut gefällt, oder mehrere Methoden ergänzend umsetzen möchten.

Viele Wege führen zum Selbst – fünf Möglichkeiten der Bedürfnisanalyse

Eine erste Methode, die eigenen Ziele, Bedürfnisse und Wünsche zu ergründen, besteht in der Analyse von Tagträumen. Prüfen Sie, an welche Orte Ihre Gedanken abschweifen, wenn Sie unkonzentriert oder nicht beschäftigt sind (z. B., wenn Sie an der Supermarktkasse warten) und versuchen Sie dabei, bestimmte Inhalte ausfindig zu machen, die sich in Ihren Träumen häufig wiederfinden. Sind Sie in Ihren Tagträumen zum Beispiel häufig in Gesellschaft und träumen davon, mehr Zeit mit ihrer Familie verbringen zu können? In dem Fall lässt sich ein starkes Bedürfnis nach sozialen Beziehungen ableiten. Möglicherweise wird Ihnen bei der Analyse der Inhalte Ihrer Tagträume aber auch bewusst, dass die Mehrheit Ihrer Träume von einem Bedürfnis nach Freiheit bestimmt werden. So

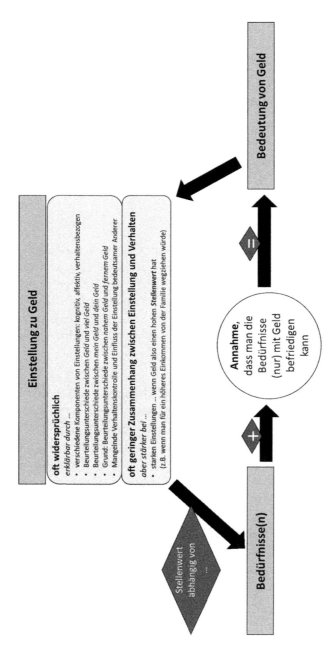

Abb. 4 Die Analyse der eigenen Bedürfnisse *und* die Annahme, dass diese Bedürfnisse mit Geld befriedigt werden können, bestimmen die Bedeutung, die Geld für eine Person hat

könnten Sie feststellen, dass Sie häufig von einem Leben ohne Arbeit träumen; einem Leben, in dem Sie von jeglichen Zwängen frei sind. Dabei können diese Zwänge sowohl Ansprüche anderer als auch die Notwendigkeit des täglichen Arbeitens ganz allgemein sein. Der immer wiederkehrende Wunsch, über die Tagesplanung frei entscheiden zu können oder ein einziges Mal keine Rücksicht auf andere nehmen zu müssen, lässt sich entsprechend als ein starkes Bedürfnis nach Freiheit interpretieren.

Eine zweite Möglichkeit, den eigenen Bedürfnissen näher zu kommen, besteht darin, sich zu überlegen, wen man bewundert, und warum man diese Personen bewundert. Dabei müssen die Vorbilder nicht nur bekannte Personen des öffentlichen Lebens darstellen, die wir häufig für ihren beruflichen Erfolg oder für die ihnen entgegengebrachte Aufmerksamkeit bewundern. Vielleicht beneiden Sie auch Personen Ihres persönlichen Umfelds für ihre Fähigkeiten, ihre Persönlichkeitseigenschaften oder ihre langfristen und glücklichen Beziehungen. Aus der Analyse von Vorbildern lässt sich erkennen, welche Ziele wir selbst verfolgen und welche Bedürfnisse wir bei uns selbst als unbefriedigt wahrnehmen.

Eine dritte Möglichkeit, die eigene Persönlichkeit zu ergründen, besteht darin, darüber nachzudenken, welche Tätigkeiten man ohne äußeren Anreiz aufsucht. Oftmals kann es sehr aufschlussreich sein, die Gründe dafür zu analysieren, warum diese Aktivitäten gerne aufgesucht werden, d. h. welche Bedürfnisse durch die Ausübung der Tätigkeiten befriedigt werden. So kann beispielsweise hinter der Erkenntnis, die meiste freie Zeit mit dem Partner oder der Partnerin verbringen zu wollen, ein starkes Bedürfnis nach einem Gefühl des Gebrauchtwerdens stehen. Eine andere Möglichkeit besteht aber auch darin, dass hinter dieser Vorliebe einfach nur das Bedürfnis nach positiven Emotionen steht, die man im Zusammensein mit dem Partner erlebt.

Auch kann es im Rahmen einer Bedürfnisanalyse zielführend sein, wichtige bisherige Entscheidungssituationen genauer zu hinterfragen. Mögliche Entscheidungssituationen können ein Berufswechsel oder der Umzug in eine neue Stadt sein. Dabei kann es sinnvoll sein, folgende Fragen für sich zu beantworten: Welche Gründe führten zu der

Entscheidung? Welche Bedürfnisse haben in der Konfliktsituation überwogen? Was hat Sie davon abgehalten, eine andere Option zu wählen? Wie haben Sie sich während und nach der Entscheidung gefühlt? Was hat Sie im Nachhinein an der Entscheidung betrübt? Welche Bedürfnisse blieben unbefriedigt und welche Bedürfnisse konnten erfüllt werden? Die Beantwortung dieser und ähnlicher Fragen kann einen bedeutsamen Beitrag zu der Frage liefern, welche Ziele und Bedürfnisse einem persönlich so wichtig sind, dass sie die Lebensführung maßgeblich leiten.

Eine weitere Methode stellt die Beantwortung von Fantasiefragen dar. Folgende Fragen bieten sich zur Bedürfnisidentifizierung an:

- *Wenn Sie in 10 Jahren einen alten Freund wieder treffen würden, was würden Sie ihm gerne über Ihr Leben erzählen wollen?*
- *Wenn Sie eine Eigenschaft oder Fähigkeit an sich ändern könnten, welche würden Sie ändern? Was könnten Sie mit der Änderung erreichen, was Sie unter den jetzigen Gegebenheiten nicht erreichen können?*
- *Wenn Sie eine Entscheidung in Ihrem Leben rückgängig machen könnten, welche wäre dies und warum?*
- *Wenn Sie nur noch 5 Jahre zu leben hätten, was würden Sie in diesen 5 Jahren tun?*
- *Stellen Sie sich vor, Sie könnten einen Tag lang das Leben einer anderen Person leben. Für wessen Leben würden Sie sich entscheiden und aus welchen Gründen?*
- *Wenn man Sie nach dem glücklichsten Erlebnis Ihres Lebens fragen würde, welches Ereignis würden Sie berichten und warum?*

Versuchen Sie anschließend, Ihre Antworten inhaltlich zu kategorisieren und wiederkehrende Thematiken zu identifizieren. Diese könnten zum Beispiel lauten, viele soziale Kontakte zu besitzen, Anerkennung zu erhalten, erfolgreich zu sein, Gutes zu tun oder frei sein zu wollen. Dadurch erhalten Sie eine Liste der relativen Stärke Ihrer Bedürfnisse (vgl. Abb. 5).

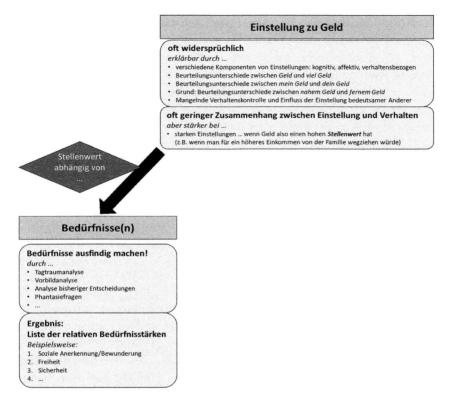

Abb. 5 Es gibt verschiedenen Methoden, die relative Stärke der eigenen Bedürfnisse ausfindig zu machen

Schritt 2: Die persönliche Bedeutung von Geld prüfen

Hat man die wichtigsten Bedürfnisse identifiziert, ist ein Abgleich dieser Wünsche mit den *Gedanken an* und *dem Umgang mit* Geld erforderlich. Diese Analyse kann mittels einer Prüfung der *ersten Gedanken an Geld* erfolgen. Schreiben Sie dazu zehn Begriffe auf, die Sie mit dem Wort Geld verbinden! Diese zehn Begriffe lassen nicht nur erkennen, welche Funktion Geld für Sie erfüllt, sondern können auch Hinweise darauf liefern, welchen Bedürfnisse Sie sich erhoffen, mit Geld befriedigen zu können.

Anschließend ist ein Abgleich der Ergebnisse der *Bedürfnisanalyse* und diesen *Assoziationen* zum Geld erforderlich. Dieser Abgleich gibt

Aufschluss darüber, welchen Stellenwert Geld im Leben einer Person einnimmt: Hat eine Person beispielsweise insbesondere Bedürfnisse identifiziert, die immaterieller Natur sind (z. B. das Bedürfnis nach positiven sozialen Beziehungen) und assoziiert mit Geld eher neutrale Begriffe (z. B. „Tauschmittel") oder sogar Begriffe negativer Natur wie „Gier", kann daraus ein eher geringer Stellwert von Geld abgeleitet werden. Viele Entsprechungen zwischen den identifizierten Bedürfnissen und den Geldassoziationen (z. B. Freiheit) stellen hingegen einen Hinweis auf einen hohen Stellenwert von Geld dar und legen nahe, dass das persönliche Geldverhalten eng an den Wunsch gekoppelt ist, diese Bedürfnisse mit Geld zu befriedigen (vgl. Abb. 6).

5.2   Der Weg ist das Ziel

An die Erkenntnis, welchen persönlichen Stellenwert Geld einnimmt, schließt die Frage an, wie sich diese Erkenntnis nutzen lässt. Neben den Vorteilen, die aus den bereits thematisierten Chancen resultieren, den persönlichen Stellenwert von Geld gegenüber anderen äußern zu können, ergibt sich auch ein Nutzen für den eigenen Umgang mit Geld.

Die Einsicht, dass Geld einem nicht besonders wichtig ist, kann beispielsweise dazu ermutigen, sich von dem erlebten äußeren Zwang, einen gut bezahlten Job ausüben zu müssen, zu lösen. Gleichermaßen befreiend kann es aber auch sein, anzuerkennen, dass einem Geld wichtig ist. Die Akzeptanz dieser Tatsache beinhaltet das Potenzial, die eigenen Ziele konsequenter zu verfolgen. Dies kann dazu beitragen, permanente als unangenehm erlebte Spannungen zu reduzieren, die aus widersprüchlichen Verhaltensweisen im Umgang mit Geld resultieren.

Vertrauen ist gut, Kontrolle ist besser
In Hinblick auf die weitere Verhaltensplanung kann es auch lohnen, die Verbindungen zwischen den eigenen Bedürfnissen und den Geldassoziationen einer kritischen Analyse zu unterziehen. Diese Prüfung ist insbesondere dann angebracht, wenn *abstrakte* Bedürfnisse wie das Bedürfnis nach Freiheit oder das Bedürfnis nach Erfolg die Brücke zwischen den Analyseergebnissen bilden.

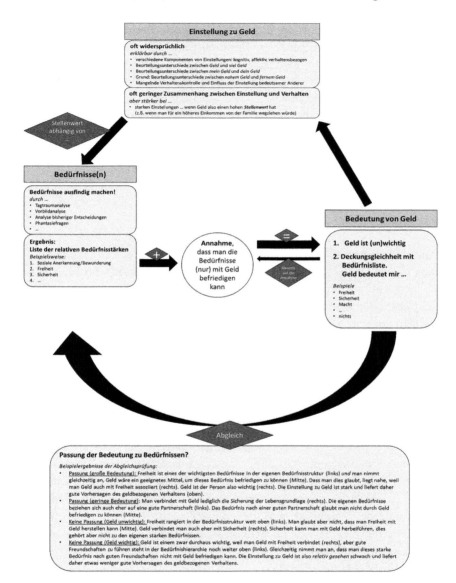

Abb. 6 Der Stellenwert von Geld im Leben einer Person lässt sich aus der Bedürfnisstruktur dieser Person erschließen *und* der Überzeugung, die wichtigsten Bedürfnisse mit Geld befriedigen zu können. Einen Hinweis auf die Stärke dieser Annahme liefert die *Bedeutung*, die eine Person Geld zuschreibt

Auch wenn Geld dazu in der Lage ist, bestimmte Bedürfnisse zu befriedigen, kann die Hoffnung auf eine Bedürfnisbefriedigung durch Geld auch enttäuscht werden. Die Erfüllung der Bedürfnisse ist insbesondere dann erschwert, wenn der Zielzustand der Bedürfnisbefriedigung nicht genau definiert ist. Bei einigen Dingen fällt es nicht schwer, den Zustand der Bedürfniserfüllung in Worte zu fassen und konkrete Merkmale zu nennen, die auf die Befriedigung des Bedürfnisses hinweisen. Das Bedürfnis nach Nahrung ist beispielsweise dann befriedigt, wenn kein Hungergefühl mehr verspürt wird. Bei abstrakten Bedürfnissen wie dem Bedürfnis nach Macht oder dem Bedürfnis nach Freiheit ist es hingegen deutlich schwerer, konkrete Aussagen über den Zielzustand der Bedürfnisbefriedigung zu treffen.

Das Unkraut an der Wurzel packen
Dass dieser Umstand für das Erreichen des Zielzustands problematisch ist, liegt auf der Hand. Wie soll man den Zustand von Freiheit durch Geld erreichen können, wenn zuvor nicht festgelegt wurde, *wovon* man frei sein möchte und woran man den Erfolg der Zielerreichung genau festmacht?

Die Vorstellung von Freiheit kann sich vielfältig gestalten: Während sich der eine von der Belastung oder auch vom Zwang der täglichen Arbeit befreien möchte, wünscht sich der nächste mehr Entscheidungs- und Wahlfreiheit, während der dritte sich von den Ansprüchen anderer Personen lösen will. Es kann ebenso gut die Freiheit von der *Notwendigkeit im Allgemeinen* gemeint sein oder – positiv formuliert – der Wunsch, alles tun und haben zu können, was man gerade meint, tun oder haben zu wollen (die ständige Poolparty gewissermaßen). Auch bei dem Bedürfnis nach Sicherheit offenbart sich diese Problematik deutlich. Auch hier ist der Zielzustand, d. h. welche Art von Sicherheit angestrebt wird, oftmals nicht konkret definiert.

Die Empfehlung, den Versuch zu unternehmen, den Zielzustand konkret in Worte zu fassen, ist nicht nur in Hinblick auf eine bessere Zielerreichung empfehlenswert. Auch kann der Versuch, den Zielzustand genauer zu umgrenzen, in der Erkenntnis münden, dass man den Zielzustand nicht genau benennen *kann*. Das Scheitern,

den Zielzustand konkret in Worte zu fassen, deutet darauf hin, dass es sich nicht um ein rationales Bedürfnis handelt, das man mit Geld befriedigen möchte. Vielmehr liegt das Streben nach Geld in diesem Fall vermutlich eher in irrationalen Ängsten und Befürchtungen begründet. Dabei könnte es sich beispielsweise um irrationale Existenzängste handeln, die das blinde Streben nach Unmengen an Geld auslösen. Es geht also nicht darum, sich gegen tatsächliche Risiken abzusichern. Das Ziel besteht eher darin, jegliche Unsicherheiten in der Zukunftsplanung auszuräumen. Dass dieser Zustand von hundertprozentiger Sicherheit niemals erreicht werden kann, liegt auf der Hand. Die Sorgen werden zu einem gewissen Grad immer bleiben, denn die Zukunft ist nun mal nicht vollständig berechenbar oder vorhersehbar.

Im besten Fall führt diese Einsicht zu einer Anpassung der persönlichen Ziele und des eigenen Verhaltens. So kann beispielsweise aktiv daran gearbeitet werden, die Energie, die zuvor in das irrationale Streben nach einem Zustand von vollkommener Sicherheit investiert wurde, für den Aufbau von neuen Kompetenzen zu nutzen, mit denen die rationalen Anteile des zugrunde liegenden Bedürfnisses befriedigt werden können. Bei dem Bedürfnis nach Sicherheit bietet sich zum Beispiel der Aufbau der Kompetenz an, Risiken und Unsicherheiten besser aushalten zu können. Vielleicht lassen sich die vorherigen Ängste dabei sogar in positive Spannungen (z. B. das Erleben von Herausforderung) überführen, die das Geldverhalten in positiver Weise stimulieren. Eine Art Urvertrauen aufzubauen, das aus der Überzeugung herrührt, dass schon alles gut werden wird – so wie dies in der Vergangenheit ja auch der Fall war – stellt in jedem Fall einen gewinnbringenden Zielzustand dar.

Ähnlich verhält es sich mit dem abstrakten Bedürfnis nach Freiheit. Wer sich eine Freiheit von der *Notwendigkeit im Allgemeinen* verspricht, sollte sich ebenfalls klarmachen, dass diese Hoffnung (wie der Zustand von absoluter Sicherheit) illusorisch ist. Ohne Notwendigkeiten würde man sich mit hoher Wahrscheinlichkeit schnell langweilen. Vermutlich würden sich unter diesen Umständen die erfüllten Bedürfnisse ohnehin weiter ausdifferenzieren und ein neuerliches Streben in Gang setzen. Es liegt eben in der menschlichen Natur, niemals dauerhaft zufrieden sein zu können. Wer dies akzeptieren kann und in

der Lage ist, sein **Anspruchsniveau an diese Erkenntnisse anzupassen**
und die eigenen Ziele realistischer auszurichten, der wird nicht nur mit
einem höheren Wohlbefinden belohnt, sondern auch mit einem selbstbestimmteren Leben.

Es lohnt sich also nicht nur zu klären, welche konkreten Erwartungen
man an den Zielzustand hat, sondern auch, inwieweit der Zustand
wirklich realisiert werden kann.

Ist Geld die (einzige) Lösung?

**Auch bei realistischen Zielzuständen ist eine nähere Betrachtung in
Form einer *genaueren Mittelanalyse* sinnvoll. Insbesondere wenn
Geld vermeintlich als alleiniges Mittel gesehen wird, die persönlichen
Wünsche zu erfüllen, sollte eine Abwägung weiterer Alterna-
tiven erfolgen.**

- Stellt man fest, dass das eigene Streben nach Geld in einem Wunsch
  nach sozialem Anschluss begründet liegt, lässt sich zum Beispiel
  prüfen, ob sich das Bedürfnis nach sozialem Anschluss wirklich nur
  durch kostenpflichtige Aktivitäten befriedigen lässt. Möglicherweise
  ergeben sich bei dieser Überlegung eine Vielzahl von kostengüns-
  tigeren Alternativen. So könnte in Erwägung gezogen werden, die
  Freunde häufiger mal *zu sich nach Hause* einzuladen, um gemeinsam
  zu kochen oder bei einem Film- oder Spieleabend ein Glas Wein
  zu trinken.
- Wird Geld hingegen hauptsächlich mit einem hohen sozialen Status
  verknüpft, könnte man hinterfragen, ob Geld tatsächlich die einzige
  und beste Option darstellt, um das eigene Bedürfnis nach Anerkennung
  zu befriedigen. Es gibt auch eine Menge kostengünstigere Alternativen,
  um Bewunderung und Anerkennung zu erfahren. Die Prüfung der
  eigenen Persönlichkeit in Hinblick auf einzigartige Fähigkeiten und
  Kompetenzen ist dabei nicht nur für den Geldgewinn lohnenswert.
  Vermutlich ist sogar die Erfahrung von Anerkennung für das, was man
  ist, was einen als *einzigartige Person* auszeichnet, befriedigender als für
  etwas Anerkennung zu erhalten, was jeder mit den entsprechenden
  Mitteln erwerben kann.

- Vielleicht stößt man bei der Suche nach einzigartigen Fähigkeiten und Kompetenzen darauf, dass es nur wenig gibt, worauf man stolz sein kann und dass man die eigene Persönlichkeit nur wenig schätzt. Folglich bleibt auch eine gründliche Suche nach ausbaufähigen Kompetenzen und Fähigkeiten erfolglos. Doch auch diese Erkenntnis lässt sich gewinnbringend für die Geldgenese nutzen, stellt sie doch nicht selten die eigentliche Ursache einer starken Neigung zur materiellen Selbstdarstellung dar. In diesem Fall sollte das künftige Verhalten darauf ausgerichtet werden, zu lernen, sich für das, was man ist, wertzuschätzen. Das Ziel sollte sein, die eigenen Stärken (die jede Person hat) zu erkennen. Dies wird vermutlich nicht nur das Wohlbefinden der Person steigern, sondern auch unnötige monetäre Kompensationen des angeschlagenen Selbstbilds verringern.
- Ähnlich verhält es sich mit dem Bedürfnis nach Sicherheit. Möglicherweise lässt sich das persönliche Bedürfnis nach Sicherheit schon durch den reinen Aufbau von Kompetenzen befriedigen, sodass unnötige Investitionen in zusätzliche Absicherungen vermieden werden können.
- Vielleicht erlangt man bei der Analyse auch die Erkenntnis, dass es gewisse Scheinzusammenhänge gibt: So kann der Wunsch, der täglichen Arbeit nicht mehr nachgehen zu müssen, weniger in einer Abneigung gegen die Arbeits*tätigkeit* per se begründet sein, als vielmehr durch ein schlechtes Arbeits*klima* erzeugt werden. Vielleicht lässt sich der erlebte Zwang, täglich arbeiten gehen zu müssen, schon durch einen Teamwechsel auflösen.

Die Fakten sprechen lassen

- Lässt sich der erhoffte Zielzustand tatsächlich ausschließlich mit monetären Mitteln realisieren, sollte ein konkreter Mittel-Plan aufgestellt werden, um dieses Ziel zu erreichen. Möchte man sich beispielsweise von dem Zwang lösen, täglich arbeiten gehen zu müssen, sollte man die Möglichkeiten ausloten, Geld über ein passives Einkommen zu erwirtschaften. Die Entscheidung für eine Methode sollte auf konkreten

Berechnungen beruhen. So sollte im ersten Schritt errechnet werden, welches passive Einkommen zum Erreichen des Zustands notwendig ist, um dann zu prüfen, welche Möglichkeiten zur Erfüllung dieses Ziels aufgrund der eigenen Potenziale und Ressourcen verfügbar und realistisch sind. Im nächsten Schritt sollte ein konkreter Handlungsplan für die Durchführung des Vorhabens aufgestellt werden.

- Möchte man mit Geld (realistische) Sicherheitsbedürfnisse befriedigen, sollte man ebenfalls konkrete Zahlen benennen, die man zur Erfüllung dieses Zustands benötigt. Hierfür muss eine konkrete Einschätzung von realistischen Risiken erfolgen. Es sollte darüber nachgedacht werden, welche Risiken mit welcher Wahrscheinlichkeit (in Zahlen ausgedrückt) erwartet werden. Es ist daraufhin eine konkretere Berechnung des Schadensbetrags erforderlich. Möglicherweise erlangt man bei diesem Vorgehen auch die bereichernde Erkenntnis, dass für eine realistische Absicherung keine Unsummen an Geld erforderlich sind.

Eine Konkretisierung und kritische Prüfung der Annahme, dass eigene Bedürfnisse nur oder hauptsächlich durch Geld befriedigt werden können, lohnt sich somit auf jeden Fall (vgl. Abb. 7).

Zeit für Veränderungen

Die Tatsache, dass Geld mit zunehmendem Alter in deutlich geringerem Ausmaß dazu eingesetzt wird, das Bedürfnis nach sozialer Anerkennung zu befriedigen als in jüngeren Jahren (Häusel 2001), verdeutlicht nicht nur, wie stark das Geldverhalten an die Bedeutungszuschreibung von Geld gekoppelt ist, sondern zeigt auch, dass eine *Ent*kopplung der Bedürfnisbefriedigung vom Streben nach durchaus möglich ist. Die Veränderbarkeit der Verbindung ist auch daran erkennbar, dass Geld in bestimmten Lebenslagen als Problemlöser fungiert, während es in anderen Lebenslagen kein effektives Lösungsmittel darstellt.

Die Flexibilität der Verbindungen hat Vorteile: Es kann sich in jedem Alter lohnen, die Einstellungen, Glaubenssätze und Wertehierarchien, aus denen fest verankerte Verknüpfungen zwischen bestimmten

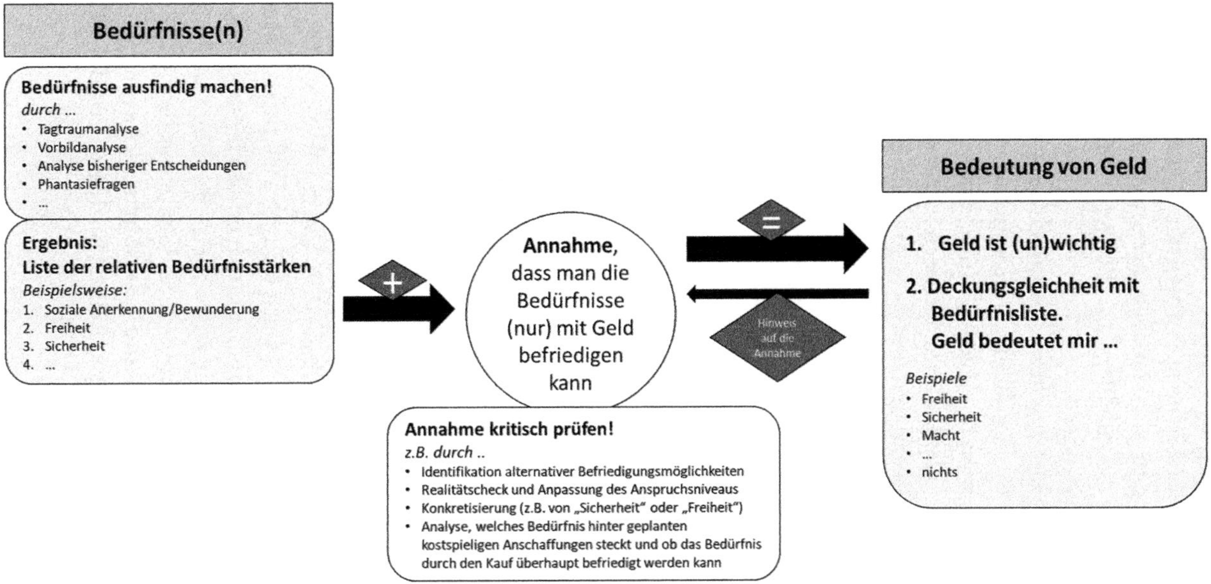

Bedürfnisse(n)

Bedürfnisse ausfindig machen!

durch ...
- Tagtraumanalyse
- Vorbildanalyse
- Analyse bisheriger Entscheidungen
- Phantasiefragen
- ...

Ergebnis:
Liste der relativen Bedürfnisstärken

Beispielsweise:
1. Soziale Anerkennung/Bewunderung
2. Freiheit
3. Sicherheit
4. ...

Annahme,
dass man die Bedürfnisse (nur) mit Geld befriedigen kann

Annahme kritisch prüfen!

z.B. durch ...
- Identifikation alternativer Befriedigungsmöglichkeiten
- Realitätscheck und Anpassung des Anspruchsniveaus
- Konkretisierung (z.B. von „Sicherheit" oder „Freiheit")
- Analyse, welches Bedürfnis hinter geplanten kostspieligen Anschaffungen steckt und ob das Bedürfnis durch den Kauf überhaupt befriedigt werden kann

Bedeutung von Geld

1. Geld ist (un)wichtig
2. Deckungsgleichheit mit Bedürfnisliste.
   Geld bedeutet mir ...

Beispiele
- Freiheit
- Sicherheit
- Macht
- ...
- nichts

Hinweis auf die Annahme

Abb. 7 Eine kritische Analyse der Annahme, dass man die eigenen starken Bedürfnisse ausschließlich oder hauptsächlich mit Geld befriedigen kann, lohnt sich in mehrfacher Hinsicht

Bedürfnissen und dem eigenen Geldverhalten entstehen, zu hinterfragen und an die aktuellen Bedürfnisse anzupassen. Die Notwendigkeit einer ständigen Prüfung ergibt sich unter anderem daraus, dass sich unsere Bedürfnisse und die Möglichkeiten, diese zu befriedigen, im Laufe unseres Lebens ständig ändern.

Viele Verknüpfungen zwischen Geld und bestimmten Bedürfnissen erlernen wir bereits in der Kindheit. Diese leiten wir aus der Beobachtung von erwachsenen Personen des eigenen Umfelds ab und integrieren sie in unser Wertesystem, in dem sie im weiteren Lebensverlauf ihren festen Platz einnehmen. Vielleicht haben Sie zum Beispiel, basierend auf der Beobachtung von näheren Verwandten, den festen Glauben entwickelt, dass Geld zu Unabhängigkeit führt. Dass sich diese Hypothese in den folgenden Jahren in weiteren Beobachtungen bestätigte, ist jedoch nicht als ein Beleg für die Gültigkeit dieser Verbindung zu interpretieren. Menschen tendieren zu einer verzerrten Wahrnehmung, die von dem Wunsch geleitet ist, bereits existierende Annahmen zu bestätigen. In der Psychologie wird dieses vielfach nachgewiesene Phänomen als Bestätigungsfehler (*confirmation bias*) (für einen Überblick Nickerson 1998) bezeichnet.

Aus diesem Phänomen leitet sich die Notwendigkeit ab, die Verbindungen zwischen Geld und der erwarteten Bedürfniserfüllung einer ständigen kritischen Prüfung zu unterziehen und die Augen für widersprüchliche Beobachtungen zu öffnen. Damit geht die Chance einher, neue Möglichkeiten für den Gelderwerb zu erkennen, die einem durch nie hinterfragte Einstellungen und Verhaltensroutinen verdeckt geblieben wären. Durch dieses Vorgehen können alle persönlichen Potenziale voll ausgeschöpft werden.

Die Veränderbarkeit der Beziehung zwischen bestimmten Bedürfnissen und dem individuellen Geldverhalten ermöglicht es, den Fokus stärker an jene Bedürfnisse zu koppeln, die einen sorgsamen bzw. effektiven Umgang mit Geld fördern. So kann eine bewusste Stärkung der Assoziation von Geld und Existenzabsicherung und eine Schwächung der Verbindung zwischen Geld und sekundären

Bedürfnissen (soziale Bewunderung, Macht) dazu beitragen, weniger Geld in letzteren Bereichen zu investieren und somit unnötige Ausgaben zu verhindern.

Da das Erreichen von Zielen und der Zustand von befriedigten Bedürfnissen auch unserem Wohlbefinden zuträglich ist, lohnt es sich umso mehr, zu prüfen, ob man Geld wirklich für die richtigen Dinge ausgibt, das heißt für Dinge, die uns wahre Bedürfnisbefriedigung verschaffen.

6   Fazit

Zusammenfassend lässt sich sagen, dass die Einstellung zu Geld stark von der individuellen Definition von Geld und den damit einhergehenden Assoziationen bestimmt wird. Die überwiegende Mehrheit an Personen hat eine tendenziell positive Einstellung zu Geld. Allerdings ergeben sich Unterschiede darin, wie zentral diese positive Bewertung für die individuelle Lebensführung einer Person ist, sodass dieselbe Einstellung zu Geld in unterschiedliches Verhalten münden kann. Ob der Aussage, dass Geld alles ist, zugestimmt wird oder nicht, scheint also weniger eine Sache der Einstellung, sondern eine Sache der *relativen Einstellungsstärke* zu sein. Um die eigene Einstellung zu Geld und den Stellenwert, den man Geld beimisst, formulieren zu können, ist zunächst eine Analyse der eigenen Bedürfnisse erforderlich. Die identifizierten zentralen Bedürfnisse müssen dann mit den Assoziationen zu Geld abgeglichen werden. Hierbei kann es sich lohnen, diese Verbindungen in Hinblick auf ihre Berechtigung zu prüfen. Dies ermöglicht zum einen das Führen eines selbstbestimmteren Lebens, ohne das Erleben von äußeren Zwängen. Zum anderen kann es dem Gelderwerb zuträglich sein, indem konsequentes Verhalten gefördert wird und effektive Verbindungen zwischen den eigenen Bedürfnissen und Geld gestärkt werden (vgl. Abb. 8 für eine zusammenfassende Darstellung).

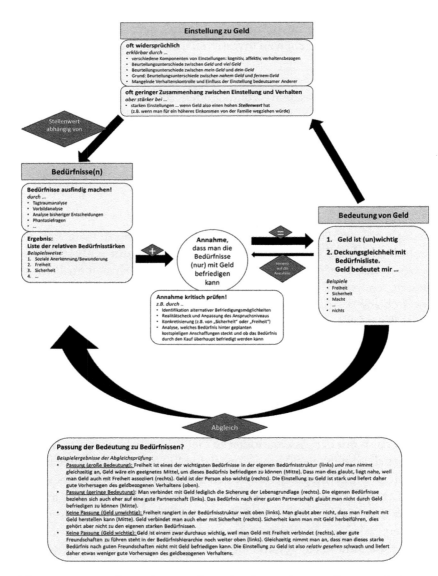

Abb. 8 Zusammenfassende Darstellung der Themenbezüge dieses Kapitels

Literatur

Aden, C. (2018). *Eine empirische Analyse zum Zusammenhang zwischen Einstellungen und Einkommen*. Unveröffentlichte Bachelorarbeit. Landau: Universität Koblenz-Landau.

Ajzen, I. (1991). The theory of planned behavior. *Organizational Behavior and Human Decision Processes, 50*, 179–211.

Becchio, C., Skewes, J., Lund, T. E., Frith, U., Frith, C. D., & Roepstorff, A. (2011). How the brain responds to the destruction of money. *Journal of Neuroscience, Psychology and Economics, 4*, 1–10.

Cacioppo, J. T., Gardner, W. L., & Berntson, G. G. (1997). Beyond bipolar conceptualizations and measures: The case of attitudes and evaluative space. *Personality and Social Psychology Review, 1*, 1–39.

Haddock, G., & Maio, G. R. (2014). Einstellungen. In M. Hewstone, W. Stroebe, & K. Jonas (Hrsg.), *Sozialpsychologie*. Heidelberg: Springer.

Haddock, G., Maio, G. R., Arnold, K., & Huskinson, T. L. H. (2008). Should persuasion be affective or cognitive? The moderating effects of need for affect and need for cognition. *Personality and Social Psychology Bulletin, 34*, 769–778.

Hansen, J., Kutzner, F., & Wänke, M. (2013). Money and thinking: Reminders of money trigger abstract construal and shape consumer judgments. *Journal of Consumer Research, 39*(6), 1154–1166.

Häusel, H.-G. (2001). *Der Umgang mit Geld und Gut in seiner Beziehung zum Alter*, unveröffentlichte Dissertationsarbeit. München: Fakultät für Wirtschafts- und Sozialwissenschaften der Technischen Universität.

Nickerson, R. (1998). Confirmation bias: A ubiquitous phenomenon in many guises. *Review of General Psychology, 2*, 175–220.

Petty, R. E., & Krosnick, J. A. (1995). *Attitude strength: Causes and consequences*. Hillsdale: Erlbaum.

Trope, Y., & Liberman, N. (2003). Temporal construal. *Psychological Review, 110*, 403–421.

Trope, Y., & Liberman, N. (2011). Construal-level theory of psychological distance. *Psychological Review, 117*(2), 440–463.

Trope, Y., Liberman, N., & Wakslak, C. J. (2007). Construal levels and psychological distance: Effects on representation, prediction, evaluation, and behavior. *Journal of Consumer Psychology, 17*, 83–95.

https://www.aerzteblatt.de/nachrichten/95832/Nur-zwei-bis-drei-Prozent-der-Menschen-in-Deutschland-spenden-Blut. Zugegriffen am 01.09.2019.

Sein und Schein – *Einsam sein, frei sein, man selbst sein*

1   Einleitung – *Geld ist ohne Bedeutung, für die Unbedeutbaren*

„Geld ist das Allerwichtigste auf der Welt. Es bedeutet ebenso offenkundig Gesundheit, Kraft, Ehre, Großmut und Schönheit, wie der Mangel daran Krankheit, Schwäche, Nichtachtung, Niedrigkeit und Häßlichkeit."

Shaw (G. B.; in der Vorrede zu Major Barbara; aus Der Mensch und das Geld, 1957).

„Und all das Geld und all das Gut gewährt zwar viele Sachen; Gesundheit, Schlaf und guten Mut kann's aber doch nicht machen."

Claudius (1777/1976, S. 71/S. 149)

„[Ein] gesunder Mensch ohne Geld ist halb krank."

Goethe (Gedichte, 1827, Zahme Xenien, Kap. 3, S. 278)

„Geld ist geprägte Freiheit!"

Dostojewski (1862/1999, Aufzeichnungen aus einem Totenhaus, I Das Totenhaus)

© Springer Fachmedien Wiesbaden GmbH, ein Teil von Springer Nature 2019
M. Sauerland, J. Höhs, *Geld – Vom Sein zum Schein*,
https://doi.org/10.1007/978-3-658-26666-0_6

„Das Geld, das man besitzt, ist das Mittel zur Freiheit, dasjenige, dem man nachjagt, das Mittel zur Knechtschaft."

Rousseau (Les Confessions, Buch I, Teil I, 1723/1907)

„Der Hauptwert des Geldes besteht in der Tatsache, dass man in einer Welt lebt, in der es überbewertet wird."

Mencken (Geldgespräche, 2014, Uzunoglu)

„Viele Menschen, manchmal besonders kluge, meinen, dass Geld alles ist. Sie haben recht!"

Kishon (in Maier, die besten Lebensweisheiten der Welt, 2014)

„Geld, der Meister aller Sachen, weiß aus Nein oft Ja zu machen."

Goethe (in Deutsches Lesebuch, 1844/2002, S. 22)

„Viele schon hat das Geld gewissenlos gemacht."

Buch Sirach (Bibel, Altes Testament, 8, 2)

Die aufgeführten Zitate implizieren, dass Geld *Wirkungen* entfaltet – sein Besitz macht frei, sein Mangel macht krank. Über Richtung und Grad der Wirkung sind sich die Autoren indes uneins: Ist Geld alles oder wird es überschätzt?

In diesem Kapitel wird es um die Beantwortung der folgenden Frage gehen: Welche Wirkungen hat Geld auf das Erleben und Verhalten von Menschen? Mit dem Begriff „Geld" meinen wir in diesem Zusammenhang den Geldbesitz, den Geldzuwachs, das Streben nach Geld oder auch den Mangel an Geld, den Geldverlust.

Die Annahme, dass Geld keinerlei Wirkungen hat, erscheint völlig abwegig. Es gibt zwar immer wieder Menschen, die beteuern, dass Geld belanglos und ohne Bedeutung für sie sei, in dieser Aussage spiegelt sich jedoch wohl eher eine moralische Forderung oder auch ein Resümee von Werteprioritäten wieder, wie z. B., dass die wichtigsten Dinge im Leben nicht käuflich sind, dass man nicht nach Geld strebt oder streben sollte oder dass man sich nicht kaufen lässt oder kaufen lassen sollte. Jedenfalls verbirgt sich dahinter kein wissenschaftlich untermauertes Fazit der faktischen Wirkungslosigkeit des Geldes.[1] Die These, *dass* Geld massive Wirkungen auf unser Denken, Fühlen und Handeln hat, lässt sich nämlich unmittelbar, problemlos und in mannigfaltiger Weise belegen.

Die Wirkungen, die vom Geld ausgehen, lassen sich allein schon an den psychosozial einschränkenden Konsequenzen der Armut – also dem Mangel an Geld – ablesen (z. B. Meißner 2010). Doch auch der positive Nachweis ist leicht erbracht: Geld steuert z. B. unser Verhalten bei der Arbeit. Viele Menschen tun Dinge, die sie nicht tun wollen, nur, um Geld zu erwerben. Nach Untersuchungen des Gallup-Instituts arbeiten 80 % der Deutschen nur des Geldes wegen und nicht etwa, weil sie sich für die Arbeitsinhalte interessieren (Gallup 2014). Probanden in Experimenten lassen für wenige Euros mehr in der Tasche sogar hemmungslos Mäuse töten (Falk und Szech 2013). Auch Regierungen haben es leicht, das Verhalten der Bürger durch finanzielle Anreize zu steuern. Und nicht zuletzt lässt sich sogar nachweisen, dass die Einkommenshöhe die Lebenszufriedenheit beeinflusst (Stevenson und Wolfers 2008). Auf alle diese Befunde werden wir in diesem und im folgenden Kapitel detailliert eingehen. Dabei werden wir auch den auf den ersten Blick naheliegend erscheinenden Einwand aufgreifen, dass nicht Geld *an sich* diese Wirkungen hervorbringt, sondern immer nur die dahinterstehenden menschlichen Bedürfnisse.

„Geld ist psychoaktiv wirksam!", schreibt Müller (2017). Es berührt unsere Sehnsüchte, verursacht Konflikte, beeinflusst unseren Selbstwert

---

[1] Zeyringer (2014, S. 31 f.) sieht in solchen Bekundungen viel eher die teils ungebrochene Manifestation des Konfliktes zwischen Geld und Religionsglaube – Geld dürfe demnach gar nicht wirken, um als Motivator und Sinngeber nicht in Konkurrenz zum Glauben zu stehen. Zudem äußern ihm zufolge insbesondere Personen die Ansicht, Geld sei unbedeutend, die bereits viel davon haben und daher um Solidarisierung mit ihren weniger vermögenden Mitmenschen bemüht sind – der Widerspruch zum offenkundigen Geldstreben dieser Personen sei jedoch deutlich. Oder auch umgekehrt: Diejenigen, die ohnehin keinerlei Chance sehen, viel Geld zu erwerben, reduzieren ihre kognitive Dissonanz durch die Abwertung der motivierenden Kraft des Geldes. Zeyringer (S. 137 f.) erinnert in diesem Zusammenhang an die Fabel mit dem Fuchs und den Trauben: „Der Fuchs, angezogen von den süß scheinenden Trauben, findet selbst nach hartnäckigen Bemühungen keine Möglichkeit, an die zu hoch hängenden Früchte zu gelangen. Um vor den anderen Tieren nicht als Verlierer dazustehen, meint er hochmütig: ‚Sie sind mir noch nicht reif genug, ich mag keine sauren Trauben' und läuft schleunigst in den Wald zurück."

und stellt einen Spiegel unserer Persönlichkeit dar, so Müller (2017) weiter. Testen Sie sich selbst: Welche Wirkungen hat es auf Sie, wenn Sie sich an die größten Geldgewinne und Geldverluste in Ihrem Leben erinnern – wie haben Sie sich in diesen Momenten gefühlt? Oder: Betrachten Sie einen 100 € Schein! Sogar die Betrachtung von Geldscheinen ist zumeist hochgradig emotional aufgeladen – wir nehmen eben nicht nur einen Fetzen bedrucktes Papier wahr.

Karl Marx hat es drastisch (vielleicht zynisch) auf den Punkt gebracht. Die Wirkungen des Geldes hebeln seiner Auffassung nach sogar natürliche Verhältnisse aus: Geld macht den Invaliden mobil, Geld macht den Hässlichen attraktiv etc. (Marx 1968; S. 566; Hetzel 2017, in Peters, S. 124) und „Es verwandelt die Treue in Untreue, die Liebe in Haß, den Haß in Liebe, die Tugend in Laster, das Laster in Tugend, den Knecht in den Herrn, den Herrn in den Knecht, den Blödsinn in Verstand, den Verstand in Blödsinn" (s.o.). Ganz ähnlich schrieb Goethe: „Wenn ich sechs Hengste zahlen kann, sind ihre Kräfte nicht die meinen? Ich renne zu und bin ein rechter Mann als hätt' ich vierundzwanzig Beine" (Faust I, Szene 4, Vers 1824, Mephistopheles). Karl Marx führt weiter aus: „Was ich zahlen, d. h., was das Geld kaufen kann, das *bin ich*, der Besitzer des Geldes selbst. So groß die Kraft des Geldes, so groß ist meine Kraft. Die Eigenschaften des Geldes sind meine – seines Besitzers – Eigenschaften und Wesenskräfte. Das, was ich *bin* und *vermag*, ist also keineswegs durch meine Individualität bestimmt. Ich *bin* häßlich, aber ich kann mir die *schönste* Frau kaufen. Also bin ich nicht *häßlich*, denn die Wirkung der *Häßlichkeit*, ihre abschreckende Kraft ist durch das Geld vernichtet. Ich – meiner Individualität nach – bin *lahm*, aber das Geld verschafft mir 24 Füße; ich bin also nicht lahm; … ich bin *geistlos*, aber … [wer Geld besitzt, kann] sich die geistreichen Leute kaufen, und wer die Macht über die Geistreichen hat, ist der nicht geistreicher als der Geistreiche? Ich, der durch das Geld *alles*, wonach ein menschliches Herz sich sehnt, vermag, besitze ich nicht alle menschlichen Vermögen? Verwandelt also mein Geld nicht alle meine Unvermögen in ihr Gegenteil?" (Ökonomisch-philosophische Manuskripte 1844/2017, S. 113; Liessmann 2009, S. 14 f.).

Viele Dinge machen wir hauptsächlich des Geldes wegen. Doch wie schafft Geld das? Die Erklärung ist nach Schopenhauer (1851/2007,

S. 380) ganz einfach: „Dass die Wünsche des Menschen hauptsächlich auf Geld gerichtet sind und sie dieses über alles lieben, wird ihnen oft zum Vorwurf gemacht. Jedoch ist es natürlich, wohl gar unvermeidlich, das zu lieben, was, als unermüdlicher Proteus, jeden Augenblick bereit ist, sich in den jedesmaligen Gegenstand unserer so wandelbaren Wünsche und mannigfaltigen Bedürfnisse zu verwandeln."

Geld scheint aus der Sicht einiger Autoren sogar wie ein Gottersatz zu wirken oder auch eine neue Religion darzustellen (vgl. dazu Deutschmann 2009, S. 239 f.).[2] Dort, wo Religion als absoluter Zweck erodiert, wächst das *Mittel* als neuer absoluter Zweck hinein, stellte Simmel bereits im Jahr 1907 fest (S. 349). Geld als absolutes Mittel kann gerade wegen dieser Absolutheit psychologisch zu einem absoluten Zweck aufsteigen (Simmel 1907/2009, S. 351).[3] Gott ist tot, schreibt Nietzsche (1887/1990, FW, 125) und das Geld ist der Ersatz: Nun gibt der Mensch an Gottes Stelle dem Geld seine Seele. Damit erhält das Geld zwar Macht über ihn, im Gegenzug jedoch geht vom Geld auch ein Verheißungs- und Erlösungsversprechen aus (vgl. Abb. 1). So garantiert nicht mehr Gott, sondern das Geld die Weltsicherheit, resümiert Bolz (2009, S. 58).

Es ist offensichtlich, dass Geld unser Denken, Fühlen und Handeln leitet. So stellen verschiedene Autoren fest, dass Geld eine soziale Tatsache ist, die zwar konstruiert ist, sich aber zu einer objektiven Wirklichkeit verdichtet hat, da die Akteure sich nach ihr ausrichten, als ob sie eine naturgegebene Tatsache wäre (z. B. Schrader, in Peters 2017), von der Menschen tatsächlich beherrscht werden (Frankel 1979, S. 11). Es lohnt sich daher, einen Blick auf die interessantesten Wirkungen des Geldes zu

---

[2] Bolz (2009, S. 41) deutet unter Verweis auf Max Weber an, dass eine asketische Form des Protestantismus eine alltagsbestimmende Lebensmethodik geschaffen hat, die das kapitalistische Wirtschaften wie ein Korsett stütze und auch mit Heilsprämien versehe. Anders ausgedrückt: Menschen praktizieren im Dienste ökonomischer Interessen zuweilen ein zwanghaftes, selbstaufopferndes Leben, weil sie sich dadurch zu einem späteren Zeitpunkt Erlösung erhoffen.

[3] Zu dem häufigen Einwand, dass es nichts Absolutes gibt, sei mit Simmel (1907/2009) angemerkt: Das einzig Absolute ist die Relativität der Dinge; und dafür allerdings ist das Geld das stärkste und unmittelbarste Symbol. Denn es ist die Relativität der Wirtschaftswerte in Substanz. Es ist die Bedeutung, die es als Mittel für den Erwerb eines anderen hat – aber wirklich diese bloße *Bedeutung* als Mittel, losgelöst von ihrem konkreten Träger. Aber eben deshalb kann es psychologisch zu einem absoluten Wert werden, weil es nicht die Auflösung in Relatives zu fürchten hat, derentwegen so viele von vornherein substantielle Werte den Anspruch auf Absolutheit nicht aufrechterhalten können (S. 352).

Abb. 1 „Der Geldwechsler und seine Frau" von Quentin Massys. Die Frau wendet ihren Blick von dem bibelartigen Buch ab, hin zum Geld

werfen. Macht Geld wirklich frei, unabhängig, gelassen, glücklich, mächtig, selbstbewusst und sexy, wie viele Menschen denken oder macht es gierig, neidisch, egoistisch, einsam und unglücklich? Fördert Geld Konflikte oder ist es das soziale Bindemittel unserer Gesellschaft? Lähmt es, macht es blind oder weckt es Potenziale und eröffnet Möglichkeiten? Macht es Hoffnung und baut Angst, Stress und Sorgen ab oder entleert es das Leben von jedwedem wahren Sinn?

Dieses Kapitel befasst sich mit den Faktoren, die auf der rechten Seite der Abb. 1 (s. Kap. „Die Macht des Geldes – *Wie man Geld macht und was Geld mit einem macht*") aufgelistet sind. Auf die dort genannten Variablen hat das Geld möglicherweise eine besondere Wirkung.

Bevor wir auf die Wirkungen des Geldes im Einzelnen eingehen, möchten wir zwei Metauntersuchungen skizzieren, an welchen die gesamte Bandbreite der Wirkungen des Geldes ersichtlich wird. Einer Analyse von Böwing-Schmalenbrock (2012) – basierend auf Methoden von Glatzer und Becker (2008) und Daten u. a. von Arndt und Volkert (2006) – lässt sich entnehmen, dass Reichtum eindeutig mit der Abwehr von Sorgen und Beschwerden einerseits und der Erschaffung von Möglichkeiten der Lebensäußerung andererseits in Verbindung steht. Die Autorin resümiert: „Grundsätzlich bestätigen die verschiedenen Analysen insgesamt einen unbestreitbaren Zusammenhang zwischen materiellen und nicht materiellen Reichtumsindikatoren!" (S. 9). Mit den erwähnten *nicht materiellen Indikatoren* sind beispielsweise Bildung, Gesundheit und Sicherheit gemeint. Auch Zitelmann (2017) sichtet einschlägige Studien und zeigt, dass sich reiche Personen über verschiedene Aspekte des Lebens weniger Sorgen machen als Personen der Mittelschicht bzw. der Gesamtbevölkerung. So resümiert er: „Arme Menschen [leiden] erheblich stärker unter negativen Lebensumständen, wie beispielsweise einer Krankheit. … 23 % der Gesamtbevölkerung machten sich große Sorgen um die eigene Gesundheit, aber nur 10 % der Reichen" (S. 24 ff.). In allen untersuchten Ländern lässt sich über lange Zeiträume hinweg zeigen, dass vom Anstieg der Lebensqualität in verschiedenen Bereichen insbesondere die finanziell Bessergestellten profitiert haben (Leisch 2013, in Zeyringer 2014, S. 81).

2   Wirkt sich Geld auf soziale Beziehungen aus? – *Einsam macht nur einsames Geld*

In den vorangegangenen Kapiteln haben wir bereits gesehen, dass sich Geld auf die *Bildung,* die *Intelligenz,* die *Wahrnehmung* und die *Rationalität* auswirken kann. In diesem Kapitel gehen wir weniger auf diese kognitiven Aspekte ein, sondern zuvorderst auf die *emotionalen* und *verhaltensbezogenen* Wirkungen.

Eine der interessantesten Fragen in diesem Zusammenhang ist sicherlich die, ob Geld zur Zerstörung von sozialen Beziehungen beiträgt – macht Geld einsam? Die Annahme, das Geld einsam macht, erscheint aus zahlreichen Gründen zunächst gar nicht abwegig:

(1) Soziale Verpflichtungen, Nachbarschaftshilfe oder die Pflege von Angehörigen sind für Wohlhabende oft nur noch private Optionen, die mit monetären Mitteln auch problemlos „veräußert" werden

können, z. B., indem Pflege- oder Sicherheitsdienste engagiert werden. Durch Geld ist eine Entbindung von der Wahrnehmung direkter, handlungsbezogener sozialer Verantwortung möglich – man kann sich „freikaufen". Diese Möglichkeit erscheint zunächst sehr vorteilhaft, aber eine Loslösung von sozialen Verpflichtungen verändert auch die emotionale Bindung zu Menschen, das Erleben von Beziehungsqualitäten und das Gefühl der Eingebundenheit und des Gebrauchtwerdens. Dies sind jedoch existenzielle Erlebnisse für ein Gruppenwesen, das der Mensch unzweifelhaft ist. Die Freiheit, soziale Kontakte nur noch nach eigenen Interessenslagen wählen und gestalten zu können und andere Personen nicht nötig zu haben, sich nicht auf sie einzulassen zu müssen, kann zu einer sinnentleerten, entfremdeten und bloß noch oberflächlichen Pseudobefriedigung sozialer Bedürfnisse führen. Kast resümiert (2012): „In unserer Wohlstandsgesellschaft haben wir fast alles im Überfluss, nur eines nicht – zwischenmenschliche Nähe" (S. 1). So streben Menschen durch den Geldbesitz oft vergeblich nach der Anerkennung und Akzeptanz einer abstrakten sozialen Masse – Anerkennung, die sie auch unmittelbar und viel intensiver von konkreten ihnen nahestehenden Personen erhalten könnten.

(2) Die Annahme, dass Geld einsam macht, erscheint auch aus einigen weiteren Gründen nicht abwegig. Da Geld universell eingetauscht werden kann, steht es symbolisch für die Erfüllung aller Wünsche, und zwar unabhängig von der Person, die über ein bestimmtes Quantum an Geld verfügt. Das eigene Geld ist also auch für andere begehrenswert. Personen, die offenkundig hohe Geldbeträge oder Vermögenswerte besitzen, werden wohl nicht nur Neider auf den Plan rufen, sondern auch falsche Freunde anlocken, Schmarotzer, Heiratsschwindler und Erbschleicher, deren Interesse nicht den Charaktereigenschaften der Person gilt, sondern zuvorderst ihrem Geldbesitz. Eine über Vermögen verfügende Person kann sich demzufolge niemals sicher sein, dass eine andere Person, die vorgibt, an ihr freundschaftlich oder gar partnerschaftlich interessiert zu sein, tatsächlich an ihr selbst oder ausschließlich an ihrem Besitz Interesse

hat. Es bleibt für sie immer der Verdacht bestehen, dass sie von anderen Personen nur instrumentalisiert wird; d. h., dass die Freundschaft oder die Liebesbeziehung nur ein Mittel für andere darstellt, um selbst in den Genuss der materiellen Ressourcen kommen zu können. Eine Vermögen besitzende Person wird anderen Personen daher mit einer gewissen Portion Skepsis begegnen. Diese Skepsis kann auch bei ehrlich gemeinten Avancen verhindern, dass es zu einer tiefergehenden Beziehung kommt – sogar beidseitig. Vermögende Personen schotten sich in der Tat aus Vorsicht oder ggf. sogar aus schlechter Erfahrung heraus oft von anderen Menschen ab. Ein prominentes Beispiel stellt die Tochter und Erbin des Industriellen Herbert Quandt, Susanne Klatten, dar, die in einem Interview mit der Saarbrücker Zeitung am 23.11.2008 die beschriebene Problematik in dem Satz zum Ausdruck brachte: „[Geld] zieht einen Vorhang vor mich!". Andere Wohlhabende wiederum versuchen, sich nur noch mit „Ihresgleichen" zu gesellen, was die Problematik allerdings erst recht bewusst hält.

(3) Personen distanzieren sich in experimentellen Situationen von anderen Menschen, wenn das Thema Geld auf irgendeine Weise mental verfügbar gemacht wird.[4] So arrangieren sie bei einer erwarteten Interaktion mit einer anderen Person die Stühle im Labor in deutlich größeren Abständen zueinander als Probanden einer Kontrollgruppe, die nicht mit dem Thema Geld konfrontiert wurde. Außerdem bevorzugen die Probanden, die mit geldbezogenen Themen konfrontiert wurden, in solchen Laborsituationen auch eher Einzelaktivitäten als Gruppenaufgaben (Vohs et al. 2006). Gedanken an Geld begünstigen auch noch andere egoistische Verhaltensweisen in solchen Experimenten, wie z. B. eine geringe Spendenbereitschaft (Vohs et al. 2006). Teils geraten die Belange anderer Personen dabei völlig aus dem Blickfeld der Probanden – damit wird jedoch eine Voraussetzung für intakte soziale Beziehungen unmittelbar zerstört.

---

[4] Beispielsweise werden Geldscheine auf einem Bildschirmschoner beiläufig präsentiert, geldbezogene Wörter erscheinen in einer Scrabble-Aufgabe oder es wird ein Monopoly-Spiel durchgeführt.

Die Erklärungen für diese egoistischen Verhaltensweisen sind mannigfaltig: Vermutlich fördern Gedanken an Geld das Konkurrenzdenken und die Wettbewerbsorientierung.[5]

(4) Personen, deren Fokus auf dem Geld liegt, neigen möglicherweise auch dazu, viele Aspekte des Lebens in Quantitäten wahrzunehmen und Qualitäten auszublenden. So kann es dazu kommen, dass auch zwischenmenschliche Beziehungen nach quantitativen Gesichtspunkten beurteilt und gestaltet werden (z. B. Heiraten, nur um Steuern zu sparen). Entsprechende verbale Bekundungen oder einschlägige Verhaltensweisen verstören sicherlich die betroffenen Personen, sobald diese merken, dass sie nur nach Nutzenkriterien beurteilt werden und ihre Beziehung zu einer *Geschäftsbeziehung* herabgewürdigt wird. Sobald Geld ins Spiel kommt, gelten die Gesetzte des Marktes, mit allen ihren Erwartungen, Forderungen und Aufrechnungen. Als wohlhabende Person hat man andere Menschen nicht nötig, man ist nicht abhängig von ihnen und jeder kleinste Anlass, jede kleinste Verrechnungsschieflage kann daher zur Auflösung einer Beziehung führen.

(5) Denkbar ist auch, dass sich manche Menschen von reichen Personen abwenden, weil sie befürchten, mit diesen nicht mithalten zu können (z. B. bei der Ausübung kostspieliger Freizeitaktivitäten), weil ihr Selbstwert im sozialen Vergleich leiden würde, weil deren Macht gefürchtet wird oder auch, weil sie annehmen, der Reichtum sei unredlich und zulasten Dritter erworben worden. Sofern letzteres wahr ist, könnte auf Seiten der Geldbesitzer auch ein schlechtes Gewissen gegenüber anderen Menschen entstehen, was dazu führt, dass diese sich wiederum abschotten. Dies passiert auch, wenn reiche

---

[5] Die Schwelle zu dem Wunsch „Ich will alle von dir hergestellten Produkte und Besitztümer sofort haben" liegt sicherlich deutlich höher als zu dem Wunsch „Ich will all das verfügbare Geld für mich haben" – das abstrakte Geld ist unpersönlich und scheint die Notwendigkeit eines wechselseitigen Austauschs, eines interindividuellen Gebens und Nehmens und der damit verbundenen persönlichen Würdigung der Leistungen anderer in den Hintergrund treten zu lassen. Das Geld scheint außerhalb von sozialen Beziehungen verfügbar zu sein und fördert damit den hemmungslosen, rücksichtslosen Wunsch, sich einen Vorteil zu verschaffen. Man hat auch gar nicht so sehr den Eindruck, dass man anderen etwas wegnimmt, wenn man Geld allein für sich haben will.

Personen den Eindruck haben, sich für ihren Reichtum ständig rechtfertigen zu müssen.

Die aufgelisteten Gründe erscheinen durchaus plausibel und mögen zur Verbreitung der Annahme geführt haben, dass Geld einsam macht.

Ein Blick auf die Seite der Armen offenbart *jedoch*, dass diese mit weit schwierigeren Beziehungsproblemen konfrontiert sind. Arme werden in der Tat häufig ausgegrenzt. Dies beginnt schon damit, dass sich arme Personen oft gar nicht leisten können, an bestimmten sozialen Ereignissen teilzunehmen. Vorurteile setzen armen Personen ebenfalls zu – neben der *ressourcenbedingten* gibt es somit auch eine *sozial intendierte* Ausgrenzung. Arme schämen sich womöglich auch ihrerseits und ziehen sich zurück. Die Armutsforschung hat schon sehr früh gezeigt, dass sich vermeintlich stabile soziale Beziehungen bei einem sozioökonomischen Abstieg schnell auflösen (Jahoda et al. 1933/1975) und dass „arme Menschen erheblich stärker unter … Einsamkeit leiden als reichere" (Weimann et al. 2012; Zitelmann 2015, S. 26).

Doch *leiden* müsste man unter der Einsamkeit nicht unbedingt:

> *„Dies Armsein ist mir schon deshalb genehmer,*
> *Weil für den Alltag um vieles bequemer.*
> *Von Vettern und Verwandtenhaufen*
> *Werd' ich nie und nimmer belaufen,*
> *Es gibt – und dafür will Dank ich zollen –*
> *Keine Menschen, die irgend was von mir wollen,*
> *Ich höre nur selten der Glocke Ton,*
> *Keiner ruft mich ans Telefon,*
> *Ich kenne kein Hasten und kenne kein Streben*
> *Und kann jeden Tag mir selber leben."*
> (Fontane, Sämtliche Werke, Band 20, S. 71 ff.; hier: in Der Mensch und das Geld, 1957, S. 100)

Auch aus evolutionspsychologischer Perspektive lassen sich einige Einwände gegen die Annahme formulieren, dass Reichtum einsam macht: Frauen gehen bei ihrer Partnerwahl in der Regel sehr selektiv vor, zumindest selektiver als Männer. Eines der für Frauen wichtigen Selektionskriterien bei der Partnerwahl sind die sogenannten „good financial prospects" – also die Einschätzung, ob ein in Frage kommender Partner das geistige und körperliche Potenzial hat, Ressourcen zu beschaffen. Dies stellt eine speziestypische Vorliebe dar; d. h. sie ist bei der Mehrheit der Frauen in allen Kulturen und in allen historischen Epochen zu finden (vgl. Abb. 2 und 3, Buss 2004, 2017). Dieser Befund legt nahe, dass es eine evolutionsbiologische Basis für diese Vorliebe gibt. Und in der Tat: Ein wesentliches adaptives Problem, mit dem weibliche Vertreter der Spezies Homo sapiens seit mehreren Millionen Jahren konfrontiert sind, besteht darin, einen Partner zu finden, der den gemeinsamen Nachwuchs mit Ressourcen versorgen kann – eine Aufgabe, welche die Frau aufgrund ihres Körperbaus, der Schwangerschaft und der nachgeburtlichen Gebundenheit an den Nachwuchs in den widrigen Umwelten unserer Vorfahren zumeist nicht selbst vollständig lösen konnte. Frauen achten daher bei der Partnerwahl besonders darauf, dass der Mann ihrer Wahl Ressourcen angehäuft hat bzw. zumindest das Potenzial dazu hat. Diese Vorliebe haben auch moderne Frauen von

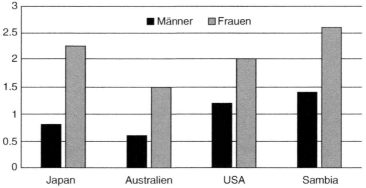

Abb. 2 Relevanz der „guten finanziellen Aussichten" (Good Financial Prospects) in langfristigen Beziehungen für Männer und Frauen in verschiedenen Kulturen. Frauen bevorzugen in allen Kulturen Männer mit hohen finanziellen Potenzialen (vgl. Buss 2017; Buss und Schmitt 1993, Grafik modifiziert, in Anlehnung an die Darstellung in Buss 2004). Die Stichprobengrößen in den jeweiligen Kulturen variierten zwischen 119 und 1491 Probanden

Gerade noch akzeptable „Ertragsfähigkeit" (Earning Capacity)
bei verschiedenen Beziehungsgraden (Skala in Prozentwerten)

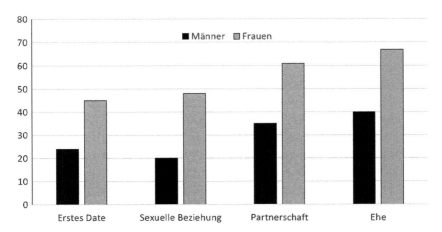

Abb. 3 Minimum der für verschiedenen Beziehungsformen jeweils erforderlichen „Ertragsfähigkeit" (Earning Capacity), angegeben in Prozentwerten, bei Männern und Frauen. Frauen setzen deutlich stärker als Männer sogar bereits für unverbindliche Datings voraus, dass ihre Partner über hohe finanzielle Potenziale verfügen (Kenrick et al. 1990; Grafik modifiziert, in Anlehnung an die Darstellung in Buss 2004)

unseren Vorfahren geerbt, denn diese Präferenz hat sich im Genpool durchgesetzt – Frauen, deren Vorliebe auf entgegengesetzten männlichen Merkmalen lag, sind ausgestorben.

Dies bedeutet auch, dass z. B. Paarungsprivilegien dementsprechend zugunsten reicher Männer verteilt sind. Reiche Männer bekommen in der Tat mehr diesbezügliche Angebote von Frauen als arme Männer (Buss 2017). Und diese Logik setzt sich auch außerhalb von intimen Paarbeziehungen fort: Menschen werden *ceteris paribus* eher die Gesellschaft von Personen aufsuchen, die etwas bieten können, die etwas bewegen können, die etwas zu tauschen haben, in die sich eigene Investitionen von Zeit und Energie auch lohnen werden – und das sind eben nicht die Mittellosen (vgl. Sauerland 2006). Geld macht tatsächlich sexy.

Das oben dargelegte Argument, Reiche könnten sich nicht sicher sein, dass andere Personen tatsächlich ein wahrhaftiges Interesse an ihrer

Persönlichkeit haben, greift ebenfalls nicht uneingeschränkt, denn der *wahren Freundschaft* oder der *wahren Liebe* können sich auch alle anderen nicht sicher sein. *Wahrhaftige Freundschaft* oder *Liebe* kann verstanden werden als Freundschaft oder Liebe ohne Ursache, bedingungslos, also nicht geknüpft an irgendwelche strategischen Kalkulationen. Diese wahre Freundschaft oder wahre Liebe kann es jedoch auch für arme oder durchschnittlich wohlhabende Personen nicht geben, da Phänomene ohne Ursache nicht existieren. Freundschaften oder die Liebe sind *immer* und *für alle* an bestimmte Bedingungen gebunden. Und diese Bedingungen stehen zudem – recht gut berechenbar – selten im Zusammenhang mit dem, was man normalerweise mit den persönlichen Charaktereigenschaften eines Menschen meint (vgl. z. B. Buss 2004, 2017; Hatfield und Sprecher 1986).[6] Daraus ließen sich also für *alle* Menschen Gründe ableiten, sich auf Beziehungsangebote nicht einzulassen. Teils sind Menschen jedoch durchaus stolz darauf, wegen einer bestimmten Ressource von anderen gemocht zu werden. In dem oben genannten Argument (5) drückt sich somit wohl eher eine unrealistische romantische Sehnsucht nach unmittelbarer und nicht anderweitig vermittelter, insbesondere eben nicht *geldvermittelter* Partnerschaft aus.

Viele reiche Menschen kommen auch gerade deshalb zu ihrem Reichtum, weil andere Personen ihre Eigenschaften oder Leistungen bewundern und entsprechend honorieren – man denke hier an Musiker, Schauspieler, Sportler, Wissenschaftler, Ärzte, Moderatoren, Komiker oder brillante Redner. Man denke aber auch daran, dass viele Menschen dankbar sind für eine ihr Leben erleichternde Innovation oder einen durch eine gute Geschäftsidee geschaffenen Arbeitsplatz. In den nachfolgenden Kapiteln werden wir sehen, dass eine Strategie, um reich zu werden, eben gerade darin besteht, anderen Personen zu nützen.

Geld begünstigt prinzipiell auch – gerade durch die Entfernung des persönlichen Moments – eine Vielzahl von sozialen Beziehungen, die ansonsten nicht zustande kämen.[7] So werden bekanntlich aus vielen erz-

---

[6] Es geht bei der Partnerwahl also weniger um Intelligenz, Nettigkeit oder Humor, sondern vielmehr um gutes Aussehen (letztlich also Gesundheit) und Ressourcen.

[7] Breier (2017, S. 20) schreibt daher, dass Geld die Menschen gleichgestellt hat, und zwar z. B. dort, wo der Zugang zu Waren und Dienstleistungen zuvor nur Menschen eines bestimmten herkunftsdefinierten Standes möglich war.

wungenen Geschäftsbeziehungen im Laufe der Zeit Freundschaften. Vielleicht ist es sogar so, dass gerade ärmere Personen dazu genötigt sind, Beziehungen unter einem Quantitätsmoment wahrzunehmen und zu gestalten (auch arme Menschen können primär des Geldes wegen heiraten) – jedenfalls liegen keine Belege dafür vor, dass dies bei reichen Menschen nun höher ausgeprägt ist. Und die Möglichkeit, sich durch Geld von den Lasten sozialer Beziehungen „freizukaufen", kann diese Beziehungen durchaus unbeschwerter und harmonischer werden lassen – immerhin kann man dadurch zahlreiche Konflikte ausräumen. Auf diese Weise lässt sich sogar das Argument entkräften, dass man egoistischer wird und sich von anderen distanziert, weil man als besitzende Person andere Menschen nicht mehr nötig hat oder nicht auf sie angewiesen ist: Wird eine soziale Beziehung automatisch dadurch besser oder wertvoller, dass man die andere Person nötig hat, dass man wechselseitig abhängig ist, im Kredit bei ihr steht oder diese ständig um Hilfe bitten muss?[8]

Aus dieser Perspektive scheint es nun doch eher so zu sein, als wirke das Geld wie ein Sozialmagnet. Wir würden die pauschale These, dass Geld einsam macht, somit nicht stützen. Es ist wohl eine Kunst bzw. eine Frage der sozialen Kompetenz, soziale Beziehungen zufriedenstellend zu gestalten, ganz unabhängig von den materiellen Umständen einer Person. Die Herausforderungsarten mögen sich zwischen armen und reichen Personen nuanciert unterscheiden, wir haben in einer eigenen diesbezüglichen Untersuchung jedoch keine statistisch bedeutsamen Unterschiede oder Zusammenhänge zwischen verschiedenen Einkommensgruppen und dem jeweiligen Beziehungsverhalten auffinden können (vgl. Petrie 2018).

Die Ausführungen in diesem Abschnitt haben aber auch gezeigt, wie tief verwurzelt das Streben nach Ressourcen in der Millionen Jahre alten Evolutionsgeschichte des Menschen verankert ist. Es gab einen enormen Selektionsdruck, insbesondere auf männliche Mitglieder der Spezies

---

[8] Bolz (2009, S. 51 f.) beschreibt die Vorzüge dieses Sachverhalts: „Wir prügeln uns nicht um die letzten freien Plätze an der Sonne, sondern manche zahlen, andere können oder wollen eben nicht zahlen. … Gerade die Unpersönlichkeit und Neutralität des Geldes entlastet unser Leben. … Personen zu vertrauen, ist zu riskant. In der modernen Welt kann man sich glücklicherweise Personenvertrauen durch Systemvertrauen ersparen. Geld ist entlastet vom Menschlich-Allzumenschlichen."

Homo sapiens, Wertgegenstände und andere Ressourcen anzuhäufen. Wir alle sind Nachkommen von Vorfahren, die sich auf diese Weise verhielten und diese vorteilhaften Eigenarten an die nächsten Generationen weitervererben konnten. Vorfahren, die sich anders verhielten, sind ausgestorben – sie können daher nicht unsere Vorfahren sein. Das Streben nach Ressourcen ist somit eine durchaus natürliche Angelegenheit.

3   Wirkt sich Geld auf das Erleben von Freiheit aus? – *Das einzige, was zählt*

Wir haben in einem vorangegangenen Kapitel gesehen, dass viele Menschen mit Geld *Freiheit und Unabhängigkeit* assoziieren. Die Annahme liegt nahe, dass sie wegen dieser Faktoren auch nach Geld streben. Eine weitere Untersuchung von Zitelmann (2017) zeigte zudem, dass reiche Personen auch tatsächlich die mit ihrem Reichtum einhergehende *Freiheit und Unabhängigkeit* in besonderer Weise schätzen. Zahlreiche Finanzratgeber werben auch gerade mit der Aussicht auf Freiheit – dieses Versprechen ist für viele Menschen offenbar derart verlockend, dass solche Bücher häufig zu Bestsellern werden. Kann uns Geld tatsächlich frei machen?

Ein anspruchsloses und doch das Alltagsverständnis präzise treffendes Konzept von *Freiheit* lautet:

• Freiheit liegt vor, wenn wir etwas nicht tun *müssen* (z. B. durch äußeren Zwang), sondern das tun *können*, was wir tun *wollen*.[9]

Da es immer weniger tradierte Normen, gesellschaftliche Zwänge, kulturelle Vorgaben, fixe Sozialstrukturen und vor allem weniger ökonomische Beschränkungen gibt, können wir in immer mehr Lebensbereichen tun, was wir wollen oder auch entscheiden, wie wir es

---

[9] Es gibt noch andere Konzepte von Freiheit, die deutlich anspruchsvoller sind, auch solche, die prinzipiell nicht zulassen, dass der Mensch frei ist bzw. frei entscheiden kann. Unter solchen Umständen kann natürlich auch Geld nicht frei machen. Aber diese Konzepte treffen das subjektive Erleben von Freiheit weniger gut als das von uns genannte; und auf das subjektive Erleben kommt es in diesem Zusammenhang nun mal an.

wollen. Mit wachsendem Wohlstand in einer Gesellschaft wachsen zumeist auch die Handlungsmöglichkeiten für viele Personen. Die wachsenden Handlungsmöglichkeiten *sind* ein Ausdruck von Freiheit: Unabhängig von engen finanziellen Schranken kann man den eigenen Wünschen gemäß wählen und wird mit hoher Wahrscheinlichkeit eine Option finden, die zu den individuellen Bedürfnissen passt. Studien zeigen auch, dass es eine eindeutige Präferenz *für* diese Optionenvielfalt und Wahlfreiheit gibt (z. B. Brehm 1966; Sauerland und Gewehr 2017).[10,11] Wer wollte auch zurück zur Notwendigkeit?[12] In Lebensbereichen, die uns wichtig sind, wollen wir frei sein, zwischen verschiedenen Optionen wählen können und nehmen eventuelle zeitliche oder energetische Opfer (die vermeintliche Qual der Wahl) dafür gern in Kauf. Wachsender Wohlstand erlaubt es Menschen, in immer mehr Lebensbereichen zwischen immer mehr Optionen wählen zu können und damit die Wahrscheinlichkeit zu erhöhen, immer öfter das tun zu können, was sie tun wollen.

Geld als universell eintauschbares Mittel ist auch für Individuen in der Regel ein Garant dafür, die persönlichen Handlungsoptionen zu erweitern (Böwing-Schmalenbrock 2012; Breier 2017). Durch Geld werden mehr Optionen verfügbar, ob nun quantitativ oder qualitativ. Individuelle, soziale oder physikalische Handlungsbarrieren können mit Hilfe des Geldes abgebaut und beseitigt werden. Wer entsprechende Geldressourcen besitzt, ist also in der Tat weniger *gezwungen*, etwas Bestimmtes zu tun (wie z. B. die eigene Arbeitsleistung an einen bestimmten Arbeitgeber zu verkaufen), vielmehr ist es für die Person möglich, immer mehr und immer bessere Passungen zwischen den ver-

---

[10] Zur Veranschaulichung ermuntert Zeyringer (2014, S. 125) seine Leser, sich zu überlegen, was sie sich mit 5 Cent kaufen können, anschließend, was sie sich mit 5 € kaufen können, mit 500 € etc. Er schlussfolgert: Es sind nicht die konkreten Produkte, die ein emotionales Hochgefühl erzeugen, sondern es sind die *Möglichkeiten*, die sich mit wachsenden Geldressourcen bieten, da man sich bei 5 € wohl nicht 100 x das Kaugummi vorstellt, welches man bei 5 Cent erwägt. Wer an Geld denkt, denkt an Optionen (S. 125).

[11] Breier (2017, S. 37) merkt an, dass wohlhabende Menschen mental gesünder sind, weil sie mehr Handlungsoptionen zur Verfügung stehen haben – auch zukünftige. Deshalb sind sie z. B. *stressresistenter* oder *resilienter*; d. h., sie können eher davon überzeugt sein, dass sie zukünftige Herausforderungen, Widrigkeiten, Krisen und Belastungen meistern können.

[12] Geld hat auch historisch betrachtet den allgegenwärtigen Verfügungsanspruch über Menschen durch bloße Machtstrukturen gebrochen (vgl. Brunowsky 1998, S. 42, vgl. aber auch Marx).

fügbar werdenden Optionen und den individuellen Bedürfnissen herzustellen. Wenn wir uns nochmals das oben skizzierte Freiheitskonzept vergegenwärtigen, kommen wir somit unweigerlich zu dem Schluss, dass Geld frei macht.[13]

Unsere statistischen Auswertungen von Befragungsdaten, die ursprünglich von Zitelmann (2017, S. 243) stammen, zeigen, dass „Superreiche" tatsächlich zuvorderst *Freiheit und Unabhängigkeit* an ihrem Geld schätzen. Auf einer Skala von 0 (völlig unwichtig) bis 10 (extrem wichtig) rangiert z. B. der Faktor *Freiheit* im Mittelwert bei 9,12. Zum Vergleich: der Faktor *Anerkennung* erzielt lediglich einen Mittelwert von 4,87. Die meisten der *von uns* befragten Probanden verbanden mit dem Begriff Geld ebenfalls Unabhängig und Freiheit – Geld steht für diese Personen *hypothetisch* für die Freiheit, die von reichen Personen auch *tatsächlich* empfunden wird.

Für Müller (2017) sind dies letztlich jedoch illusorische Projektionen. Wenn das Bedürfnis, z. B. nach Freiheit, nicht befriedigt ist, projiziert man diesen Mangel in das Thema Geld hinein. Man glaubt dann, nach Geld streben zu müssen bzw. Geld besitzen zu müssen, um frei sein zu können. Stattdessen könnte man jedoch ganz unabhängig vom Geld frei sein oder sogar *gerade weil* man nicht danach strebt. Geld als solches könne das Bedürfnis nach Freiheit nicht befriedigen. Wer mit seinem Reichtum Freiheit verbindet, war vermutlich auch vorher schon frei. Das Ziel sollte daher nicht der Gelderwerb sein, sondern *direkt* die Herstellung von Freiheit! Dann würden einem plötzlich sogar wesentlich mehr Mittel und Wege zur Erlangung der Freiheit einfallen. Müller sieht es als Bestätigung ihrer These an, dass man dieses Prinzip auf fast jedes beliebige

---

[13] Damit ist allerdings nicht zwangsläufig auch ausgesagt, dass Geld glücklich macht – ein Zuwachs an Freiheit, so wie wir sie definiert haben, impliziert noch nicht, dass die Freiheit auch glücklich macht. Freiheit kann so z. B. auch zur Freiheit von Relationen werden – wer aber total frei ist, setzt sich möglicherweise auch zu nichts mehr in Beziehung und wessen Leben frei von Beziehungen zu irgendetwas ist, dessen Leben wird auch schnell als *bedeutungslos* empfunden. Entscheidend ist dann also der Umgang mit der gewonnenen Freiheit. Die Freiheit darf nicht überfordern oder zu Desorientierung führen. Zudem ist zu bedenken, dass der „Zwang", etwas tun zu müssen, Menschen durchaus auch voranbringen kann, wenn sie sich dadurch z. B. selbst überwinden, sich bestimmten Dingen stellen, dabei etwas erreichen, was sie sich zuvor selbst nicht zugetraut hätten, worauf sie dann auch stolz sein können oder auch einfach die wenigen freien Momente, die sie unter solchen Umständen noch haben, aufgrund eines Kontrasterlebens viel intensiver erfahren können als dies ohne Notwendigkeit der Fall wäre.

andere Motiv übertragen kann, sei es *Macht, Sicherheit, Flexibilität, Anerkennung* oder *Vertrauen*. Wer z. B. Sicherheit will, solle direkt für Sicherheit sorgen und nicht nach Geld streben. Man solle nicht den Mangel an Geld dafür verantwortlich machen, dass das eigene Sicherheitsbedürfnis nicht befriedigt ist. Es gäbe viele Möglichkeiten, das Bedürfnis nach Sicherheit zu befriedigen, auch solche, für die kein Geld erforderlich ist. Das Streben nach Geld behindere sogar das Auffinden von Mitteln und Wegen, dieses Bedürfnis zu befriedigen. Letztlich könne der Besitz von Geld per se das Bedürfnis nach Sicherheit ohnehin nicht befriedigen. Gedanken wie „Wenn ich reich wäre, könnte ich mich endlich frei/sicher/mächtig/unabhängig … fühlen" stellen demzufolge eher eine Ausflucht, eine Projektion für etwas dar, was unmittelbar viel besser herbeigeführt werden könnte – man kann sofort dafür sorgen, sich frei zu fühlen. Mit dieser Auffassung steht Müller nicht allein. Koenig (2007) hat diesen Sachverhalt in recht vergleichbarer Weise beschrieben. Für Koenig ist Geld sogar ein gutes Diagnostikum dafür, was den Menschen fehlt. Wenn jemand der Auffassung ist, dass Geld für ihn *Sicherheit/Freiheit/ Macht* ist, so ist dies ein Hinweis darauf, dass die Person ein *unsicherer/ unfreier/machtloser* Mensch ist. Denn der Satz, dass Geld *Sicherheit/ Freiheit/Macht* ist, beinhalte zugleich, dass die Person denkt, ohne Geld *unsicher/unfrei/machtlos* zu sein. Die Person ist somit offensichtlich nicht imstande, für diese Sachverhalte selbst zu sorgen oder diese Dinge mit anderen Mitteln als mit Geld herbeiführen oder gewährleisten zu können. Das Geld sei somit eine äußere Projektionsfläche für den inneren Mangel. Koenig sieht es als Beleg für seine These an, dass das Geld nie auszureichen scheint: Nicht wenige Menschen kennen das Phänomen, sich einen bestimmten Geldbetrag zu wünschen, in der Annahme, bei Erlangung dieses Betrags schließlich *sicher/frei/mächtig* zu sein; sobald sie den Betrag jedoch tatsächlich erlangt haben, sind sie der Auffassung, es müsse deutlich mehr sein, um wirklich *sicher/frei/mächtig* zu sein. Das Therapeutikum bestünde somit darin, sich selbst einzugestehen, dass man eine *unsichere/ unfreie/machtlose* Person ist und sich daraufhin klar zu machen, dass man unabhängig vom ökonomischen Status *sicher/frei/mächtig* sein kann. Türcke (2013, S. 142) resümiert sogar: „Wer Geld begehrt, begehrt etwas anders als Geld: Trost, Genugtuung, Geborgenheit, Genuss, Potenz – lauter Dinge, die Geld nur verheißen, aber nicht verschaffen kann."

An dieser Argumentation ist sicher etwas Wahres. Wir teilen sie jedoch nicht uneingeschränkt. Hinter dem Streben nach Geld mögen zwar in der Tat bestimmte unbefriedigte Wünsche, Hoffnungen und Bedürfnisse stehen. Es mag auch zahlreiche Befriedigungsmöglichkeiten für diese Bedürfnisse geben, die nicht mit monetären Mitteln zu beschaffen sind. Selbstverständlich kann man auch auf rein psychologischer Ebene ein subjektives Gefühl von Freiheit, Unabhängigkeit und Sicherheit erzeugen. Wir lassen sogar den Einwand gelten, dass das *Streben* nach Geld per se wiederum zwanghaft besessene Züge annehmen kann und man wegen des fehlenden Sättigungseffekts, der dem Geld zu eigen ist, auch schnell in ein Hamsterrad von neuen Abhängigkeiten und Unfreiheiten geraten kann[14] – Sie erinnern sich an Rousseaus Ausspruch: *„Das Geld, das man besitzt, ist das Mittel zur Freiheit, dasjenige, dem man nachjagt, das Mittel zur Knechtschaft!"* (Les Confessions, Buch I, Teil I, 1723/1907).

Analysiert man den Sachverhalt jedoch aus der Perspektive extremer Zustände, also z. B. der Armut, wird klar, dass es sich eben nicht um eine bloße Projektion handelt: Die Handlungsmöglichkeiten für arme Menschen sind faktisch beschränkt, und dies wird von ihnen subjektiv auch so empfunden – sie leiden ganz real unter der widrig-beschränkten Realität (Breier 2017, S. 37; Meißner 2010) und sie leiden auch *stärker* als wohlhabendere Personen (Zitelmann 2017, S. 24).[15] Viele dieser Beschränkungen – angefangen bei minderwertiger Ernährung, über mangelnde Gesundheitsversorgung, bis hin zum Zwang, belastende Arbeitsverhältnisse anzunehmen – lassen sich nicht einfach schöndichten; allerdings ließen sie sich sehr gut und durch kaum etwas anderes als durch Geld beseitigen. Offenkundig ist es nicht völlig gleichgültig, über welche finanziellen Ressourcen jemand verfügt, um individuelle Bedürfnisse befriedigen zu können, selbst wenn diese Bedürfnisse so abstrakter Natur sind wie *Freiheit Sicherheit* oder *Macht* und weit über die Befriedigung von Grundbedürfnissen hinausgehen. Teilen Sie nicht auch die persönliche Lebenserfahrung, dass man sich mit wachsenden

---

[14] Wir räumen auch ein, dass bestimmte Geld*systeme* Menschen in Abhängigkeiten bringen.

[15] Bedarf es eines Beleges dafür, dass Geldmangel abhängig macht? Insbesondere, wenn man sich vergegenwärtigt, welches unverschämte Verhalten sich so mancher Vermieter, Chef u. s. w. anderen Menschen gegenüber erlaubt; dasselbe Verhalten seitens eines Mieters oder untergebenen Mitarbeiters würde wohl nicht hingenommen werden.

finanziellen Möglichkeiten immer freier gefühlt hat und bei finanziellen Rückschlägen plötzlich wieder sehr unfrei?

Es gibt wenige Menschen, die, einmal in den Genuss einer Gehaltserhöhung gekommen, diese mit dem Argument wieder abzubauen trachten, dass sie sich zuvor freier gefühlt haben.[16] *Hans im Glück* (Grimm 1819) oder die *Anekdote zur Senkung der Arbeitsmoral* (Böll 1963) sind Geschichten, die uns nicht ohne Grund bloß zum *Schmunzeln* bringen. Oder unterliegen wir dabei etwa einer Art Selbsttäuschung; denn haben wir uns in der mittellosen, unbefangenen Jugend nicht viel freier gefühlt als im Erwachsenenalter? Sicher! Aber haben sich die Umstände seitdem nicht auch derart gewandelt, dass wir uns unter den heutigen, neuen Bedingungen ohne finanzielle Ressourcen nicht noch unfreier fühlen würden als dies ohnehin schon der Fall ist?![17] Bevor wir also so vielen Menschen ohne triftigen Grund eine Selbsttäuschung unterstellen, würden wir eher annehmen wollen, dass viele Menschen zurecht ahnen, dass Geld imstande ist, sie zumindest im obwaltenden Geldsystem freier zu machen.[18]

Die erwähnten Annahmen von Müller (2017), Koenig (2007) und Türcke (2013) können jedoch ohne jeden Zweifel erkenntnisreich sein. Geld kann in der Tat ein Mittel zur Erlangung fundamentaler psychologischer Einsichten sein – es ist gewissermaßen ein *Selbsterkenntnismittel*.[19] Wenn eine Person nämlich darüber nachdenkt, was Geld für sie ist, warum sie danach strebt etc., dann kann sie dabei in der Tat gewisse Defizite oder unbefriedigte Seiten der eigenen Persönlichkeit entdecken. Auch wenn es einseitig defizitorientiert erscheint, es ist nicht auszuschließen, dass jemand, für den Geld *Freiheit* bedeutet, sich momentan *unfrei* fühlt. Und wenn diese Person sich nun dazu auffordert, diese erlebte Unfreiheit zu analysieren, d. h. nach ihren Ursachen zu forschen und Wege zu suchen, mit deren Hilfe diese Unfreiheit beseitigt werden

---

[16] Wie die Existenz von Downsizing-Agenturen zeigt, gibt es solche vereinzelten Fälle allerdings durchaus.

[17] Zudem dürfen die Sorgen um den Verlust von finanziellen Ressourcen nicht mit Abhängigkeiten verwechselt werden.

[18] In einer Umfrage stimmten 77 % der Befragten der Aussage zu, dass Geld frei macht, 21 % verneinten dies (statista 2019).

[19] Dies gilt allerdings nicht ausschließlich für das Geld, sondern auch für teure und symbolträchtige Produkte, wie z. B. Autos.

kann, dann können die gewonnenen Einsichten und generierten Lösungen natürlich sehr bereichernd und nützlich für die Person sein.

Diese Einsichten führen nämlich dazu, dass man den abstrakt verspürten Mangel an *Freiheit/Sicherheit/Macht* konkretisiert, seine Ursachen herausfindet und dann auch weiß, mit welchen Mitteln man den Mangel effektiv beseitigen kann.

Von welchem Wert solche Erkenntnisse sein können, wird deutlich, wenn z. B. der Einsatz *der*, der Aufbau *von* oder der Verlass *auf* die *eigenen Kompetenzen* als ein effektives Mittel erkannt wird, die erlebten Mängel, Ängste o. ä. zu bewältigen. Findet eine Person solche eben nicht vom Geld abhängigen Wege, einen Mangel mithilfe der eigenen Kompetenzen zu beseitigen, ist dies offenkundig ein großer Fortschritt für sie.

Von welchem Wert solche Erkenntnisse sein können, wird aber auch daran deutlich, dass man andernfalls genau weiß, wie man das *eigene Geld* konstruktiv einsetzen kann, um den Mangel zu beseitigen, das konkrete Problem zu lösen oder das unbefriedigte Bedürfnis zu befriedigen. Plötzlich weiß man also auch, *wie viel* Geld man für eine gute Lebensführung benötigt, ohne immer weiter nach immer mehr Geld streben zu müssen.

Es hat allerdings gute Gründe, warum den Menschen insbesondere bei einem erlebten Mangel an Freiheit *oft*, *zuvorderst* oder *allein* das *Geld* als Problemlöser einfällt: Geld per se ist nämlich imstande, Menschen ein Gefühl der Kontrolle über aktuelle und zukünftige Herausforderungen zu verschaffen. Das Geld, wie kaum etwas Anderes, verschafft Menschen potenzielle Handlungsoptionen – und es macht sie eben gerade dadurch auch frei.

Das Streben nach immer mehr Geld kann ohne Zweifel auch abhängig machen. Die Loslösung von Irgendetwas kann hingegen frei machen.[20]

---

[20] Die Loslösung von zwanghaften Wünschen kann in der Tat befreiend sein. Bei einigen Menschen haben Wünsche die Form von *Muss-Imperativen*. Personen schließen aus ihren Präferenzen („Ich würde gern …!", „Ich wünsche mir … (reich zu sein) … !"), dass das, was sie sich wünschen, so eintreten *muss* – je stärker der Wunsch, desto absoluter die Forderung, als wäre die Welt nur für den Zweck erschaffen, die Wünsche der Person zu erfüllen. Das Leid und die Spannung, die durch den noch nicht erfüllten Wunsch erzeugt werden, wachsen auf diese Weise unerträglich an. Die Personen erwägen gar nicht mehr, ob sie nicht auch ohne die Erfüllung des Wunsches ihr Leben bewältigen können oder ob es noch andere Wege zur Erfüllung des hinter dem Wunsch stehenden

Aber der Geld*besitz* erlaubt es in vielen Lebensbereichen ja erst, sich von Irgendetwas zu lösen – man kann dann tun, was man will, oder eben auch unterlassen, was man nicht will. **Um diesen Widerspruch zwischen dem möglicherweise *freiheitseinschränkenden Streben* nach Geld und dem *freiheitsstiftenden Besitz* von Geld abmildern zu können, kann es wieder hilfreich sein, sich realistische, aktiv beeinflussbare und zeitlich verankerte finanzielle Ziele oder Teilziele zu setzen, die bei Erreichen eben zumindest zeitweise auch mal aktiv genossen werden können.**

Dass das *Streben* nach Geld ggf. *Spannung, Schmerz* und *Leid* erzeugt, muss darüber hinaus auch gar nicht negativ bewertet werden. Das gesamte menschliche Streben, nach was auch immer, kann anstrengend und belastend sein. Friedrich Nietzsche (1901/1996) wies darauf hin, dass das Leben durchaus leidvoll und schmerzhaft sein kann. Dies muss seiner Ansicht nach jedoch kein Argument gegen *das Leben per se* oder *das Streben im Leben* sein. Entscheidend sei vielmehr die Einstellung gegenüber solchen Schmerz- und Leidzuständen. Man könne das Leid und den Schmerz auch bejahen, indem man Widrigkeiten als Anreiz für die eigene Willenskraft betrachtet und Herausforderungen begrüßt, um daran persönlich wachsen zu können. Die Spannung im Leben durch fortwährendes Streben nach immer mehr muss demnach überhaupt nichts Negatives sein – sie kann anspornen, antreiben, stolz machen und das Wachstumsbedürfnis des Menschen befriedigen. Man kann der Spannung im Leben wohl ohnehin nicht aus dem Wege gehen – warum sollte man sie dann nicht akzeptieren, sich auf sie einlassen, ihre positiven Aspekte in den Fokus nehmen und diese für sich nutzen?

Über 70 % der Menschen in Deutschland wünschen sich, finanziell unabhängig zu sein (s. Böwing-Schmalenbrock 2012, S. 42) und ca. 20 Millionen Bundesbürger spielen regelmäßig Lotto (Zitelmann 2015,

---

Bedürfnisses gibt. Muss-Imperative verstellen durch ihre „Forderungen an die Welt" sogar den Blick dafür, selbst etwas für die Erfüllung von Wünschen unternehmen zu müssen. In solchen Fällen kann es tatsächlich helfen, in einem ersten Schritt das eigene Anspruchsniveau zu hinterfragen und ggf. abzusenken, sich in Bescheidenheit und Selbstzufriedenheit zu üben und dann erst wieder dem Wachstumsbedürfnis in kleinsten Zielschritten nachzugehen.

S. 26). Der Verdacht liegt nahe, dass der Grund dafür in der Erlangung ebendieser Zwangsfreiheit liegt und die Erfahrung lehrt, dass das Erleben von Zwang durch Geldzuwächse abnimmt.

> *Aber Eins verleihst du, oh himmlisches Geld,*
> *was Wenige, die dich besitzen, zu besitzen verstehen, zu genießen verstehen.*
> *Was ist dies Eine?*
> *Die Freiheit.*
>
> August Graf Platen (Gesammelte Werke 1847/2018; S. 45).

4   Wirkt sich Geld auf den Selbstwert aus? – *Der Geldwert im Selbstwert*

Das *Selbst* ist definiert als die Summe der Annahmen eines Individuums über persönliche Eigenschaften (Sauerland 2002). Der Selbst*wert* stellt die bewertende Komponente dieser Gesamtheit an Eigenschaften dar. Nun liegt zunächst die Annahme nahe, dass sich der Selbstwert zuvorderst aus der Bewertung dessen speist, was man *ist* oder was man *kann*, also aus dem Wert der eigenen Merkmale, Charakteristika, Talente, Fähigkeiten, Kompetenzen und Fertigkeiten. Wer beispielsweise sportlich, intelligent, schön und gesund ist, würde demnach im Vergleich zu anderen, die damit nicht aufwarten können, ceteris paribus wohl über einen höheren Selbstwert verfügen.

Es hat also zunächst den Anschein, als sei das, was man *hat,* für den Selbstwert weniger relevant. Doch bei dieser Schlussfolgerung wird übersehen, dass das, was man *hat*, also z. B. Geld, wohl der bedeutendste Erfolgsindikator in vielen Gesellschaften ist. Das Geld entscheidet oft sogar erst darüber, welche persönlichen Eigenschaften in die Selbstwertkalkulation einbezogen werden und wie hoch dann deren Wert eingeschätzt wird. Warum wird z. B. nicht die Körperfülle, langsames Gehen, ein kurioses Aussehen, geistige Verwirrtheit oder die besondere Brüchigkeit der Fingernägel positiv bewertet? Es gibt zahllose körperliche und geistige Merkmale, die Personen nicht einmal bewusst sind und ihnen dementsprechend auch nicht einfallen, wenn sie danach gefragt werden, was ihr Selbst ausmacht und wer sie sind. Überdies gibt es

Merkmale, die unter anderen kulturellen, historischen, politischen, sozialen oder umweltbezogenen Bedingungen durchaus positiv beurteilt werden könnten, von uns jedoch – im Hier und Jetzt – entweder gar nicht, neutral oder sogar negativ bewertet werden. Die Wertungen von Persönlichkeitseigenschaften sind also nicht beliebig, sondern hochgradig davon abhängig, was in einer bestimmten sozialen Gruppe gewürdigt und *honoriert* wird, was von der Gruppe gebraucht und als nützlich empfunden wird oder zumindest was auf irgendeine Weise für die Gruppe relevant ist (vgl. die Soziometertheorie von Leary und Downs 1995). Deshalb ändern sich solche Bewertungen auch im Lebensverlauf: Merkmale, die Kindern noch wertvoll erscheinen, sind für Pubertierende verächtlich und Erwachsene wiederum belächeln die Werturteile der Pubertierenden. Breier (2017, S. 74) merkt daher an: „Nur die wenigsten Menschen schaffen es, einen hohen Selbstwert zu haben, auch wenn die Umwelt dem nicht zustimmt. … Wir beziehen … unseren Selbstwert aus der Anerkennung, die uns andere Menschen schenken."

Da Geld nun aber in verschiedenen Gesellschaften mal mehr, mal weniger eine symbolische Anerkennung darstellt und als Erfolgsindikator angesehen wird, Wohlhabende oft insgeheim oder sogar offen bewundert, beneidet, manchmal auch abgewertet, bemitleidet oder belächelt werden und auch der Mangel an Geld zu Mitleid, aber auch zu Verachtung und sozialem Ausschluss führen kann, geht der ökonomische Status unweigerlich auch in die Selbstbewertung einer Person ein. Geld ist wegen seiner universellen Vergleichbarkeit in vielen Gruppen ein sich geradezu aufdrängendes Erfolgsbarometer. Für die meisten „Peergroups" im Erwachsenenalter ist daher auch der *finanzielle* Erfolg einer Person in irgendeiner Weise relevant, sei es, dass er geschätzt oder herabgewürdigt wird – eines bleibt: Es ist schwierig, sich von diesem allgegenwärtigen Bewertungskriterium frei zu machen und sich in der Selbstbewertung nicht von ihm beeinflussen zu lassen.[21] Das, was man *hat*, ist für den

---

[21] Untersuchungen zeigen, dass ausgeprägte materialistische Überzeugungen zu einer Selbst*ent*wertung führen können. Betroffene Personen streben dann nach Geld und Besitz und dieses Streben lässt sie ständig eine hohe Diskrepanz zu ihren Zielen erleben, also z. B. einen frustrierenden Abstand zu dem ökonomischen Status, den sie bei reichen Personen bewundern (Dittmar et al. 2014). Daraufhin kritisieren sie sich und vernachlässigen auch andere Bedürfnisse. Die Tatsache, dass Geld den Selbstwert beeinflusst, bedeutet also umgekehrt nicht unbedingt, dass man den eigenen Selbstwert erhöhen kann, indem man nach Geld *strebt*. Das Streben nach Geld

Selbstwert also durchaus relevant, denn oft wird der Erfolg mit dem, was man *ist* oder was man *kann*, an dem gemessen, was man *hat*. Zudem werden Erfolge, mit dem, was man ist oder was man kann, die sich nicht auch in *finanziellem* Erfolg niederschlagen, oft gar nicht zur Kenntnis genommen, womit sie auch keinen Beitrag zur Selbstbewertung leisten können.

Vermögenswerte drängen sich daher auch als Mittel zur *symbolischen Selbstergänzung* geradezu auf – sie erscheinen wie der Beweis einer richtigen Lebensführung. Dies erkennt man schon daran, dass Menschen zumeist mit *Stolz* (also einer Selbstaufwertung) auf eine Gehaltserhöhung, auf ein hohes Einkommen, auf den erarbeiteten Wohlstand oder ihre Luxusgüter blicken und dass Armut oder Geldverluste umgekehrt oft zu *Scham* (also einer Selbstentwertung) führen. Deutschmann (2009, S. 248) wagt sogar die These: „Dem Vermögensbesitzer erscheint sein Geld als eine natürliche Verlängerung seines Ichs."

Auch der Befund, dass manche Männer nicht damit zurechtkommen, weniger Geld zu verdienen als ihre Ehegattin, stellt einen Beleg für diese These dar, denn „nicht zurechtkommen" bedeutet in diesen Fällen nichts anderes, als, dass die Männer ihren Selbstwert bedroht sehen, wenn das höhere Einkommen der Gattin auch den größeren Berufserfolg anzeigt und damit deutlich wird, dass die Kompetenzen der Gattin gesellschaftlich höher geschätzt werden als die eigenen.[22]

Einige Menschen sind emotional sogar derart eng mit ihrem Geld verstrickt, dass sie sich ausschließlich über das Geld definieren und mit ihrem Geld eins werden. In solchen Fällen kann ein wahrgenommener Geldverlust auch zu einem Ichverlust führen (Breier 2017. S. 92) und mit dem niemals genügenden ökonomischen Status wird auch das Selbst immer als defizitär erlebt werden (Dittmar et al. 2014).

---

kann unter diesen Umständen dem Selbstwert abträglich sein, der Besitz von Geld hingegen zuträglich. Die Wahrnehmung, was der finanzielle Idealzustand ist oder ob man glaubt, sich im intra-individuellen Vergleich diesbezüglich verbessert zu haben etc., alle diese Faktoren spielen eine Rolle für die Höhe des Selbstwerts.

[22] Mittlerweile gibt es dieses Phänomen sicher auch in umgekehrten Geschlechterrollen.

Abb. 4 Wer auch diejenigen Facetten seines Selbst weiterentwickelt, die von einer relevanten Gruppe gebraucht und daher honoriert werden, wird nicht nur an Selbstwert gewinnen, sondern auch beiläufig sein Geld vermehren, abgesehen von dem Nutzen, der für die relevante Gruppe gestiftet wird

Wenn man sich schon nicht vollständig von der geldvermittelten sozialen Anerkennung befreien kann und wenn der finanzielle Erfolg zumindest zu einem gewissen Grad mit der tatsächlichen Qualität bestimmter Fähigkeiten zusammenhängt, dann besteht die Kunst wohl darin, den Fokus der Selbstbewertung nicht auf den bloßen Indikator, also das, was man *hat*, zu legen, sondern *diejenigen* Faktoren direkt in den Blick zu nehmen, *die diesem finanziellen Erfolg zugrunde liegen.* Man ist also gut beraten, das, was man *ist* und was man *kann* weiterzuentwickeln, sofern genau dies auch monetär gewürdigt wird, denn dann kommt der Wohlstand mit dem eigenen Kompetenzaufbau ganz automatisch auf einen zu.[23] Wer genau diese Facetten des *Seins* kultiviert, wird mit hoher

---

[23] Abgesehen davon ermöglicht Geld auch den Ausbau und die *Kultivierung* dessen, was man *ist* oder *kann*. Außerdem ist durch dieses Vorgehen nicht zwangsläufig ausgeschlossen, auch solche persönlichen Fähigkeiten und Fertigkeiten zu kultivieren, die nicht monetär gewürdigt werden, sondern „lediglich" einen persönlichen Befriedigungswert besitzen. Es wird hier ja lediglich

Wahrscheinlichkeit auch den *Schein* erzeugen. Und am Ende gewinnen alle: Die Gesellschaft, das Selbst, der Selbstwert und das Konto (vgl. Abb. 4).

5   Wirkt sich Geld auf das Verhalten aus? – *Für zehn Mäuse eine Maus töten*

Alexandra Khefren versteigerte 2017 ihre Jungfräulichkeit. Die Rumänin erzielte 2,3 Millionen Euro von einem Geschäftsmann aus Hong Kong für ihr Erstes Mal. Sergej W. verübte am 11.04.2017 einen Bombenanschlag auf den mit Fußballpielern besetzten Mannschaftsbus des BVB (Ballspielverein Borussia 09, Dortmund). Dabei wurde u. a. der Spieler Marc Bartra verletzt. Als Motiv für den 20-fach versuchten Mord wurde *Habgier* ermittelt: Der Attentäter war im Besitz von BVB-Aktien. Er hatte am Vormittag des Anschlagtags Put-Optionsscheine gekauft und damit auf fallende Kurse gewettet. Die Kursverluste wollte er durch den Anschlag auf die Spieler aktiv herbeiführen. Sinkende Kurse hätten, wie u. a. *die Welt* berichtete, den Wert der Verkaufsoptionen überproportional gesteigert.

Diese Beispiele – und es ließen sich zahllose vergleichbare benennen – dokumentieren eindrucksvoll, dass sich Geld auf das Verhalten von Menschen auswirken kann. Trotz der Vielzahl solcher Beispiele, handelt es sich offenkundig noch um Einzelfälle. Falk und Szech (2013) interessierten sich daher dafür, wie weit „normale" Menschen gehen würden, um ihre Finanzen aufzubessern. Fast 1000 Teilnehmer eines Experiments sollten entscheiden, ob sie in einer Welt von Angebot und Nachfrage für Geld eine „Sünde" begehen würden. Die Forscher nutzten für das Experiment genetisch veränderte Mäuse, die normalerweise vergast werden, wenn die genetische Manipulation fehlschlägt (vgl. Abb. 5).

Die menschlichen Probanden wurden vor die Entscheidung gestellt: Entweder Geld erhalten (10 €) oder das Überleben der Maus sichern. Nimmt man das Geld, so wurde den Probanden erklärt, wird die Maus vor den eigenen Augen vergast. Verzichtet man auf das Geld, bezahlt das

---

ausgesagt, dass man *auch* die monetär relevanten Fähigkeiten und Fertigkeiten in den Blick nehmen sollte, wenn man die eigene Geldgenese vorantreiben will.

Abb. 5   Würden Sie für 10 € eine süße Maus töten?

Forschungsinstitut den Unterhalt für die Maus, bis sie eines „natürlichen Todes" stirbt. Wie würden Sie sich entscheiden?

In einem zweiten Szenario sollten die Probanden zusätzlich Rollen als *Käufer* und *Verkäufer* einnehmen. Die Verkäufer bekamen die Maus, die Käufer 20 €. Nun konnten die Probanden in diesen Rollen um die Maus handeln. Die Probanden *konnten* um das Leben der Mäuse handeln, sie *mussten* aber nicht. Die Probanden hatten die Möglichkeit, von ihrem Computer aus einen Preis für die Maus vorzuschlagen. Machte also zum Beispiel ein Käufer einen Preisvorschlag, konnte ein Verkäufer ihn akzeptieren. Im diesem Fall wurden die 20 € vereinbarungsgemäß zwischen beiden aufgeteilt und eine Maus wurde getötet. Entschieden sich beide oder einer der Probanden gegen das Geld, blieb die Maus am Leben.

Wie lauteten nun die Ergebnisse? Auf sich allein gestellt (s. erstes Szenario) entschieden sich 46 % der Probanden für das Geld, in den Verkaufssituationen (s. zweites Szenario) waren es 72 %. Die Quote von 46 % ist schon beachtlich hoch, schließlich bedeuten 10 € für die Probanden nun auch keinen besonders großen finanziellen Zuwachs. Im zweiten Szenario erhielten die sogenannten Verkäufer nicht mehr automatisch 10 €. Von Interesse war daher auch, für welchen Preis das Leben einer Maus „geopfert" wurde. Der Durchschnittspreis lag bloß noch bei 6,40 €. In noch komplexeren „Marktszenarien" mit bis zu 9 Verkäufern und 7 Käufern sank der Preis sogar auf 5 € und 76 % der Verkäufer waren bereit, eine Maus sterben zu lassen. In dem Marktszenario haben sich also nochmals mehr Teilnehmer „gegen die Moral" entschieden.

Armin Falk sieht Parallelen zur wahren Welt: Viele Bürger erklären in vergleichbarer Weise, sie wären gegen Kinderarbeit oder gegen Tierquälerei. Doch als Verbraucher am Markt ignorieren sie diese moralischen Werte, kaufen billiges Plastikspielzeug oder Fleisch im Supermarkt. Diese weitreichenden Schlussfolgerungen aus den Befunden des Experiments wurden von anderen Autoren jedoch heftig kritisiert.

Selbst wenn die Schlussfolgerungen aus solchen Experimenten beschränkt sind, lässt sich doch der massive verhaltenssteuernde Einfluss des Geldes nicht in Abrede stellen. Einige diesbezügliche Phänomene sind sehr genau erforscht worden. So führt die bloße Beschäftigung mit dem Thema Geld dazu, dass Spenden geringer ausfallen und sogar die bloße Anwesenheit von geldbezogenen Objekten, Texten, Worten oder Spielzeug führt dazu, dass Probanden weniger Hilfe anbieten, zu einem späteren Zeitpunkt um Hilfe fragen und die Dauer von Hilfeleistungen kürzer ausfällt. Die Probanden halten auch größeren Abstand zu Mitmenschen und wählen eher Einzelaktivitäten statt Gruppenaktivitäten im Freizeit- und Arbeitskontext (zu allen Befunden s. Vohs et al. 2006).

Hammond (2017, S. 154) schildert eine frühe Studie aus dem Jahr 1953, in denen männliche Probanden gebeten wurden, sich an einer Stange hängend möglichst lange mit nur einer Hand festzuhalten. Im Durchschnitt hielten die Männer 50 Sekunden durch. Zureden, Hypnose und allerlei sonstige Methoden führten maximal zu einer Steigerung auf 75 Sekunden. Geld allein (5 $) katapultierte die Leistung jedoch auf durchschnittlich etwa zwei Minuten.[24]

---

[24] Geld kann die intrinsische Motivation jedoch auch unterwandern. Probanden haben dann den Eindruck, etwas nicht mehr um der Sache selbst willen zu machen, sondern nur des Geldes (bzw. anderer Personen) wegen. Die Tätigkeit wird dann zu einem reinen Mittel zum Gelderwerb degradiert und stellt keinen Selbstzweck mehr dar. Die ursprünglich durch Leidenschaft motivierte Leistung wird dann auf das nach Marktgesetzen minimal erforderliche Maß reduziert (vgl.

Es ist jedoch gar nicht erforderlich, sich mit künstlichen Laborsituationen zu befassen: Schon die bereits mehrfach erwähnten Gallup-Umfragen zeigen jedes Jahr aufs Neue, dass über 80 % der Mitarbeiter in deutschen Unternehmen *nicht intrinsisch* motiviert sind zu arbeiten; d. h., sie erbringen ihre Arbeitsleistung nicht etwa, weil sie sich für die Aufgabeninhalte interessieren, für diese Leidenschaft oder Begeisterung aufbringen könnten, nein, sie sind nach eigenen Angaben ausschließlich monetär motiviert (z. B. Gallup-Studie 2014 [25]). Diese Mitarbeiter erbringen ihre Leistungen nur des Geldes wegen. Sie würden sofort damit aufhören, zur Arbeit zu gehen, wenn sie nicht dafür bezahlt werden würden. Und dies geht so weit, dass sich viele Mitarbeiter scheuen, ihren Vorgesetzten ihre wahre Meinung zu sagen, mithin berechtigte Kritik an ihnen zu üben, Kritik, die sie ansonsten frei äußern würden, Kritik, die der Führungskraft und dem ganzen Unternehmen vielleicht sogar nützen würde.[26]

Diese Schilderungen erscheinen zunächst vielleicht trivial, da der Gelderwerb letztlich lediglich ein effektives Mittel darstellt, um anschließend die eigenen notwendigen Bedürfnisse befriedigen zu können. Anstelle des Geldes könnte man hier also auch jedes beliebige starke Bedürfnis einer Person als verhaltenssteuernde Ursache hinstellen. Überspitzt formuliert: Nicht des Geldes wegen gehen Menschen zur Arbeit, sondern wegen der anschließend damit zu befriedigenden Bedürfnisse. Dies mag zu einem gewissen Grad auch zutreffen. Erstaunlich ist jedoch, welche Opfer Personen für den Gelderwerb (z. T. für nur 5 $ oder 10 €) erbringen oder auch in welchen Dimensionen Geldbeträge angestrebt werden (z. T. in Millionenhöhe). Es ist fraglich, ob diese Opfer

---

Korrumpierungseffekt, z. B. Hammond 2017). Der Korrumpierungseffekt ist allerdings an diverse Bedingungen geknüpft (z. B. die Erwartung einer Belohnung). Zudem merkt Zeyringer (2014, S. 51 f.) kritisch an, dass solche Befunde häufig durch den Wunsch der Wissenschaftler getrieben sind, die motivierende Kraft des Geldes als Konkurrent zum Glauben nicht gelten zu lassen. Zudem werden solche Befunde häufig zur Rechtfertigung verwendet, Mitarbeiter nicht anständig bezahlen zu müssen. Unsere eigenen Untersuchungen (Tilgner 2019) weisen übrigens in der Tat darauf hin, dass monetäre Anreize die Mitarbeiterbindung in einem Unternehmen zu steigern vermögen. Wie dem auch sei: Letztlich wäre sogar der Korrumpierungseffekt ein Beleg für die Macht des Geldes über unser Verhalten.

[25] Über 1300 Mitarbeiter werden jährlich befragt.

[26] Dies ist deshalb erwähnenswert, weil einer der stärksten demotivierenden Faktoren am Arbeitsplatz das inadäquate Verhalten von Vorgesetzten bzw. Führungskräften ist.

und diese Beträge auch im Spiel wären, wenn das Verhalten ausschließlich durch konkrete Bedürfnisse gesteuert werden würde. Manche Menschen zahlen für Geld jeden Preis. Geld ist vielleicht ein Mittel, aber noch vielmehr ein Motiv. Menschen streben nämlich oft auch nach dem *Superadditum* des Geldes, also nach demjenigen Wertanteil des Geldes, der über den Wert der dafür eintauschbaren Konsumgüter hinausgeht. Geld hat Eigenschaften, die über seinen reinen Mediumcharakter hinausgehen: Es kann *per se* angestrebt werden. So wird oft eher über die Mittel des Gelderwerbs nachgedacht als über das Geld als Mittel für den Erwerb von Endzwecken – die Endzwecke sind oft sogar unbestimmt und treten erst nachgelagert ins Bewusstsein. Häufig wird beim Streben nach Geld also noch gar keine konkrete Verwendungsmöglichkeit erwogen. Ohnehin kann man zur Erreichung eines Endzwecks zunächst nichts Anderes tun, als das Bewusstsein vollständig auf das Mittel zu richten, das auch selbst zum Endzweck werden kann. Deutschmann (2009, S. 243 ff.) schlussfolgert daher: „[Die Konsumenten] gehen in Einkaufsmeilen flanieren, … Sie greifen eben nicht gleich zu, und gerade in dieser Spannung … scheint … ein … Reiz zu liegen. … Geld … weckt Träume und Fantasien …. Und wenn die Konsumenten ihr Geld am Ende doch ausgeben, dann stehen oft nicht genuine Bedürfnisse, sondern Prestigebedürfnisse dahinter: Man möchte seinen Mitmenschen signalisieren, was man dank seines Geldes kann …. Die Dispositionsfreiheit, die das Geld seinem Eigentümer vermittelt, hat also als *solche* einen Wert …. Geld wird daher um seiner selbst willen begehrt" (S. 247). Um die eigenen Bedürfnisse auf den Warenmärkten befriedigen zu können, erwächst ganz natürlich das reine Streben nach der Eintrittskarte, also nach dem Marktzugangsmittel *Geld* und hat auch den Wunsch zur Folge, aus Geld noch mehr Geld zu machen (vgl. Brodbeck 2009, S. 227). Das Geld per se, mit allen seinen spezifischen, genuin psychologischen Eigenheiten, stimuliert Verhaltensweisen, die man ansonsten schlecht erklären könnte. Es ist also tatsächlich oft das Geld, das uns treibt oder vielmehr *lockt*.

Daher können auch Regierungen das Verhalten der Bürger mit monetären Anreizen, wie z. B. Steuererleichterungen, problemlos lenken. Politisch erfolgreiche Maßnahmen waren z. B. die Abwrackprämie, das Pfandsystem oder die Gesundheitsprämien der Krankenkassen (Hentschke et al. 2017, in Peters, S. 105). Im Staat Wales wurde 2011 eine 5-Pence Gebühr auf Plastiktüten eingeführt. Der Verbrauch von Plastiktüten ging daraufhin um 22 % zurück. In England hingegen änderte sich zum gleichen Zeitpunkt nichts und auch die Waliser selbst änderten anderweitiges umweltbezogenes Verhalten, wie z. B. Müllvermeidung im Haushalt, nachweislich nicht. Wie die bislang wirkungslose Prämie für Elektroautos zeigt, hängt die Möglichkeit der erfolgreichen Verhaltenssteuerung jedoch auch von weiteren Bedingungen ab. In einer Metaanalyse zeigte sich jedoch, dass finanzielle Anreize insgesamt eine beeindruckende Wirkung auf das Verhalten von Menschen haben: Ca. 50 % der Betroffenen ändern durch geringe finanzielle Anreize beispielsweise das Ausmaß ihres Zigarettenkonsums, ihr Impfverhalten, die Wahrnehmung von Krebsvorsorgeuntersuchungen oder ihre sportlichen Aktivitäten (Giles 2014). Damit kommt dem Geld zumeist eine größere Wirkung zu als allen übrigen Einflussmitteln (Hammond 2017, S. 173).

Macht Geld geizig und gierig?
Geiz ist mit *Gier* durchaus verwandt. Doch was versteht man unter geizigem oder gierigem Verhalten?

- Habgier ist ein maßloses Verlangen und Streben nach Reichtum.
- Geiz stellt eine übertriebene Sparsamkeit dar.
  (Meyers großes Taschenlexikon, Grill 1992).

Eine eingehendere Beschäftigung mit den Begriffen ist besonders wichtig, da moderate Ausprägungen, wie z. B. Sparsamkeit, eher als Tugend gelten und Ausprägungen des Gegenteils, wie z. B. Verschwendung, einen Makel darstellen (Schmölders 1982).

Geld steht bei sparsamen Personen im Zentrum einer rationalen Lebensführung und ist langfristig zumeist auf die Anschaffung von „höheren" Gütern ausgerichtet. Verschwender hingegen gelten als naive Personen, die sich nicht beherrschen, kontrollieren und zügeln können. Sparsame wissen mit Geld umzugehen, es sich einzuteilen und Belohnungen aufzuschieben. Verschwender hingegen gehen allen erdenklichen Verlockungen blind nach und handeln impulsiv. Nach Schmölders sind sparsame Personen durchaus auch gründlich, genau, ausdauernd und sittengerecht, während Verschwender oft gesellig, gut gelaunt, leichtsinnig und unpünktlich sind (Schmölders 1982, S. 70). Verschwender stehen auch im Verdacht, durch exzessiven Konsum oder die Belohnungen beim Kaufakt an sich (z. B. durch die Anerkennung von Verkäufern und Freunden) bestimmte Persönlichkeitsdefizite kompensieren zu müssen (Breier 2017, S. 134).

„Spare in der Zeit, dann hast du in der Not" – dieses Motto einer sparsamen Person erscheint vernünftig, doch, wenn Geld zum Endzweck wird, können extreme Ausprägungen wie Geiz und Gier entstehen, sogar Neid[27] und Missgunst. Unter den Bedingungen der Naturalwirtschaft sind der geizigen Konservierung von Werten enge Grenzen gesetzt, da z. B. landwirtschaftliche Produkte nicht sonderlich lange aufbewahrt werden können. Auch die Pflege und Lagerung entsprechender Güter ist nicht unproblematisch und durchaus beschränkt. Gier und Geiz können unter solchen Umständen somit nur in begrenztem Maße ausgelebt werden. Sobald aber die Umsetzung der Produkte und Güter in das fast unbegrenzt lagerbare und kumulierbare Geld möglich ist, können auch Geiz und Gier extreme Formen annehmen.

Geizmotive werden in Geldsystemen somit durchaus stimuliert und deren Ausleben begünstigt. Das Geld, als das absolute Mittel, sieht auf unbegrenzte Möglichkeiten des Genießens hinaus. Die Geldkumulierung stellt daher eine Form der Macht dar, sie ist ein Können, das die Reize einer nur subjektiv antizipierten Zukunft in der Form einer objektiv vorhandenen Gegenwart sammelt (Simmel 1907/2009). Wenn man irgendetwas zu können behauptet, so bedeutet dies

---

[27] Neid ist ein feindseliges Gefühl gegen eine andere Person wegen eines Wertes, dessen Besitz einem selbst nicht gegeben ist. Das Motiv hinter dem Neid ist zumeist ein allgemeiner Benachteiligungsverdacht. Gier kann durchaus neidisch machen. Das Motiv für den Neid geht allerdings noch darüber hinaus: Die Definition besagt, dass ein allgemeiner Benachteiligungsverdacht mit dem Neid einhergeht. Das ist der Grund der besonderen Maßlosigkeit und Erbitterung von Erbschaftsstreitigkeiten; weil hier keine Arbeit oder sachlich begründete Abmessung den Anspruch des Einzelnen festlegt. Daher ist keiner geneigt, den Anspruch des anderen anzuerkennen (Simmel 1907; S. 372). Geld schürt Neid – dies ist offenkundig. Allerdings ist damit das Geld *anderer* Personen gemeint. Dass nämlich der *eigene* Geldbesitz Neid schürt, ist eher unwahrscheinlich, da sich die Zutat des Benachteiligungsempfindens mit wachsenden eigenen finanziellen Ressourcen zunehmend auflösen müsste. Dies wiederum zeigt, dass anstelle des Geldes auch jede beliebige andere Ressource stehen könnte. Neid ist somit keine Reaktion, die man ausschließlich dem Geld zuschreiben könnte.

keineswegs nur die gedankliche Vorwegnahme eines zukünftigen Geschehens, sondern einen schon jetzt wirklichen Zustand von physischen oder psychischen Spannkräften. Wer nämlich Klavierspielen kann, unterscheidet sich auch, wenn er es nicht tut, von jemandem, der es nicht kann, und zwar keineswegs nur in einem zukünftigen Moment, wo er es tun wird, sondern schon im gegenwärtigen Moment durch eine ganz konkrete Verfassung seiner Nerven und Muskeln (Simmel 1907/2009, S. 359 f.). Die Motivation einer geizigen Person ist damit vergleichbar: Das Geld verkörpert für sie ein Können, ein Machtgefühl, auch wenn oder gerade weil die Macht wirklich nur Macht bleibt und sich nicht in ihre Ausübung und deren Genuss umsetzt (Simmel 1907/2009, S. 364).[28] Für Geizige ist das Spiel mit dem, was möglich wäre, schöner als jeder tatsächliche Besitz, vielleicht auch, weil sie gelernt haben, dass der tatsächliche Konsum häufig enttäuscht (vgl. Breier 2017, S. 36; Deutschmann 2009, S. 243). Der Kauf von Dingen gleicht einem *Mikrosuizid*, der ihnen die Vielzahl von möglichen Daseinsformen raubt.

Weil Geld in viele, auch in zukünftige Güter eingetauscht werden kann, erzeugt es auch keinen Sättigungseffekt. Wer Hunger hat und ein Steak verspeist, wird kein zweites Steak mehr essen – das Bedürfnis ist befriedigt und verschwindet aus dem Bewusstsein. Man ist im wahrsten Sinne des Wortes gesättigt. Geld jedoch sättigt kein spezifisches Bedürfnis, vielmehr können viele Bedürfnisse mit Geld befriedigt werden und die menschlichen Bedürfnisse sind bekanntlich mannigfaltig, einige entstehen auch zyklisch neu, andere differenzieren sich immer weiter aus und lassen sich unendlich steigern. Es gibt daher zumeist keinen bestimmten Geldbetrag, der den Wunsch einer Person nach Geld per se stillen könnte. So resümiert Simmel: Geld trägt an sich selbst die Struktur des Luxusbedürfnisses, indem es jede

---

[28] Hinter dem Konsumverzicht können sich auch Ängste verbergen, wie z. B. die Zukunft nicht meistern zu können und später Mangel erleiden zu müssen. Wenn der Geiz selbstschädigenden Charakter annimmt, liegt sogar der Verdacht nahe, dass die betreffende Person Angst vor dem Tod hat – das Horten von Geld wird von dem Wunsch getrieben, dem Tod durch zukünftige Widrigkeiten zu entkommen (so jedenfalls Breier 2017, S. 33).

Begehrungsgrenze ablehnt (Simmel 2009, 1907, S. 375). Ist deshalb auch die Gier im Geldsystem angelegt?[29]

Gier erscheint zunächst wie eine Charaktereigenschaft, die unabhängig vom Geld bei einigen Personen existiert und sich auch auf andere beliebige Ressourcen, wie z. B. das Essen, beziehen könnte. Doch unsere Analyse zeigt, dass das Geld die Habgier zumindest *begünstigen* kann. Personen können weiter nach Geld streben, obschon sämtliche aktuellen Bedürfnisse befriedigt sein mögen. Personen können weiter nach Geld streben, weil zukünftige Bedürfnisse antizipiert werden. Personen können weiter nach Geld streben, weil unmittelbar – und nicht erst nach einer *Refraktärphase*[30] – neue Anreize wirksam werden können. Die natürlichen Barrieren verschwinden durch Geld. Brodbeck (2009, S. 228) schreibt daher: „Beim Geld ist die Maßlosigkeit sogar die Regel. Die reine Geldgier erscheint [auch] verwirklicht im Zins …. Die Selbstverständlichkeit, mit der Menschen inzwischen erwarten, dass sich eine Geldsumme verzinsen müsse, ist die zu einem allgemeinen Vorurteil gewordene Geldgier."

Die menschliche Gier ist weit verbreitet und durchaus hoch ausgeprägt. In einem Experiment aus dem Bereich der Verhaltensökonomie konnte gezeigt werden, dass Personen bestimmte Geldspiele aus Gerechtigkeitserwägungen heraus erst dann verweigern, wenn sie weniger als 25 % von dem bekommen, was sich eine andere Gruppe gönnt. Sutter (2014) beschreibt das experimentelle Arrangement wie folgt: Es werden zwei Gruppen von Probanden gebildet. Die erste Gruppe erhält 60 € sicher. Die zweite Gruppe könnte auch 60 € erhalten, allerdings entscheidet die erste Gruppe darüber, wie viel Prozent von dem zweiten

---

[29] Die Frage, der wir an dieser Stelle nachgehen, lautet nicht, ob Gier im *Kapitalismus* besonders ausgeprägt ist, denn auch im Sozialismus oder Kommunismus sind Menschen gierig gewesen. Die Frage bezieht sich tatsächlich lediglich darauf, ob Gier besonders stimuliert oder begünstigt wird, wenn Menschen bei ihren Tauschakten Geld nutzen.

[30] Die Befriedigung der meisten Bedürfnisse hat eine so genannte Refraktärphase zur Folge. Damit ist eine zeitlich definierbare Phase gemeint, in der dem Bedürfnis nicht weiter nachgegangen werden kann, weil der Organismus Zeit zur Erholung und Regeneration benötigt. Zumeist ist im subjektiven Erleben dann auch kein Bedürfnis wahrnehmbar und entsprechendes Verhalten kann durch situative Anreize weder stimuliert noch ausgelöst werden.

60 €-Betrag die zweite Gruppe erhalten soll. Die erste Gruppe kann also von dem zweiten 60 €-Betrag, welcher der zweiten Gruppe eigentlich zusteht, einen Anteil fordern. Die zweite Gruppe kann den Prozentanteil, der ihr von der ersten Gruppe zugebilligt wird, aber zurückweisen. Wenn die zweite Gruppe den Prozentanteil, den sie nach Meinung der ersten Gruppe erhalten soll, tatsächlich zurückweist, bekommen beide Gruppen, also auch die erste Gruppe, gar nichts von dem zweiten 60 €-Betrag. Dem Ungerechtigkeitsempfinden der zweiten Gruppe zum Trotz werden von ihr jedoch auch minimale Beträge akzeptiert, die ihr von der ersten Gruppe angeboten werden. Die Gier überwiegt bei allen Akteuren jeden Fairnessgedanken.

Gier kann durchaus eine fruchtbare Tendenz im Dienste der Geldgenese sein. So äußerte Hartmut Kliemt in mehreren Zeitungsartikeln (z. B. Westfälische Nachrichten), dass diese menschliche, allzumenschliche Regung durchaus ihre Berechtigung habe. Nur sollte Sie nicht derart ungezügelt verhaltenswirksam werden, dass sie einen destruktiven Charakter annimmt, denn es ist klar, dass sie sogar selbst- und fremdschädigende Wirkungen entfalten kann (z. B. durch eine Neigung zum Glücksspiel).[31]

In diesem Abschnitt haben wir uns mit den Wirkungen auseinandergesetzt, die vom Geld ausgehen. Subjektive und objektive Wirkungen von Geld sind kaum bestreitbar. So beschreiben 70 % der Bevölkerung Reichtum als begehrenswerten, anzustrebenden Zustand (Böwing-Schmalenbrock 2012, S. 42). In der Wahrnehmung der meisten Menschen *befähigt* Reichtum, *erlöst* und *befreit*. Die Hoffnung auf Reichtum fördert daher bei vielen Menschen eine hohe Leistungsbereitschaft, sie begünstigt Anstrengung, Ehrgeiz und Innovation und schöpft individuelle Fähigkeiten aus, resümiert Böwing-Schmalenbrock (2012, S. 56). Zwar würdigen die meisten Befragten den Reichtum als Zustand, in dem man *nicht mehr* arbeiten muss, es geht ihnen aber weniger um den tatsächlichen Verzicht auf Arbeit, als vielmehr um die vorü-

---

[31] Schon die griechische Mythologie warnt: Der Gott Dionysos erfüllte den Wunsch des phrygischen Königs Midas, ein unersättlicher Goldliebhaber, dass alles, was er berühre zu Gold werden möge. Leider konnte Midas dann nichts mehr essen, denn auch die Speisen und Getränke wurden zu Gold (z. B. Brunowsky 1998, S. 41).

bergehende Möglichkeit dazu; also um einen Zustand, in dem man frei vom *Zwang* ist zu arbeiten, sondern stattdessen arbeiten *kann,* wenn man will und sich die Zeit dabei frei einzuteilen vermag (Böwing-Schmalenbrock 2012, S. 42). Der überwiegende Teil der Bevölkerung benennt die Erzielung von Einkommensunterschieden aus diesem Grund auch als den wesentlichen persönlichen Leistungsansporn (vgl. Berger und Schmidt 2004, S. 7). Dies sind beachtliche Wirkungen, die Geld entfaltet.

6   Wirkt sich Geld auf jeden beliebigen Parameter aus? – *Notwendig, hinreichend, und, aber und weder-noch*

Wenn Menschen kundtun, dass Geld nicht wichtig ist, dann gehen sie vermutlich von der Überzeugung aus, dass viele Glücksstifter im Leben, wie z. B. Gesundheit, Liebe, Freundschaft oder Sinnerleben, nicht mit Geld zu beschaffen sind. Geldbesitz läuft bei diesen bedeutenden Lebensfacetten scheinbar ins Leere, es entfaltet keine Wirkung.

Wie wir in diesem Kapitel jedoch gesehen haben, ist diese Annahme nicht uneingeschränkt korrekt. Der Gesundheitszustand von Menschen ist durchaus mit Geldmitteln beeinflussbar und hängt auch von diesen ab. Auch der Bildungsgrad ist nicht vollkommen unabhängig vom ökonomischen Status. Selbst die Wahrscheinlichkeit, eine Paarbeziehung eingehen zu können, steht durchaus damit in Verbindung, ob eine Person materielle Ressourcen besitzt oder nicht. Nicht zuletzt kann sogar das Sinnerleben von der Möglichkeit abhängen, im Leben aktiv zu sein, etwas bewirken zu können und einer inhaltlich erfüllenden Aufgabe nachgehen zu dürfen – wer wollte leugnen, dass die finanziellen Verhältnisse einer Person auch dabei eine Rolle spielen können?

Die Tatsache allein, dass auch arme Personen glücklich sein, lieben und Freundschaften schließen können, zeigt lediglich, dass Geld keine notwendige und keine hinreichende Bedingung für diese Dinge ist. Die Forderung jedoch, dass etwas *notwendig und hinreichend* erfüllt sein muss, damit man von einer Wirkung spricht, stellt ein viel zu anspruchsvolles

Kriterium dar. Ein für das praktische Leben relevanter Zusammenhang kann nämlich trotzdem bestehen, wie es nämlich z. B. zwischen dem Gesundheitszustand einer Person und ihren finanziellen Mitteln, diesen aufrechtzuerhalten, der Fall ist. Es spielt praktisch keine Rolle, dass es auch *gesunde Arme* und *kranke Reiche* gibt, wenn die *Wahrscheinlichkeit* schlicht höher ist, unter armen Personen eine Menge kranker Menschen zu finden.

Wo sind also die Grenzen des Einflusses monetärer Mittel – wo endet die Macht des Geldes? Mit dem Ausspruch „Geld *allein* macht nicht glücklich!" sind die Grenzen des Einflusses von Geld beispielsweise durchaus gut definiert. Geld mag einen Einfluss auf fast alle menschlichen Belange haben, einen anteiligen eben, aber oft keinen vollständigen. Für viele Wirkungen mag Geld eine *notwendige Bedingung* darstellen und für viele Wirkungen mag es auch eine *hinreichende Bedingung* sein, für manche Wirkungen ist es sogar eine *notwendige und hinreichende Bedingung*. Aber gelegentlich ist Geld eben auch *keine notwendige Bedingung* – die Wirkung lässt sich dann auch mit anderen Mitteln erzielen. Wenn Geld *keine notwendige, aber eine hinreichende Bedingung* für eine Wirkung ist, dann kann die Wirkung zwar auch ohne Geld erzeugt werden, aber wenn Geld im Spiel ist, würde es die entsprechende Wirkung zuverlässig erzeugen – es ist offensichtlich, dass es auch für diese Konstellation Beispiele gibt. Häufig ist Geld aber auch *keine hinreichende Bedingung* – Geld reicht dann eben nicht aus, um die Wirkung zu erzielen. Wenn Geld *keine hinreichende, aber eine notwendige Bedingung* für eine Wirkung ist, braucht man zwar Geld, aber das Geld *allein* reicht nicht aus, um eine Wirkung zu erzielen, es müsste vielmehr mindestens noch ein anderer Faktor hinzukommen, um die Wirkung zu erzeugen – auch für diese Konstellation existieren offenkundig zahlreiche Beispiele. Es gibt sogar Wirkungen, für die Geld eine *weder notwendige noch hinreichende Bedingung* ist – Geld kann dann zwar immer noch einen Einfluss auf die betreffende Wirkvariable ausüben, andere Faktoren können Geld aber vollständig ersetzen und müssten die Wirkung des Geldes andernfalls auch zwingend ergänzen, um die Gesamtwirkung erzielen zu können (vgl. Abb. 6). Und selbst dafür lassen sich noch Beispiele finden.

Diese Gedankenspiele täuschen jedoch darüber hinweg, dass Geld unabhängig davon, ob es nun eine notwendige und/oder hinreichende

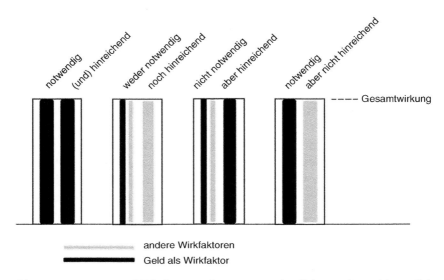

Abb. 6 Umgangssprachlich interpretierte Veranschaulichung der Wirkmöglichkeiten des Geldes. Um eine Gesamtwirkung zu erzielen, müssen immer zwei Säulen innerhalb eines Kastens ausgefüllt sein. Es gibt Bereiche, in denen Geld notwendig und hinreichend ist, um eine Gesamtwirkung zu erzielen (links außen), es gibt Bereiche, in denen Geld weder notwendig noch hinreichend ist, um eine Gesamtwirkung zu erzielen (Mitte links), es gibt Bereiche, in denen Geld nicht notwendig, aber hinreichend ist, um eine Gesamtwirkung zu erzielen (Mitte rechts) und es gibt Bereiche, in denen Geld notwendig, aber nicht hinreichend ist, um eine Gesamtwirkung zu erzielen (rechts außen)

Bedingung für etwas ist, dennoch einen enormen Einfluss auf die meisten Wirkvariablen erzielt – es kann dennoch einen großen Anteil der Varianz einer Variable erklären, es kann mit der betreffenden Variable dennoch aufs Engste zusammenhängen, es kann dennoch die Wahrscheinlichkeit erheblich beeinflussen, dass eine entsprechende Wirkung erzielt wird. Ein mittelloser Aussteiger in der Südsee kann in diesem Sinne das gesündeste Leben führen (Geld ist nicht notwendig, um gesund zu sein) und einer „milliardenschweren Person" nützt ihr Geld überhaupt nichts, wenn bei ihr eine bestimmte Krankheit genetisch veranlagt ist (Geld ist nicht hinreichend, um gesund zu sein). Doch die Wahrscheinlichkeit, dass reiche Personen gesund sind, kann dennoch höher sein als die Wahrscheinlichkeit, dass arme Personen gesund sind. Und das Einkommen kann dabei sogar noch diejenige Variable sein, mit der man die Unterschiede im Gesundheitszustand einer Personengruppe hauptsächlich erklären kann. Und da dies eben tatsächlich oft der Fall ist, erscheint uns die Erforschung der Einflüsse des Geldes auch derart bedeutsam zu sein.

Die Einsicht in den enormen Einfluss des Geldes auf solche bedeutsamen Werte wie Gesundheit, Bildung, Arbeitsmotivation, Arbeitsleistung, Innovation, Beziehungen, Freiheit, Selbst und Selbstwert haben uns durchaus einen neuen motivationalen Schub im Leben verliehen. Das Streben nach Ressourcen ist eine durchaus natürliche Angelegenheit. Wer Geld akzeptiert, kann sich davon durchaus motivieren lassen. Wer Geld besitzt, kommt in den Genuss vieler erstrebenswerter Werte. Wer nach Geld strebt, kann die damit oft einhergehenden negativen Begleiterscheinungen mit Hilfe der beschriebenen Techniken durchaus unter Kontrolle bringen.

Literatur

Arndt, C., & Volkert, J. (2006). Das Konzept der Verwirklichungschancen. Empirische Operationalisierung im Rahmen der Armuts- und Reichtumsmessung. Institut für Angewandte Wirtschaftsforschung. (berichtet in Böwing-Schmalenbrock, s.u.).

Berger, P. A., & Schmidt, V. H. (Hrsg.). (2004). *Welche Gleichheit, welche Ungleichheit. Grundlagen der Ungleichheitsforschung.* Berlin: Springer.

Böll, H. (1963). Anekdote zur Senkung der Arbeitsmoral, z. B. In J. Schubert (Hrsg.), *Erzählungen* (2006). *Heinrich Böll.* Köln: Kiepenheuer & Witsch.

Bolz, N. (2009). Wo Geld fließt, fließt kein Blut. In K. P. Liessmann (Hrsg.), *Geld. Was die Welt im Innersten zusammenhält* (Philosophicum Lech, S. 239–263). Wien: Zsloney.

Böwing-Schmalenbrock, M. (2012). *Wege zum Reichtum. Die Bedeutung von Erbschaften, Erwerbstätigkeit und Persönlichkeit für die Entstehung von Reichtum.* Wiesbaden: Springer.

Brehm, J. W. (1966). *Theory of psychological reactance.* New York: Academic Press.

Breier, S. (2017). *Geld Macht Gefühle. Wie Geld unser Denken, Fühlen und Handeln beeinflusst.* Berlin: Springer.

Brodbeck, K.-H. (2009). Geldwert und Geldgier. Zur Macht einer globalen Illusion. In K. P. Liessmann (Hrsg.), *Geld – Was die Welt im Innersten zusammenhält* (S. 2007–2238). Wien: Zsolnay.

Brunowsky, R.-D. (1998). *Geld – der menschliche Faktor. Erfolg und Reichtum, Macht und Verlust: Der Mensch und sein Geld.* Braunschweig: Westermann.

Buss, D. M. (2004/2017). *Evolutionary psychology: The new science of the mind.* Boston: Allyn & Bacon.

Buss, D. M., & Schmitt, D. P. (1993). Sexual strategies theory: An evolutionary perspective on human mating. *Psychological Review, 100*(2), 204–232.

Claudius, M. (1777/1976). *Sämtliche Werke.* Von Perfahl, J. München: Winkler.

Deutschmann, C. (2009). Geld – die verheimlichte Religion unserer Gesellschaft? In K. P. Liessmann (Hrsg.), *Geld – was die Welt im Innersten zusammenhält* (Philosophicum Lech, S. 239–263). Wien: Paul Zsoney.

Dittmar, H., Bond, R., Hurst, M., & Kasser, T. (2014). The relationship between materialism and personal well-being: A meta-analysis. *Journal of Personality and Social Psychology, 107*(5), 879–924.

Dostojewski, F. M. (1862/1999). *Aufzeichnungen aus einem Totenhaus, 1 Das Totenhaus.* Ditzingen: Reclam.

Falk, A., & Szech, N. (2013). Morals and Markets. *Science, 340*(6133), 707–711.

Fontane, T. (1957). Sämtliche Werke, Bd. 20, S. 71 ff.; hier: in *Der Mensch und das Geld,* 1957, S. 100.

Frankel, H. S. (1979). *Geld. Philosophie und Psychologie des Geldes.* Wiesbaden: Gabler.

Gallup. (2014). http://www.gallup.de/183104/engagement-index-deutschland.aspx. Zugegriffen am 31.08.2019.

Giles. (2014). In C. Hammond (2017), *Erst denken, dann zahlen. Die Psychologie des Geldes und wie wir sie nutzen können.* Stuttgart: Klett-Cotta.

Glatzer, W., & Becker, J. (2008). Einstellungen zum Reichtum. Wahrnehmung und Beurteilung sozio-ökonomischer Ungleichheit und ihrer gesellschaftlichen Konsequenzen in Deutschland (Skript der Universität Frankfurt am Main, berichtet in Böwing-Schmalenbrock, 2012; s.o.).

Goethe, J. W. von (1844/2002). Hier in: *Deutsches Lesebuch (Wackernagel, W.)* (S. 22). Stuttgart: Liesching.

Goethe, J. W. von (2018, Abruf). Gedichte, 1827, Zahme Xenien, Kap. 3. https://www.aphorismen.de/zitat/75177. Zugegriffen am 31.08.2019.

Grill, G. (1992). *Meyers großes Taschenlexikon.* Mannheim: BI Taschenbuch.

Grimm (1819). Kinder- und Hausmärchen der Brüder Grimm, 83, z. B. In H. Rölleke (Hrsg.), *Grimms Märchen und ihre Quellen* (S. 110–121). Trier: Wissenschaftlicher.

Hammond, C. (2017). *Erst denken, dann zahlen. Die Psychologie des Geldes und wie wir sie nutzen können.* Stuttgart: Klett-Cotta.

Hatfield, E., & Sprecher, S. (1986). *Mirror, mirror ...: The importance of looks in everyday liefe.* Albany: Suny Press.

Hentschke, L., Kibbe, A., & Otto, S. (2017). Geld in der Psychologie: Vom Homo eoconomicus zum Homo sufficiensis. In S. Peters (Hrsg.), *Geld. Interdisziplinäre Sichtweisen* (S. 97–117). Wiesbaden: Springer.

Hetzel (2017). Von Mitteln, Medien und Gaben: Moderne Philosophien des Geldes. In S. Peters (Hrsg.), *Geld. Interdisziplinäre Sichtweisen* (S. 139–157). Wiesbaden: Springer.

Jahoda, M., Lazarsfeld, P. F., & Zeisel, H. (1933/1975). *Die Arbeitslosen von Marienthal. Ein soziografischer Versuch.* Berlin: Suhrkamp.

Kast, B. (2012). *Die Risiken des Reichtums.* Zeit online (12.05.2012). https://www.zeit.de/wissen/2012-05/geld-psychologie-kast. Zugegriffen am 31.08.2019.

Kenrick, D. T., et al. (1990). Evolution, traits, and the stages of human courtship. Qualifying the parental investment model. *Journal of Personality, 58*, 97–116.

Kishon, E. (2014). In K. Maier (Hrsg.), *Die besten Lebensweisheiten der Welt.* Wiesbaden: Matrix.

Koenig, P. (2007). *30 dreiste Lügen über Geld. Befreie Dein Leben, Rette Dein Geld!* Zürich: Oesch.

Leary, M. R., & Downs, D. L. (1995). Interpersonal functions of the self-esteem motive: The self-esteem system as a sociometer. In M. Kernis (Hrsg.), *Efficacy, agency, and self-esteem* (S. 123–144). New York: Plenum Press.

Liessmann, K. P. (2009). Eine kleine Philosophie des Geldes. In K. P. Liessmann (Hrsg.), *Geld – Was die Welt im Innersten zusammenhält* (S. 7–19). Wien: Zsolnay.

Marx, K. (1844/1968/2017). *Ökonomisch-philosophische Manuskripte.* Norderstedt: BoD.

Meißner, M. (2010). Eine Suche nach psychosozialen Einflussfaktoren des Vierten Gesetzes für Dienstleistungen am Arbeitsmarkt. Unveröffentlichte Diplomarbeit an der Universität Koblenz-Landau.

Mencken, H. L. (2014). In S. Ozunoglu (Hrsg.), *Geldgespräche.* Epubli-Verlag. Auch in Frey, D. (2017). *Psychologie der Sprichwörter.* Berlin: Springer.

Müller, M. (2017). *Erfolgreich mit Geld und Risiko umgehen. Mit Finanzpsychologie bessere Finanzentscheidungen treffen.* Heidelberg: Springer.

Nietzsche, F. (1887/1990). *Die Fröhliche Wissenschaft.* Berlin: de Gruyter.

Nietzsche, F. (1901/1996). *Der Wille zur Macht.* Stuttgart: Kröner.

Petrie, L.-M. (2018). Pathologie des Reichtums – eine empirische Analyse zum Zusammenhang von Einkommenshöhe, Persönlichkeitsfaktoren und Beziehungs- u. Bindungsverhalten. Unveröffentlichte Masterarbeit an der Universität Koblenz-Landau.

Platen, A. (1847/2018). *August Graf von Platen, Gesammelte Werke* (S. 45). Stuttgart: Gotta.

Rousseau, J.-J. (1723/1907). In E. Hardt (Hrsg.), *Les Confessions* (Bekenntnisse). Vanves Cedex: Hachette.

Sauerland, M. (2002). Die Funktion des Selbstwertmotivs. Unveröffentlichte Diplomarbeit an der Bergischen Universität Wuppertal.

Sauerland, M. (2006). Interpersonale Balance: Experimentelle Untersuchungen zu den regulativen Mechanismen sozialer Anschlussmotivation. Dissertation an der Universität Regensburg.

Sauerland, M., & Gewehr, P. (2017). *Entscheidungen erfolgreich treffen. Entscheidungskompetenzen aufbauen und die Angst vor Fehlentscheidungen abbauen.* Wiesbaden: Springer.

Schmölders, G. (1982). *Psychologie des Geldes.* München: Langen Müller.

Schopenhauer, A. (1996, 2007). *Parerga und Paralipomena.* Frankfurt a. M.: Suhrkamp. (Originalarbeit erschienen 1851).

Shaw, G. B. (1957). In Frey, D. (2016), *Psychologie der Sprichwörter. Weiß die Psychologie mehr als Oma?* Heidelberg: Springer.

Simmel, G. (1907/2009). *Philosophie des Geldes.* Köln: Anaconda.

Sirach, Jesus, 8,2 Die Bibel. (z. B. Bibelserver). https://www.bibleserver.com/.

Statista. (2019). https://de.statista.com/statistik/daten/studie/815/umfrage/geld-macht-frei/. Zugegriffen am 31.08.2019.

Stevenson, B., & Wolfers, J. (2008). *Economic growth and subjective well-being: Reassessing the Easterlin Paradox.* Brookings Papers on Economic Activity, Spring. Washington, DC: Brookings Institution Press.

Sutter, M. (2014). How Werner Güth's ultimatum game shaped our understanding of social behavior. *Journal of Economic Behavior and Organization, 108*, 292–318.

Tilgner, A. (2019). Eine empirische Analyse der Zusammenhänge von Incentives, Arbeitszufriedenheit und Commitment. Unveröffentlichte Masterarbeit an der Universität Landau.

Türcke, C. (2013). In I. Focke, M. Kayser, & U. Scheferling (Hrsg.), *Die fantastische Macht des Geldes* (S. 124). Stuttgart: Klett-Cotta.

Vohs, K. D., Mead, N. L., & Goode, M. R. (2006). The psychological consequences of money. *Science, 314*(5802), 1154–1156.

Weimann, J., Knabe, A., & Schöb, R. (2012). *Geld macht doch glücklich. Wo die ökonomische Glücksforschung irrt*. Stuttgart: Schäffer Poeschel.

Zeyringer, J. (2014). *Wie Geld wirkt. Faszination Geld – wie es uns motiviert und antreibt*. Göttingen: Business Village.

Zitelmann, R. (2015). *Reich werden und bleiben. Ihr Wegweiser zur finanziellen Freiheit*. München: FBV.

Zitelmann, R. (2017). *Psychologie der Superreichen: Das verborgene Wissen der Vermögenselite*. München: FinanzBuch.

Macht Geld glücklich? – *Die Frage ist nicht ob, sondern wie!*

„Geld macht nicht glücklich." Diese Weisheit wird uns schon in der Kindheit von unseren Eltern und Großeltern eingeschärft. Auch im Erwachsenenalter hört man Personen im eigenen Umfeld immer wieder die Überzeugung vertreten, dass die wirklich glücksstiftenden Dinge wie beispielsweise Liebe, gute Freundschaften und Gesundheit im Leben nicht käuflich seien. Mache Personen sind sogar davon überzeugt, dass Geld diesen wahren Glücksstiftern im Weg stehe.

Obwohl uns derartige Argumentationen zumeist recht schlüssig erscheinen oder wir diese Ansicht vielleicht schon selbst gegenüber unseren Gesprächspartnern vertreten haben, hat sich wohl jeder schon einmal dabei ertappt, sich auszumalen, wie viel lebenswerter das eigene Leben mit viel Geld ausfallen würde. Beruhen solche Tagträume wirklich nur auf illusionären Annahmen? Oder handelt es sich bei der Überzeugung, dass Geld nicht glücklich macht, nur um eine bloße Trostreaktion derjenigen, die nur wenig Geld besitzen und vermutlich auch niemals wirklich reich sein werden? Sind reiche Personen vielleicht aber doch die glücklicheren Menschen?

In diesem Kapitel nähern wir uns diesen Fragen von einem wissenschaftlichen Standpunkt aus. Zunächst werden wir uns der Frage widmen,

© Springer Fachmedien Wiesbaden GmbH, ein Teil von Springer Nature 2019
M. Sauerland, J. Höhs, *Geld – Vom Sein zum Schein*,
https://doi.org/10.1007/978-3-658-26666-0_7

ob und unter welchen Bedingungen Geld auf nationaler und individueller Ebene zu einem höheren Wohlbefinden beitragen kann. Aus diesen Erkenntnissen werden im Anschluss einige Empfehlungen für den Umgang mit Geld abgeleitet, die es ermöglichen, das eigene Wohlbefinden durch Geld zu maximieren.

1   Zufriedenheit, Glück oder Wohlbefinden?

Um die Frage zu beantworten, ob Geld glücklich macht, muss man im ersten Schritt festlegen, was man mit „glücklich" genau meint. Die Notwendigkeit einer Definition ergibt sich dadurch, dass die Begriffe *Zufriedenheit, Glück* und *Wohlbefinden* im Alltag häufig synonym und relativ willkürlich verwendet werden. Dies ist normalerweise auch nicht weiter tragisch, schließlich machen uns Dinge, die uns zufrieden stellen, in den meisten Fällen auch glücklich und umgekehrt.

Vom Geld erwarten wir jedoch im Allgemeinen etwas mehr. Da wir den Anspruch auf ein *glückliches* Leben erheben, hoffen wir, im Geld das ultimative Mittel zur Erfüllung dieses Wunsches zu finden. Folglich interessiert uns weniger, ob Geld uns *zufrieden* stellt oder uns ein *kurzfristiges* Glücksgefühl beschert. Vielmehr möchten wir wissen, ob Geld uns das Erleben von *langfristigem Wohlbefinden* ermöglicht.

1.1   Von Zufriedenheit zum Wohlbefinden

Das individuelle Ausmaß an Wohlbefinden ist von der *kognitiven* und *affektiven* Bewertung des eigenen Lebens abhängig (Diener 2000). Bei der kognitiven Bewertung handelt es sich um ein eher rationales Urteil über die Qualität des eigenen Lebens. Die Grundvoraussetzung für das Erleben von Wohlbefinden stellt ein positives Ergebnis dieser Bewertung dar. Das bedeutet, dass eine Person zu dem Schluss kommen muss, dass sie mit ihrem Leben im Großen und Ganzen *zufrieden* ist. Um diesen Zustand von *Lebenszufriedenheit* in einen Zustand von *Wohlbefinden* zu überführen, muss aber noch eine zweite Voraussetzung erfüllt sein: Für das Erleben von Wohlbefinden muss eine Person zusätzlich häufig positive Emotionen

(z. B. Freude) und selten negative Emotionen (z. B. Traurigkeit) empfinden (Diener et al. 2005). Diese *affektive* Bewertungskomponente stellt somit die hinreichende Bedingung für das Erleben von Wohlbefinden dar.

In den folgenden Abschnitten dieses Kapitels wird es darum gehen, inwiefern Geld diese beiden Komponenten des Wohlbefindens beeinflusst. Dabei wird der Geld*besitz* im Fokus stehen. Da wir in mehreren vorangegangenen Kapiteln bereits erläutert haben, dass sich das endlose *Streben* nach Reichtum durchaus auch negativ auf unser Denken, Fühlen und Handeln auswirken kann, werden wir uns in diesem Kapitel schwerpunktmäßig mit der Frage beschäftigen, welche Auswirkungen der tatsächliche *Besitz* von Geld auf unser Wohlbefinden hat.

2   Sind reiche Nationen glücklicher?

Betrachten wir zunächst den Zusammenhang zwischen dem Einkommen und dem subjektiven Wohlbefinden auf *nationaler* Ebene. Die bisherige Forschung deutet darauf hin, dass reiche Gesellschaften in der Tat glücklicher sind als arme Gesellschaften (Diener und Biswas-Diener 2002; Inglehart und Klingemann 2000). Mit einer durchschnittlichen Korrelation von r = .60 fällt der Zusammenhang zwischen dem Pro-Kopf-Einkommen und dem allgemeinen Wohlbefinden im internationalen Vergleich recht stark aus (Diener und Biswas-Diener 2002).

Obwohl der berichtete Zusammenhang zwischen dem Einkommen und dem Wohlbefinden zu dem Schluss verleitet, dass die Zunahme des Pro-Kopf-Einkommens ein höheres Wohlbefinden verursacht, ist bei einer solchen Interpretation Vorsicht geboten.

Ein (Un)Glück kommt selten allein

Zum einen muss bei der Interpretation des Zusammenhangs berücksichtigt werden, dass ein höheres Pro-Kopf-Einkommen einige positive Nebeneffekte erzeugt, die auf den beobachteten Zusammenhang zwischen dem Pro-Kopf-Einkommen und dem nationalen Wohlbefinden Einfluss nehmen könnten. So ist ein höheres Pro-Kopf-Einkommen beispielsweise nicht selten an ein höheres Ausmaß an politischer Mitbestimmung, Frieden, Bildung sowie an einen höheren Gesundheitsstandard geknüpft.

Es ist anzunehmen, dass das Vorhandensein dieser Faktoren das Wohlbefinden einer Nation zusätzlich steigert oder den Zusammenhang zwischen dem Pro-Kopf-Einkommen einer Nation und dem Wohlbefinden in Teilen sogar vermittelt. Dies bedeutet, dass es sich bei dem berichteten starken Zusammenhang teilweise lediglich um einen *Scheinzusammenhang* handeln könnte.

Dass der Zusammenhang zwischen dem Einkommen und dem Wohlbefinden auf nationaler Ebene in der Tat komplexerer Natur ist, wird auch daran deutlich, dass eine Steigerung des wirtschaftlichen Wachstums nur geringfügig mit einer Steigerung des Wohlbefindens einer Nation einhergeht. Obwohl eine Zunahme der Lebensqualität bei einem ökonomischen Wachstum erwartet werden kann, verblieb das Zufriedenheitsniveau in den untersuchten Nationen auf einem konstanten Niveau (Diener und Biswas-Diener 2002).

Besonders spannend ist dabei, dass sich in Rezessionsperioden ein ganz anderes Bild zeigt: Während die positiven Konsequenzen eines Wirtschaftswachstums auf nationaler Ebene kaum spürbar sind, lässt sich bei „negativem Wirtschaftswachstum" ein deutlicher Abfall des Wohlbefindens beobachten (Inglehart und Rabier 1986). Auf die zugrunde liegenden Mechanismen für diese unterschiedlichen Reaktionen werden wir in einem der nachfolgenden Abschnitte noch detaillierter eingehen. Zunächst werden wir uns aber der Frage widmen, wie es um den Zusammenhang zwischen dem Einkommen und dem Wohlbefinden auf individueller Ebene bestellt ist.

3   Sind reiche Personen glücklicher?

Wenn Personen sich die Frage stellen, ob Geld glücklich macht, dann sind sie oftmals weniger an den Zusammenhängen auf nationaler Ebene interessiert, sondern möchten vielmehr wissen, ob sie als Individuen mit mehr Geld glücklicher wären. Die schlechte Nachricht ist, dass diese Frage, wie so viele andere Fragen, mit einem unbefriedigenden „es kommt darauf an" beantwortet werden muss. Die gute Nachricht ist, dass Sie nach dem Lesen dieses Kapitels wissen werden, *worauf* es ankommt.

3.1   Große Schritte, k(l)eine Wirkung?

Der Zusammenhang zwischen dem Einkommen und dem Wohlbefinden fällt auf individueller Ebene im Allgemeinen mit durchschnittlichen Korrelationen von r = .20 zwar signifikant positiv aus, er ist aber nur moderat bis schwach ausgeprägt (Cone und Gilovich 2010). Dieses Ergebnis deckt sich auch mit den Ergebnissen einer eigenen Untersuchung an unserem Institut: In der 2019 durchgeführten Untersuchung, in der 79 Probanden nach ihrem monatlichen Netto-Einkommen und ihrer allgemeinen Lebenszufriedenheit befragt wurden, fiel der Zusammenhang zwischen diesen Größen ebenfalls lediglich gering bis moderat aus (Klein 2019). Dabei war der Zusammenhang zwischen dem *persönlichen* monatlichen Netto-Einkommen und der allgemeinen Lebenszufriedenheit (r = .37) geringfügig stärker als der Zusammenhang zwischen dem monatlichen Netto-Einkommen des *Haushalts* und der Lebenszufriedenheit (r = .32). In beiden Fällen nahm die berichtete Lebenszufriedenheit bei einem Anstieg der Einkommenshöhe zu. Obwohl die weiblichen Personen im Durchschnitt ein höheres Ausmaß an allgemeiner Lebenszufriedenheit zeigten, ließen sich keine Geschlechterunterschiede hinsichtlich der Zusammenhangs*stärke* zwischen dem Einkommen und der Lebenszufriedenheit feststellen. Die Ergebnisse sind in der Abb. 1 grafisch dargestellt.

Auch wenn diese und andere Befunde auf den ersten Blick einen linearen Zusammenhang zwischen dem Einkommen und dem Wohlbefinden nahelegen, deuten andere Forschungsergebnisse darauf hin, dass eine detaillierte Betrachtung des Zusammenhangs lohnenswert ist.

3.2   Ist Geld alles, wenn das Geld alle ist?

Betrachtet man die verschiedenen Studien nämlich genauer, zeigt sich, dass die Stärke des Zusammenhangs nicht in allen Einkommensklassen gleich ausfällt. So lässt sich einerseits beobachten, dass der Zusammenhang zwischen dem Einkommen und dem Wohlbefinden in armen Bevölkerungsgruppen relativ stark ist (Biswas-Diener und Diener 2001). Andererseits unterscheidet sich das Wohlbefinden besonders reicher

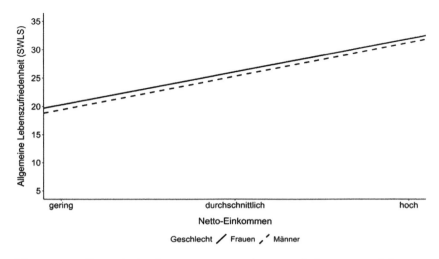

Abb. 1 Darstellung des bedingten Zusammenhangs zwischen *Netto-Einkommen* und *Lebenszufriedenheit,* getrennt nach Geschlecht (Regressionsgerade). Die einzelnen Fragen zur Lebenszufriedenheit wurden auf einer 7-stufigen Skala bewertet (1 = stimme überhaupt nicht zu, 7 = stimme völlig zu). Die allgemeine Lebenszufriedenheit wurde aus dem Summenwert von 5 Fragen berechnet (5–9 extrem unzufrieden, 10–14 unzufrieden, 15–19 eher unzufrieden, 20 neutral, 21–25 eher zufrieden, 26–30 zufrieden, 31–35 extrem zufrieden). Das Netto-Einkommen ist zur besseren Darstellung unterteilt in durchschnittlich (Stichprobenmittelwert ca. 2893,75 € im Monat), gering (Mittelwert − 1 Abweichungseinheit) und hoch (Mittelwert + 1 Abweichungseinheit) (übernommen aus Klein 2019)

Personen *nicht* in bedeutsamer Weise von dem Niveau etwas weniger reicher Personen, auch wenn es im Durchschnitt etwas höher ausfällt (Diener et al. 1985).

Bei der Erklärung dieser paradoxen Beobachtung wird die Unterscheidung zwischen Wohlbefinden und Zufriedenheit relevant, auf die zu Beginn des Kapitels hingewiesen wurde.

4 Warum Geld zufrieden, aber nicht glücklich macht

Die meisten unserer Grundbedürfnisse lassen sich durch materielle Güter befriedigen. Man denke hierbei zum Beispiel an das Bedürfnis nach Nahrungsaufnahme, das sich durch den Kauf von Lebensmitteln befriedigen lässt. Es liegt auf der Hand, dass es jemandem mit mehr finanziellen Ressourcen im Allgemeinen besser gelingt, seine Bedürfnisse zu befriedigen, als jemandem mit weniger monetären Mitteln. Da angenommen wird, dass das Erleben von *Zufriedenheit* auf befriedigten Bedürfnissen beruht, sollte sich ein stärkeres Ausmaß an Bedürfnisbefriedigung entsprechend in einem höheren Ausmaß an Zufriedenheit niederschlagen.

Dass dieser Mechanismus allerdings nicht beliebig steigerbar ist und ein höheres Ausmaß an Bedürfnisbefriedigung nicht unbedingt zu einem größeren Ausmaß an *Wohlbefinden* führt, bekommen wir alle jedes Jahr aufs Neue an den Weihnachtstagen zu spüren: Nachdem wir uns drei Tage am Stück von einem familiären Festmahl zum nächsten geschleppt haben und unser Hungergefühl mehr als gesättigt ist, lässt sich unser Wohlbefinden auch durch den besten Rinderbraten nicht mehr steigern – häufig ist sogar eher das Gegenteil der Fall.

Dieser Effekt liegt im Prinzip des *abnehmenden Grenznutzens* begründet. Dieses Prinzip besagt, dass der Nutzen eines Gutes mit steigendem Konsum immer mehr abnimmt (bpb). Auf das Beispiel bezogen bedeutet dies, dass der Nutzen des Essens umso geringer wird, je mehr Speisen wir konsumieren.

Ähnlich scheint es sich mit dem Geld zu verhalten. Dies scheint nur solange einen stark positiven Einfluss auf unsere Befindlichkeit auszuüben, wie es dazu beiträgt, unsere Grundbedürfnisse zu befriedigen und die negativen Effekte von Armut fernzuhalten (Diener und Biswas-Diener 2002). Ist dieser Punkt erreicht, nimmt die Zusammenhangsstärke zwischen dem Einkommen und dem Wohlbefinden ab.

Zunächst erscheint es plausibel anzunehmen, dass auch die sogenannten *höheren Bedürfnisse*, wie das Bedürfnis nach Selbstverwirklichung, sich mit einem höheren Einkommen besser befriedigen lassen und daher das Wohlbefinden steigern können. Schließlich können sich Personen, die so viel Geld besitzen, dass sie nicht mehr arbeiten müssen, ihre Zeit nicht nur freier einteilen, sondern haben auch mehr Möglichkeiten, diese mit wichtigen Bezugspersonen zu verbringen. Dass diese Umstände die Befriedigung vieler Bedürfnisse erleichtern, lässt sich nicht in Abrede stellen. Diese Argumentation würde allerdings implizieren, dass besonders reiche Personen auch besonders glücklich sein müssten. Schließlich sind es doch gerade diese Personen, die in den vollen Genuss kommen, nicht mehr arbeiten zu müssen und folglich die Freiheiten in vollen Zügen zur Bedürfnisbefriedigung nutzen könnten. Diese Annahme steht hingegen im Widerspruch zu den bereits vorgestellten Forschungsbefunden (Diener et al. 1985). Besonders reiche Personen scheinen *eben nicht* deutlich glücklicher zu sein als Personen mit weniger Einkommen, auch wenn sie im Durchschnitt *etwas* glücklicher sind. Dies verdeutlicht, dass eine Abgrenzung der zwei Bedürfniskategorien erforderlich ist.

4.1   In den Ruinen der Gewohnheiten

Ein Mechanismus, der einer beständigen Zunahme des Wohlbefindens im Weg steht und dafür sorgt, dass ein größeres Ausmaß an Bedürfnisbefriedigung nicht zwangsläufig an mehr Wohlbefinden gekoppelt ist, ist der Prozess der *Adaption*. Grundsätzlich sind Adaptionsprozesse nichts Schlechtes und in vielen Situationen sogar von großem Vorteil. Sie ermöglichen es uns, auch nach verlustreichen Schicksalsschlägen nach einiger Zeit unser ursprüngliches Zufriedenheitsniveau wieder zu erreichen oder uns zumindest an dieses anzunähern (Silver 1982).

So nützlich diese Prozesse jedoch bei negativen Ereignissen auch sein können, so hinderlich sind sie für das Erleben von positiven Emotionen. Dies lässt sich an alltäglichen Dingen verdeutlichen: Jeder, der lange keine Geschirrspülmaschine besessen hat, weiß, wie sehr man sich in den ersten Tagen nach dem Kauf der ersten Spülmaschine über den Luxus freut, keine Zeit mehr mit dem Abwasch zu verschwenden. Doch spätestens nach einer Woche nimmt man die zu Beginn verspürte Freude über die Entlastung kaum noch bewusst wahr.

Genau hier liegt das Problem: Die Tatsache, dass das häufige Erleben von positiven Emotionen die hinreichende Bedingung für den Zustand des Wohlbefindens darstellt, führt dazu, dass wir viele Bedürfnisse zwar mit mehr finanziellen Ressourcen besser befriedigen können, aber *langfristige* positive Effekte auf das *Wohlbefinden* ausbleiben. Diese Erklärung wird durch Forschungsergebnisse gestützt, die zeigen, dass plötzliche Geldzuwächse (z. B. in Form eines Lotteriegewinns) langfristig nur geringfügig oder gar nicht zu einem höheren Wohlbefinden beitragen (Brickman et al. 1978). Es scheint, als gewöhnen sich die glücklichen Gewinner mit der Zeit an die neuen Annehmlichkeiten, die ihnen der Geldgewinn ermöglicht. Dies resultiert darin, dass ihr Wohlbefinden nach einem kurzfristigen Anstieg wieder auf das ursprüngliche Niveau zurückfällt. Folglich vermag es Geld zwar, auch höhere Bedürfnisse zu befriedigen, allerdings scheinen die positiven Konsequenzen dieser Bedürfnisbefriedigung nicht langfristig als solche wahrnehmbar zu sein.

4.2 Alles eine Sache der Perspektive

Eine weitere Erklärung für den insgesamt schwachen bis moderaten Zusammenhang zwischen der individuellen Einkommenshöhe und dem allgemeinen Wohlbefinden besteht darin, dass weniger das *objektive* Einkommen für die Lebenszufriedenheit entscheidend ist als vielmehr die *subjektive* Einkommenshöhe. Boyce, Brown und Moore (2010) konnten in einer groß angelegten Befragung von über 80.000 Personen zeigen, dass nicht die Einkommenshöhe *per se* die generelle Lebenszufriedenheit beeinflusst, sondern die *relative Rangposition* des Einkommens im Vergleich mit den Einkommen relevanter anderer. Die Autoren erklären diesen Befund damit, dass Menschen oftmals nicht in der Lage sind, *Absoluturteile* zu fällen und stattdessen dazu neigen, andere Personen als Referenzobjekte in ihre Bewertung einzubeziehen.

Im Vergleich niemals reich
Die Forscher nehmen an, dass Personen kleine „Stichproben" aus einer Population von relevanten Vergleichspersonen (d. h. Arbeitskollegen,

Freunde usw.) „ziehen" und ihr Einkommen zwischen den Einkommenswerten dieser Vergleichspersonen auf einer Skala einordnen. Je häufiger diese Einzelvergleiche mit dem Ergebnis „mehr als" und je seltener mit einem „weniger als" ausfallen, desto höher fällt das abschließende Zufriedenheitsurteil aus.

Diese Mechanismen lassen sich anhand eines einfachen Gedankenexperiments demonstrieren: Nehmen wir an, Ihr Chef erhöht ihr monatliches Gehalt um 500 Euro. Vermutlich würden Sie sich über diese zusätzlichen 500 Euro freuen. Nun stellen Sie sich vor, Sie erfahren nach dieser Gehaltserhöhung, dass ihre Kollegen 1000 Euro mehr erhalten werden. Obwohl Sie in beiden Fällen den gleichen Betrag erhalten, werden Sie wohl im zweiten Szenario weniger zufrieden sein.

Auf den ersten Blick erscheint es trotz der Plausibilität dieses Erklärungsansatzes verwunderlich, dass der Zusammenhang zwischen dem Einkommen und dem Wohlbefinden bei den reichsten Personen relativ schwach ausfällt. Schließlich müssten die Vergleichsprozesse der Superreichen in nahezu allen Fällen zugunsten eines „mehr als" ausfallen. Andernfalls wären sie ja nicht die reichsten Personen. Was hier allerdings übersehen wird, sind *soziale Selektionsprozesse*, die mit den bereits thematisierten Anpassungsprozessen eng verzahnt sind.

Der Rasen des Nachbarn ist immer grüner

Menschen haben das grundlegende Bedürfnis, sich in sozialen und gesellschaftlichen Umwelten aufzuhalten, die ihnen – auch bezüglich der Einkommensverhältnisse – ähneln. Häufig wird eine Gehaltserhöhung entsprechend dazu genutzt, in eine bessere Wohngegend zu ziehen oder an einen noch exklusiveren Urlaubsort zu reisen. So schön der Umzug in eine bessere Wohngegend oder der exotische Luxusurlaub kurzfristig auch sein mag, so schädlich ist diese Umgebung auf lange Sicht für unseren Selbstwert und unser Wohlbefinden.

In den schönen Wohngegenden werden unsere Nachbarn nämlich ein *noch* größeres Haus besitzen und an einem *noch* exklusiveren Urlaubsort reisen. Von diesen Prozessen sind auch die reichsten Personen nicht befreit. Dies resultiert darin, dass auch in dieser Gruppe die Vergleiche

durchaus zugunsten eines „weniger als" ausfallen können. Diese unzu-
friedenheitsstiftenden Mechanismen müssen allerdings nicht zwangsläufig eintreten wie der nachfolgende Abschnitt zeigen wird.

5 Wie man Geld glücksstiftend investiert

Die bisherigen Ausführungen verdeutlichen, dass der Zusammenhang
zwischen Geld und Wohlbefinden schwächer ist als man vielleicht
zunächst vermuten würde. Dennoch lässt sich nicht von der Hand
weisen, dass Geld das *Potenzial* besitzt, unsere Lebensqualität direkt und
indirekt zu verbessern: Geld fördert unsere Gesundheit, indem es uns
eine hochwertige und gesunde Ernährung ermöglicht, es lindert
Schmerzen, indem es den Zugang zu Medikamenten ermöglicht, es lässt
sich dafür nutzen, mehr Zeit mit unseren Liebsten zu verbringen und ist
in vielen Ländern wie den USA immer noch die Voraussetzung für eine
gute Bildung.

5.1 Warum wir die Vorhersagen dem Wetterdienst überlassen sollten

Wenn man Menschen fragt, was sie sich beim Erhalt von einer Million
Euro kaufen würden, würden aber wohl die wenigsten die oben genannten
Dinge (d.h. Bildung oder Gesundheit) aufzählen. Viel öfter hört man
Personen davon schwärmen, sich ein besonders teures Auto oder eine
Yacht zulegen zu wollen oder an Orte zu verreisen, an denen die anderen
Schönen und Reichen ihren Urlaub verbringen. Warum denken wir nicht
daran, das Geld in Dinge zu investieren, von denen wir wissen, dass sie
uns täglich glücklich machen?

Die Erklärung dafür liegt zu einem großen Anteil in der menschlichen Unfähigkeit begründet, die *hedonischen* Konsequenzen von
zukünftigen Ereignissen abzuschätzen (Gilbert und Wilson 2007).
Dieses Grundproblem lässt sich auf den Konsum übertragen: Dadurch,
dass wir schlecht abschätzen können, wie wir uns nach einer bestimmten Geldinvestition mit dem angestrebten Gut fühlen werden, neigen

wir zu Kaufentscheidungen, die unser Wohlbefinden oftmals nur kurzfristig positiv, gar nicht oder sogar negativ beeinflussen.

**Im Folgenden Abschnitt wollen wir acht Handlungsanweisungen
und die dahinterstehenden Mechanismen vorstellen, die laut Dunn,
Gilbert und Wilson (2011) dazu verhelfen können, Fehlinvestitionen
zu minimieren und unser Wohlbefinden durch Geld zu maximieren.**

(1) **Investiere dein Geld in Erlebnisse statt in materielle Dinge!**
(2) **Investiere dein Geld in andere Personen!**
(3) **Investiere dein Geld in viele kleine Glücksstifter, anstatt in
    wenige große!**
(4) **Investiere weniger Geld in Absicherungen!**
(5) **Bezahle jetzt, konsumiere später!**
(6) **Denk an das, an das du nicht denkst!**
(7) **Hüte dich vor Vergleichskäufen!**
(8) **Folge der Herde und nicht dem Kopf!**

Einige dieser Empfehlungen werden für Sie keine Neuigkeit sein. Dass
materielle Dinge in den seltensten Fällen ultimative Glücksstifter sind,
wissen beispielsweise wohl die meisten von uns. Schließlich werden wir
schon von Kindheitstagen von unseren Eltern vor dem bösen Materialismus gewarnt. Haben Sie sich schon einmal gefragt, warum das der
Fall ist? Was genau unterscheidet den Kauf von materiellen Gütern
eigentlich genau von Erlebniskäufen? Mit der Beantwortung dieser Frage
werden wir im folgenden Abschnitt beginnen.

5.2 Investiere dein Geld in Erlebnisse statt in materielle Dinge

Wie der Name schon vermuten lässt, ist ein Erlebniskauf *(experiental pur-
chase)* dadurch definiert, dass er mit der Absicht getätigt wird, das Geld
in ein Ereignis oder mehrere Ereignisse zu investieren. Das Ziel dieser
Käufe ist es, Lebenserfahrung zu sammeln (Van Boven und Gilovich
2003). Im Gegensatz dazu werden materielle Käufe *(material purchases)*
mit der primären Absicht getätigt, ein materielles Gut als greifbaren

Gegenstand in den eigenen Besitzstand zu überführen (Van Boven und Gilovich 2003).

Neue Runde, neues Glück

Einer der Gründe dafür, dass uns Erlebnisse messbar glücklicher machen als materielle Güter, besteht laut Dunn, Gilbert und Wilson (2011) darin, dass Erlebnisse variabler sind als materielle Gegenstände. Während wir uns die vielen Funktionen unseres neu erworbenen Smartphones spätestens nach einem Monat angeeignet haben und die Freude über die vielen nützlichen Funktionen immer mehr nachlässt, sammeln wir bei Erlebnissen auch dann noch neue Erfahrungen, wenn wir zum dritten Mal an denselben Urlaubsort reisen. Jedes Mal treffen wir auf neue Personen, neue Eindrücke und erkunden neue Örtlichkeiten und Speisen. Da Konstanz Gewohnheit fördert und Anpassungsprozesse die Wahrscheinlichkeit für das Erleben von positiven Emotionen reduzieren, tragen Erlebnisse länger zu dem Erleben von Wohlbefinden bei als materielle Käufe.

Warum Vergleichen nicht nur in der Schule Ärger macht

Die Einzigartigkeit von Erlebnissen fördert das Wohlbefinden allerdings nicht nur durch die Verlangsamung von Gewöhnungs- und Anpassungsprozessen, sondern auch dadurch, dass unzufriedenheitsstiftende Vergleichsprozesse weniger wahrscheinlich werden. Zwei unterschiedliche Smartphones lassen sich recht gut hinsichtlich verschiedener Dimensionen wie Leistung, Preis und Aussehen miteinander vergleichen. Dieser Umstand verleitet dazu, auch nach dem Kauf weiterhin permanente Vergleiche anzustellen, die einem Erleben von Zufriedenheit im Weg stehen.

Die Unzufriedenheit entsteht dadurch, dass derartige Vergleiche nicht selten in dem Ergebnis münden, dass es ein *noch* besseres Produkt gegeben hätte. Dies wiederum hat zur Folge, dass wir mit unserer Kaufentscheidung schnell unzufrieden sind. Solche Vergleichsprozesse fallen bei Erlebniskäufen deutlich schwerer. Versuchen Sie beispielsweise einmal, einen Skiurlaub mit einem Städteurlaub zu vergleichen! Die mangelnde Vergleichbarkeit von Erlebnissen führt dazu, dass wir nach Erlebniskäufen weniger stark zu spontanen Vergleichen angeregt werden. In der Folge verlieren wir uns mit einer geringeren Wahrscheinlichkeit in negativen Gedankenschleifen und sind langfristig mit unserer Kaufentscheidung zufriedener.

Aus den Augen aus dem Sinn?

Ein weiterer Grund dafür, dass uns Erlebniskäufe glücklicher machen als materielle Käufe besteht laut Dunn, Gilbert und Wilson (2011) darin, dass wir unsere Erlebnisse öfter ins Bewusstsein rufen als unseren materiellen Besitz. Dies mag dadurch gefördert werden, dass wir käuflich erworbene Erlebnisse als Teil unserer Identität wahrnehmen, während dies bei materiellen Käufen seltener und in einem geringeren Ausmaß der Fall ist (Van Boven und Gilovich 2003). Der Grundsatz, dass nicht das von Bedeutung ist, was man *hat*, sondern was man *ist* oder *kann*, scheint demnach tatsächlich seine Berechtigung zu besitzen. Da unsere kleinen *mentalen Zeitreisen*, in denen wir unsere Erlebnisse erneut in Gedanken durchleben, häufig mit dem Empfinden von positiven Emotionen einhergehen, erleben wir durch den Kauf von Erlebnissen längerfristig positive Emotionen und erhalten unser Wohlbefinden somit länger aufrecht.

Sharing is caring

Dass wir unsere persönlichen Erlebnisse auch gerne mit anderen teilen, mag zusätzlich zu den positiven Effekten der Erlebnisse auf das Wohlbefinden beitragen. Während wir Spaß daran haben, anderen von unseren Erfahrungen zu berichten, stellen wir unsere materiellen Käufe nur ungerne und selten im Kontakt mit anderen in den Mittelpunkt. Dieses Verhalten erscheint auch in Hinblick auf die Reaktionen, die bei einer bewussten Präsentation von materiellen Konsumgütern erwartet werden können, äußerst sinnvoll. Auf Personen, die ihren Besitz immer wieder offen zur Schau stellen, wird in der Regel nämlich nicht besonders wohlwollend reagiert. Im Gegenteil: Die bewusste Präsentation von Reichtum stößt vielmehr auf negative Reaktionen wie Neid, Missgunst und soziale Ablehnung.

Ganz anders gestaltet sich dies bei Erlebniskäufen. Hier ist es sogar keine Seltenheit, ein separates Treffen zu vereinbaren, um Urlaubserlebnisse mit Freunden zu teilen und Anderen die erlebten Eindrücke durch das Zeigen von Fotos zu vermitteln. Dies verdeutlicht nicht nur ein größeres Ausmaß an sozialer Akzeptanz für die Präsentation von Erlebniskäufen, sondern impliziert auch, dass Erlebniskäufe das Potenzial besitzen, soziale Beziehungen zu stärken.

Materialismus – das Material des Unglücks?

Den negativen Effekt von *Materialismus* auf das *Wohlbefinden* konnten wir auch in einer eigenen Untersuchung empirisch nachweisen: In der Untersuchung zeigte sich ein statistisch signifikanter negativer Zusammenhang zwischen *Materialismus* und *Zufriedenheit*. Das bedeutet: Personen, für die Besitztümer eine bedeutende Rolle in ihrem Leben spielen, berichteten ein geringeres Ausmaß an Lebenszufriedenheit als Personen, die weniger stark materialistisch eingestellt waren (Klein 2019). Besonders interessant ist hierbei der Befund, dass das *Ausmaß an Materialismus* keinen Einfluss auf die Zusammenhangs*stärke* zwischen dem Einkommen und der berichteten Lebenszufriedenheit hatte: Die Einkommenshöhe beeinflusste also zwar die allgemeine Lebenszufriedenheit positiv, dies war aber unabhängig davon der Fall, ob eine Person geringfügig, mittelmäßig oder stark materialistisch eingestellt war. Da eine materialistische Einstellung die Lebenszufriedenheit insgesamt aber absenkte, bedeutet dies, dass materialistische Personen, dass materialistische Personen, selbst wenn sie über ein hohes Einkommen verfügen, nicht glücklicher sind, als weniger materialistisch eingestellte Personen mit hohem Einkommen (Klein 2019).[1]

Obwohl dieses Studienergebnis die Empfehlung, weniger Geld in materielle Güter zu investieren, unterstreicht, lässt sich eine strikte Umsetzung dieser Forderung im Alltag nur schwer verwirklichen. Die Ausführungen in diesem Kapitel sollen daher auch nicht in die Forderung münden, materielle Käufe pauschal zu unterlassen. Vielmehr besteht das Ziel die-

---

[1] Den berichteten Befunden müssen allerdings nicht unbedingt kausale Beziehungen zugrunde liegen, auch wenn dies plausibel erscheint.

ses Beitrags darin, die positiven Effekte, die Erlebniskäufe auf unser Wohlbefinden haben, hervorzuheben.

Von der Beschaffenheit zum Nutzen

Viele Käufe lassen sich sowohl als materiellen als auch als Erlebniskauf klassifizieren. Oftmals ist eine bestimmte Zuordnung lediglich von der Betrachtungsperspektive abhängig: Der Kauf eines Fahrrads stellt zum Beispiel den Erwerb eines materiellen Guts dar, welches in unserem Besitz bleibt. Fokussieren wir uns aber auf den *Nutzen* dieses Gebrauchsguts und die Erlebnisse, die wir beispielsweise im Rahmen einer Fahrradtour mit dem Gegenstand erleben können, haben wir den ursprünglich materiellen Kauf in einen Erlebniskauf überführt. **Indem wir uns also im Alltag weniger auf die *Merkmale* eines Gegenstands und stärker auf den *Nutzen* von Dingen konzentrieren, können wir die positiven Effekte auf unser Wohlbefinden auch durch den Erwerb von materiellen Gütern steigern.**

5.3   Investiere dein Geld in andere Personen

Zahlreiche Studien zeigen die Relevanz von sozialen Beziehungen für unser Wohlbefinden. Personen, die soziale Unterstützung erfahren, sind demnach nicht nur glücklicher und stressresistenter, sondern weisen sogar eine höhere Lebenserwartung auf (Berkman und Syme 1979). Unter diesen Umständen erscheint es nahezu trivial, dass Geld, welches dazu genutzt wird, solche Beziehungen aufrechtzuerhalten und zu stärken, unser Wohlbefinden steigern kann. Diese Argumentation wird auch von empirischen Befunden gestützt. In einer kanadischen Studie erhielt eine Gruppe von Studenten entweder 5 $ oder 20 $. Während die eine Hälfte den Auftrag erhielt, sich von dem Geld etwas Schönes *für sich selbst* zu kaufen, erhielt die andere Hälfte den Auftrag, das Geld in das Wohl *anderer Personen* zu investieren. Dabei war es ihnen freigestellt, das Geld zu spenden oder bekannten Personen etwas Gutes zu tun.

Diejenigen Personen, welche das Geld dafür nutzen, anderen Personen eine Freude zu bereiten, berichteten am Ende des Tages ein höheres Ausmaß an Zufriedenheit als diejenigen Personen, welche das Geld vermeintlich zum eigenen Wohlergehen einsetzen (Dunn et al. 2008). Die positiven

Effekte einer prosozialen Geldinvestition stellten sich dabei sogar schon bei dem *bloßen Gedanken* an Momente ein, in denen Geld dafür eingesetzt wurde, anderen Personen eine Freude zu bereiten (Aknin et al. 2010).

Wie man aus weniger mehr werden lässt
So leicht umsetzbar die Empfehlung klingt, Geld primär in andere zu investieren, so schwer umsetzbar gestaltet sich dieser Vorschlag in der Realität. Der Grund dafür liegt in den bereits in den vorangegangenen Kapiteln beschriebenen negativen Wirkungen, die Geld auf unser Denken hat: Dadurch, dass schon der bloße Gedanke an Geld egoistische Tendenzen verstärkt (Vohs et al. 2006), hindert die gedankliche Beschäftigung mit Geld Personen daran, sich prosozial zu verhalten und das Geld in andere Menschen zu investieren. Wir stehen unserem Glück also selbst im Weg.

Eine Möglichkeit, diesem Mechanismus zu entgehen, besteht darin, **kleinere Geldbeträge, die man zum Beispiel als Rückgeld erhält, an einem Ort zu sammeln, um es am Ende der Woche in eine Kleinigkeit für jemand anderen zu investieren.** Dadurch, dass das Geld bewusst in ein separates Konto eingezahlt wird, wird es nicht mehr als „Verlust" auf Kosten des eigenen Wohls erlebt und lässt sich somit leichter prosozial und somit zugleich befindlichkeitssteigernd investieren.[2]

5.4   Kaufe viele freudebringende Kleinigkeiten anstatt wenige Große

Die zweite Tafel Schokolade bereitet uns in der Regel nicht mehr so viel Freude wie die Erste. Dieser Aussage werden Sie vermutlich aufgrund eigener Erfahrungen zustimmen. Diese Tatsache, die im Prinzip des

---

[2] An dieser Stelle muss allerdings erwähnt werden, dass die Wirksamkeit dieses Vorschlags auch von den wahrgenommenen Reaktionen der Beschenkten abhängt. Die Erwartung und Wahrnehmung von *Dankbarkeit* auf Seiten des Beschenkten oder der Beschenkten ist eine Voraussetzung dafür, dass das Schenken eine positive Wirkung auf das Wohlbefinden entfalten kann. Hat eine Person hingegen das Gefühl, dass ihre Großzügigkeit nicht mit Dankbarkeit oder ehrlicher Freude honoriert wird, ist anzunehmen, dass die positiven Wirkungen des Schenkens auf das Wohlbefinden ausbleiben. Im schlimmsten Fall können sogar negative Effekte erwartet werden, die dadurch entstehen, dass die Investition als bloßer Geldverlust wahrgenommen wird.

abnehmenden Grenznutzens begründet liegt, haben wir in diesem Kapitel bereits zur Sprache gebracht. Da wir uns diesen Wahrnehmungsprozessen nicht gänzlich entziehen können, schlagen Dunn, Gilbert und Wilson (2011) vor, unser Kaufverhalten an diese Adaptionsprozesse anzupassen. **Dies bedeutet konkret, die hedonische Periode auf verschiedene kürzere Zeitsequenzen aufzuteilen, um sie „verlustfrei" erleben zu können.**

Die Wirksamkeit dieses Prinzips verdeutlicht eine Studie, in der Probanden eine Massage erhielten. Die erste Gruppe erhielt eine dreiminütige Massage am Stück. Die zweite Gruppe erhielt zwar in der Summe die gleiche Anzahl an Massageminuten, allerdings wurden diese auf zwei Massagesequenzen von je 80 Sekunden Länge, mit einer zwischenzeitlichen Pause von 20 Sekunden, aufgeteilt. Entgegen der eigenen Vorhersage berichteten die Probanden der zweiten Gruppe ein höheres Ausmaß an Gefallen an der Massage. Außerdem waren diese bereit, doppelt so viel Geld für die Massage zu bezahlen als die Probanden der ersten Gruppe, die eine längere Massage am Stück erhielt (Nelson und Meyvis 2008).

In Verbindung mit der zweiten Empfehlung könnte es sich demnach nicht nur in Hinblick auf eine verbesserte Beziehungsqualität lohnen, ihren Partner oder ihre Partnerin immer wieder mit einer Kleinigkeit zu erfreuen, statt ihm oder ihr nur zu besonderen Anlässen etwas Großes zu schenken. Ganz nebenbei fördert dieses Vorgehen nämlich auch ihr eigenes Wohlbefinden.

5.5   Investiere weniger Geld in Absicherungen

Stellen Sie sich vor, Sie erhalten zwei Angebote für einen Flug nach Rom. Die Fluggesellschaften sind identisch, die Abflugzeiten unterscheiden sich nur geringfügig und auch preislich unterscheiden sich die Flüge kaum. Während der eine Flug allerdings noch bis 24 Stunden vor Abflug kostenlos gegen einen beliebigen anderen Flug stornierbar ist, besteht diese Möglichkeit beim zweiten Angebot nicht. Für welches Angebot entscheiden Sie sich?

Wenn Sie wie die meisten Personen entscheiden, haben Sie vermutlich das erste Angebot gewählt. Obwohl diese Alternative vordergründig attraktiver erscheint, haben Sie damit in Hinblick auf ihr Wohlbefinden allerdings die schlechtere Wahl getroffen. Zu diesem Ergebnis führte eine Studie, in der Konsumenten nach ihren Kaufpräferenzen und ihrer anschließenden Zufriedenheit befragt wurden. Die Konsumenten erwarteten zwar im Vorhinein, dass sie mit einem Produkt zufriedener sein werden, welches sie später umtauschen könnten. Faktisch waren sie mit dieser Wahl am Ende jedoch unzufriedener (Gilbert und Ebert 2002).

Unentschieden, unzufrieden
Felser (2015) erklärt diesen Umstand mit dem Prinzip der *Reaktanz*. Dieses Prinzip besagt, dass eine Einschränkung der Freiheit dazu führt, dass die Option, deren Verfügbarkeit bedroht ist, besonders attraktiv wird (Brehm 1966). Solange wir unsere Entscheidung noch ändern können, befinden wir uns somit in einem *reaktanten Modus*. In diesem Zustand sind wir bestrebt, unsere Wahl zu optimieren und suchen folglich nach weiteren, besseren Optionen. Erst wenn unsere Entscheidung endgültig ist und wir keine Freiheit mehr besitzen, unsere Entscheidung zugunsten einer besseren zu revidieren, beginnen wir damit, die gewählte Option auf- und die nicht gewählten Optionen abzuwerten. Erst zu diesem Zeitpunkt sind wir mit der gewählten Alternative richtig zufrieden. Das Rückgaberecht, das uns vordergründig so vorteilhaft erscheint, ist für das Erleben von Zufriedenheit demnach eher hinderlich als förderlich. **Aus dieser Argumentation leitet sich die Empfehlung ab, bei Käufen *der Umkehrbarkeit* von Entscheidungen weniger Gewicht zu geben als wir es wohl in den meisten Fällen intuitiv tun würden.**

5.6 Bezahle jetzt, konsumiere später

Wer, wie ich, den Satz „*erst die Arbeit, dann das Vergnügen*" als Kind mehr als oft zu hören bekommen hat, der ist vermutlich spätestens im Erwachsenenalter dazu geneigt, diesem Prinzip keine Folge mehr zu

leisten und sich dem sofortigen Konsum ohne Einschränkungen hinzuge-
ben. Gefördert wird dieses hedonistisch geprägte Handeln auch durch
die vielen Angebote der Produkt- und Werbeindustrie, die uns dazu
verleiten, unser Geld per *Ratenzahlung* in Annehmlichkeiten und
Luxusgüter zu investieren, die wir oftmals zum Zeitpunkt des
Vertragsschlusses nicht auf einmal bezahlen könnten. Abgesehen von den
offensichtlichen Risiken, die mit dem Prinzip *„konsumiere erst, bezahle
später"* verbunden sind (Verschuldung, Kaufsucht etc.), liefern Dunn,
Gilbert und Wilson (2011) auch einige psychologische Gründe dafür,
warum wir unser Kaufverhalten besser nach dem gegenteiligen Prinzip
ausrichten sollten.

Vorfreude ist die schönste Freude
Zunächst einmal verhindert der sofortige Konsum die gedankliche
Vorwegnahme von Ereignissen. **Indem wir direkt konsumieren,
nehmen wir uns die Möglichkeit der Vorfreude. Es ist nahezu trivial,
dass jemand, der im Vorfeld *und* nach dem Kauf Freude erlebt, in der
Summe mehr positive Emotionen erlebt, als jemand, der das Produkt
sofort erhält.**

Wen diese Argumentation noch nicht überzeugt, der sollte bedenken,
dass die Fähigkeit des Belohnungsaufschubs auch indirekt zu unserem
Wohlbefinden beitragen kann, indem sie eine gesündere Lebensweise
fördert. Die Forschung auf diesem Gebiet zeigt beispielsweise, dass wir
dazu neigen, beim sofortigen Konsum eher ungesunde Varianten zu
wählen. Werden wir hingegen dazu aufgefordert, uns z. B. für einen
Snack zu einem späteren Zeitpunkt zu entscheiden, treffen wir die
Entscheidung mit einer höheren Wahrscheinlichkeit zugunsten der
gesünderen Alternative (Read und van Leeuwen 1998). Dementsprechend
kann es sich also doppelt lohnen, uns den verlockenden Werbeangeboten,
die uns zum sofortigen Konsum bewegen wollen, zu widersetzen.

5.7   Denk an etwas, an das du nicht denkst

Dieser Ratschlag bezieht sich auf den bereits thematisierten Umstand, dass unsere zukunftsgerichteten Vorstellungen häufig nicht der Realität entsprechen. Zum einen vernachlässigen wir die bereits thematisierten Anpassungsprozesse. Zum anderen fehlen unseren Vorhersagen wichtige Details, die unser späteres Wohlbefinden maßgeblich beeinflussen (Gilbert und Wilson 2003). Wenn wir unseren Urlaub planen, stellen wir uns zum Beispiel vor, in der Abendsonne auf dem Balkon unseres Ferienapartments zu sitzen. In den seltensten Fällen denken wir hierbei an die Mücken, die uns umschwirren werden oder daran, dass unser Apartment ja auch nach Osten gerichtet sein könnte. Oftmals sind es aber eben diese kleinen Details, die in der Summe unseren Gefühlszustand am meisten beeinflussen. Dunn, Gilbert und Wilson (2011) schlagen aufbauend auf diesen Befund vor, **sich beim Kauf einer Ware oder einer Dienstleistung einen typischen Tag im Umgang mit ihr vorzustellen, um bessere Vorhersagen in Bezug auf die durch das erworbene Gut erzeugte Freude treffen zu können.**

5.8   Hüte dich vor Vergleichskäufen

Der Grund, warum Dunn, Gilbert und Wilson (2011) vor Vergleichskäufen warnen, bezieht sich nicht nur auf die bereits beschriebenen Prozesse, die Vergleiche *im Anschluss* an eine Kaufentscheidung nach sich ziehen. Sie beziehen sich auch auf den vorangehenden Entscheidungsprozess *an sich* und auf das resultierende Ergebnis: Die meisten Personen neigen bei der Wahl zwischen mehreren Optionen nämlich dazu, sich auf Unterschiede zwischen den Optionen zu konzentrieren. Dieses Vorgehen beinhaltet das Risiko, Merkmale zu vernachlässigen, die zwischen den Alternativen sehr *ähnlich* oder gleich sind. Eine Vernachlässigung von Gemeinsamkeiten im Bewertungsprozess ist problematisch, weil diese das Wohlbefinden im Endeffekt deutlich stärker beeinflussen als die kleinen Unterschiede zwischen den Optionen, auf denen die Entscheidung in der Regel gegründet wird (Dunn et al. 2003).

Dieser Effekt lässt sich an einem einfachen Beispiel veranschaulichen: Stellen Sie sich vor, Sie erhalten die Möglichkeit, nach New York versetzt zu werden! Bei der Entscheidung, den Wohnortswechsel vorzunehmen, werden Sie sich vermutlich vorstellen, welche Freizeitaktivitäten Sie in einer aufregenden Stadt wie New York ausführen könnten, die in ihrer jetzigen Stadt nicht umsetzbar sind. Dabei berücksichtigen Sie allerdings nicht, dass Sie vermutlich auch in New York die meiste Zeit des Tages an Ihrem Arbeitsplatz verbringen würden und ähnlich wie in Deutschland kaum Zeit dazu hätten, das „aufregende Leben" New Yorks in vollen Zügen zu genießen. Vermutlich würden sich Ihre Routinen und Ihr persönliches Umfeld kaum von den jetzigen unterscheiden. Sie würden sich mit ähnlichen Personen umgeben, dieselbe Arbeitstätigkeit in einem ähnlichen Arbeitsumfeld erledigen und auch ähnliche Freizeitaktivitäten ausführen. Da diese Faktoren Ihr Wohlbefinden vermutlich stärker beeinflussen würden als die Abendaktivitäten, von denen Sie glauben, sie nur in New York ausführen zu können, überschätzen Sie das Ausmaß an Wohlbefinden, das Sie aufgrund der Unterschiede zwischen Ihrem jetzigen Wohnort und New York erwarten.

Diese Argumentation lässt sich auch auf materielle Konsumgüter übertragen. Die Sorge, die Chance auf ein höheres Wohlbefinden durch geringfügig unterschiedliche Alternativen zu verpassen, scheint somit nicht nur unbegründet, sondern in Hinblick auf das Wohlbefinden auch kontraproduktiv zu sein. **Aus diesem Grund sollte man versuchen, Vergleichskäufe zu vermeiden und das Objekt unabhängig von anderen Alternativen auf die persönliche Passung hin zu bewerten.**

5.9   Folge der Herde und nicht dem Kopf

Die letzte Empfehlung lässt sich als weitere Lösung für das zuvor geschilderte Problem verstehen, dass Menschen nur schlecht dazu in der Lage sind, *hedonische* Konsequenzen von Kaufentscheidungen vorherzusagen. Die beste Möglichkeit, diese Problematik zu umgehen, besteht laut Dunn, Gilbert und Wilson (2011) darin, **andere Personen danach zu fragen, wie glücklich sie der Kauf tatsächlich gemacht hat.** Während wir selbst nur auf die positiven Aspekte fokussieren, sind andere Personen aufgrund ihrer Erfahrungen dazu in der Lage, von Details zu berichten, die uns bei unserer Vorhersage entgehen. Auch wenn Personen unterschiedliche Eindrücke sammeln und Erlebnisse unterschiedlich wahrnehmen, lassen sich die eigenen Emotionen, die nach dem Kauf erwartet werden können, somit durch das direkte Erfragen von ehrlichen Erfahrungen anderer besser vorhersagen als es die eigene Einschätzung erlaubt. Guter Rat ist eben nicht teuer – er kann uns sogar in mancher Hinsicht bereichern.

6   Welche Rolle spielt die Persönlichkeit?

Bei den Vorschlägen von Dunn, Gilbert und Wilson (2011) muss allerdings berücksichtigt werden, dass es sich um *allgemeine* Empfehlungen handelt. Die Gefahr solcher Verallgemeinerungen ergibt sich daraus, dass pauschale Empfehlungen *individuellen Bedürfnissen* und *Persönlichkeitseigenschaften* nicht gerecht werden. Dieser Aspekt ist insofern problematisch, als die Persönlichkeit nicht nur den Umgang mit Geld, sondern auch das Wohlbefinden beeinflusst.

Obwohl sich Personen eines Kulturkreises in vielen Aspekten ähneln, werden individuelle Unterschiede im Denken, Fühlen und Verhalten im Alltag auf verschiedenen Ebenen sichtbar. Denken Sie nur daran, wie unterschiedlich die Geburtstagswünsche Ihres Umfelds ausfallen: Während sich Ihre Großmutter wie jedes Jahr einen Fotokalender von Ihnen wünscht, erfreut sich Ihre Partnerin oder Ihr Partner an Wellnessartikeln. Ihre Tochter wünscht sich hingegen ein Flugticket für eine Reise nach Thailand und Sie selbst können mit keinem dieser Geschenke etwas anfangen. Dieses Beispiel verdeutlicht, dass die Persönlichkeitsstruktur eine bedeutende Rolle dabei spielt, wie sich das Wohlbefinden mit Geld steigern lässt.

Was nicht passt, wird passend gemacht

Personen neigen im Allgemeinen dazu, Umwelten aufzusuchen, die zu ihrer Persönlichkeitsstruktur passen. Diese Neigung ermöglicht es ihnen, ihre Bedürfnisse zu befriedigen und ihren Interessen gezielt nachzugehen. Ein künftiger Student wird seinen Studienort beispielsweise nicht nur nach den Studieninhalten der in Frage kommenden Universitäten auswählen, sondern auch prüfen, inwieweit die Umweltbedingungen seinen individuellen Präferenzen entsprechen. Besitzt der Student beispielsweise ein starkes kulturelles Interesse, wird die Wahl vermutlich auf einen Studienstandort mit großem Kulturangebot fallen. Der kulturelle Aspekt wird seine Entscheidung umso mehr beeinflussen, je stärker die Persönlichkeit des Studenten durch das kulturelle Interesse im Vergleich zu anderen Persönlichkeitsaspekten geprägt ist.

Es liegt auf der Hand, dass die Persönlichkeitsstruktur nicht nur den Entscheidungsprozess, sondern auch die spätere Bewertung der Entscheidung beeinflusst. Die Zufriedenheit mit einer Entscheidung ist dabei umso größer, je besser die Wahl den eigenen Interessen, Bedürfnissen und Zielen gerecht wird. In der Psychologie spricht man bei dieser Persönlichkeitspassung auch von einem *psychologischen Fit* (Matz et al. 2016).

Diese Logik lässt sich auch auf den Konsumbereich übertragen. Der Kauf eines Konsumguts kann demnach als eine Form der Selbstdarstellung aufgefasst werden: Durch den Erwerb eines Guts drücken wir nicht nur unsere Interessen aus, sondern offenbaren auch unser Wertesystem, indem wir zeigen, was wir für wichtig und wertvoll halten. In zwei Studien konnte der Nachweis erbracht werden, dass eine gute Passung zwischen der *Persönlichkeit* und den *Investitionen*, die eine Person tätigt, mit einem höheren Wohlbefinden einhergeht (Matz et al. 2016).

Sag mir, was du kaufst, und ich sag dir, wer du bist!
In der ersten Studie analysierten die Forscher zunächst die Kontotransaktionen von 625 Kunden einer Bank in Großbritannien in einem Zeitraum von sechs Monaten. Die Analyse offenbarte, dass die Kunden ihr Geld bevorzugt in Dinge investierten, die zu ihrer Persönlichkeit passten und Ihnen *das Ausleben ihrer Persönlichkeit* ermöglichten. So investierte beispielsweise eine überdurchschnittlich extravertierte Person[3] jährlich etwa 52 Pfund mehr in „Bar-Abende" als eine unter-

---

[3] Person im 84 % Perzentil der untersuchten Stichprobe (nur 16 % der Stichprobe besaßen höhere Extraversionswerte).

durchschnittlich extravertierte Person.[4] Eine Person, die überdurchschnittlich gewissenhaft war, investierte rund 124 Pfund mehr in die Bereiche „Gesundheit und Fitness" als eine Person, die zu den unterdurchschnittlich gewissenhaften Personen gehörte.[5]

Anschließend setzten die Forscher das Ausmaß der Passung zwischen den Ausgaben und der Persönlichkeit mit der berichteten Lebenszufriedenheit in Beziehung. Dabei zeigte sich, dass das Ausmaß der Passung zwischen den Investitionen und der jeweiligen Persönlichkeitsstruktur eine gute Vorhersage der Lebenszufriedenheit zuließ: Personen, die ihre Investitionen an ihren Persönlichkeitsmerkmalen ausrichteten, berichteten eine höhere Lebenszufriedenheit als Personen, deren Ausgaben nicht zu ihrer Persönlichkeit passten. Das *Ausmaß der Passung* ließ sogar eine bessere Vorhersage der Lebenszufriedenheit zu als das *Einkommen* der Personen oder das Ausmaß an getätigten Ausgaben insgesamt (Matz et al. 2016).

In einem zweiten Experiment erfassten die Forscher zunächst die allgemeine Zufriedenheit der Versuchspersonen. Danach erhielten die Probanden entweder einen 7 Pfund Gutschein für einen Buchladen oder einen Gutschein für eine Bar von identischem Wert. Der jeweilige Gutschein sollte im Verlauf der folgenden beiden Tage eingelöst werden. Die Probanden erhielten also in Abhängigkeit ihres Ausmaßes an Extraversion entweder einen Gutschein, der ihrer Persönlichkeit entsprach oder einen Gutschein, der nicht zu ihrer Persönlichkeit passte. Dabei erwarteten die Autoren, dass gesellige Personen ein Barbesuch mehr Freude bereiten würde als das Lesen eines Buches, während für Introvertierte das Gegenteil vorhergesagt wurde. Die Ergebnisse zeigten tatsächlich, dass sich die Zufriedenheit der Personen signifikant durch jene Investitionen verbesserte, die zu der jeweiligen Persönlichkeit passten. Im Gegensatz dazu veränderte sich das Zufriedenheitsniveau nach weniger passenden Investitionen nicht oder verringerte sich sogar.

---

[4] Person im 16 % Perzentil der untersuchten Stichprobe (nur 16 % der Stichprobe waren introvertierter).

[5] Hier wird ebenfalls der Vergleich zwischen dem 84 % Perzentil und dem 16 % Perzentil angestellt.

Die Lösung steckt im Detail

Diese Forschungsergebnisse zeigen, dass die allgemeinen Empfehlungen von Dunn, Gilbert und Wilson (2011) stärker differenziert werden müssen. So muss beispielsweise die Handlungsanweisung, so viel Geld wie möglich in Erlebniskäufe zu investieren, insofern konkretisiert werden, als Erlebniskäufe nur dann glücksstiftender sind als materielle Käufe, wenn sie zur Persönlichkeit passen. Demnach kann ein materieller Kauf (z. B. der Erwerb eines Buchs) durchaus glücklicher machen als ein Theaterbesuch, wenn eine Person aufgrund ihrer Persönlichkeitsstruktur beim Lesen mehr Freude empfindet als an einem Schauspielerlebnis. Auch führen Investitionen in andere Personen nur dann zu einer Steigerung des Wohlbefindens, wenn bei einer Person ein grundlegendes Interesse an anderen Personen vorhanden ist (Hill und Howell 2014).

Diese Ausführungen verdeutlichen abermals die Notwendigkeit, die eigenen Bedürfnisse, Interessen, Ziele und Persönlichkeitseigenschaften zu ergründen, um einen „gesunden" Umgang mit Geld herbeiführen zu können. Unter dieser Voraussetzung lässt sich das Wohlbefinden durch Geld durchaus steigern. Möglichkeiten, die eigene Persönlichkeitsstruktur zu analysieren, haben wir in den vorangegangenen Kapiteln bereits beschrieben (vgl. Kap. „Geld ist (nicht) Alles – *Alles eine Sache der Einstellung?"*).

7   Fazit

Das Fazit dieses Kapitels lautet also, dass *Geld per se* nicht glücklich macht. Dies wird unter anderem daran deutlich, dass reiche Personen nicht zwangsläufig die glücklicheren Menschen sind. Dennoch scheint Geld dazu in der Lage zu sein, vor allem in den unteren Einkommensklassen einen bedeutsamen Beitrag zur Lebenszufriedenheit und zum Wohlbefinden zu leisten, indem es Unzufriedenheit abbaut, d.h. negative Emotionen fernhält, und die Wahrscheinlichkeit von positiven Emotionen erhöht.

Die positiven Effekte von Geld werden aber erst dann wirksam, wenn man es aktiv glücksstiftend einsetzt. Um es in den Worten des Philosophen Platon auszudrücken „Glücklich sind die Menschen, wenn sie haben, was gut für sie ist". Ebenso wie auch viele andere Glücksstifter (Freunde, Gesundheit oder Familie) der Forderung nicht gerecht werden können, *allein* zum Glück zu führen, so stellt eben auch das Geld keine hinreichende Bedingung dar, diesen Zustand zu erreichen. **Wie in diesem Kapitel gezeigt wurde, sollten Sie Ihr Geld also am besten so investieren, dass es den Beitrag anderer Glücksstifter, erhöht. Dabei geht es insbesondere darum, *Ihre persönlichen Glücksstifter* ausfindig zu machen. Identifizieren Sie daher, unter Berücksichtigung Ihres neuen Wissens über die möglichen Fehlerquellen der Geldverwendung, was Sie *wirklich* glücklich macht, damit Sie Ihr Geld im nächsten Schritt in diese Dinge investieren können.**

Literatur

Aknin, L. B., Barrington-Leigh, C. P., Dunn, E. W., Helliwell, J. F., Biswas-Diener, R., Kemeza, I., Nyende, P., Ashton James, C. E., & Norton, M. I. (2010). *Prosocial spending and well-being: Cross-cultural evidence for a psychological universal.* Manuscript submitted for publication.

Berkman, L. F., & Syme, S. L. (1979). Social networks, host resistance, and mortality: A nine year follow-up study of Alameda County residents. *American Journal of Epidemiology, 109*, 186–204.

Biswas-Diener, R., & Diener, E. (2001). Making the best of a bad situation: Satisfaction in the slums of Calcutta. *Social Indicators Research, 55*, 329–352.

Boyce, C. J., Brown, G. D. A., & Moore, S. C. (2010). Money and happiness: Rank of income, not income, affects life satisfaction. *Psychological Science, 21*(4), 471–475.

Brehm, J. W. (1966). *A theory of psychological reactance.* New York: Academic Press.

Brickman, P. D., Coates, D., & Janoff-Bulman, R. (1978). Lottery winners and accident victims. Is happiness relative? *Journal of Personality and Social Psychology, 36*, 917–928.

Cone, J., & Gilovich, T. (2010). Understanding money's limits: People's beliefs about the income – Happiness correlation. *Journal of Positive Psychology, 5*, 294–301.

Diener, E. (2000). Subjective well-being: The science of happiness and a proposal for a national index. *American Psychologist, 55*, 34–43.

Diener, E., & Biswas-Diener, R. (2002). Will money increase subjective well-being? A literature review and guide to needed research. *Social Indicators Research, 57*, 119–169.

Diener, E., Horwitz, J., & Emmons, R. A. (1985). Happiness of the very wealthy. *Social Indicators Research, 16*, 263–274.

Diener, E., Lucas, R. E., & Oishi, S. (2005). Subjective well-being: The science of happiness and life satisfaction. In C. R. Snyder & S. J. Lopez (Hrsg.), *Handbook of positive psychology* (2. Aufl., S. 63–73). New York: Oxford University Press.

Dunn, E. W., Wilson, T. D., & Gilbert, D. T. (2003). Location, location, location: The misprediction of satisfaction in housing lotteries. *Personality and Social Psychology Bulletin, 29*, 1421–1432.

Dunn, E. W., Aknin, L., & Norton, M. I. (2008). Spending money on others promotes happiness. *Science, 319*, 1687–1688.

Dunn, E. W., Gilbert, D. T., & Wilson, T. D. (2011). If money doesn't make you happy, then you probably aren't spending it right. *Journal of Consumer Psychology, 21*(2), 115–125.

Felser, G. (2015). *Werbe- und Konsumentenpsychologie*. Heidelberg: Springer.

Gilbert, D. T., & Ebert, J. E. J. (2002). Decisions and revisions: The affective forecasting of changeable outcomes. *Journal of Personality and Social Psychology, 82*, 503–514.

Gilbert, D. T., & Wilson, T. D. (2007). Prospection: Experiencing the future. *Science, 317*, 1351–1354.

Hill, G., & Howell, R. T. (2014). Moderators and mediators of pro-social spending and well-being: The influence of values and psychological need satisfaction. *Personality and Individual Differences, 69*, 69–74.

Inglehart, R., & Klingemann, H. D. (2000). Genes, culture, and happiness. In E. Diener & E. M. Suh (Hrsg.), *Subjective well-being across cultures*. Cambridge, MA: MIT Press.

Inglehart, R., & Rabier, J. R. (1986). Aspirations adapt to situations – But why are the Belgians so much happier than the French? A cross-cultural analysis of the subjective quality of life. In F. M. Andrews (Hrsg.), *Research on quality of life*. Ann Arbor: SurveyResearch Center.

Klein, V. (2019). *Eine empirische Analyse zum Zusammenhang zwischen Einkommen und Glück*. Masterarbeit an der Universität Koblenz-Landau.

Matz, S., Gladstone, J., & Stillwell, D. (2016). Money buys happiness when spending fits our personality. *Psychological Science, 27*(5), 715–725.

Nelson, L. D., & Meyvis, T. (2008). Interrupted consumption: Adaptation and the disruption of hedonic experience. *Journal of Marketing Research, 45*, 654–664.

Read, D., & van Leeuwen, B. (1998). Predicting hunger: The effects of appetite and delay on choice. *Organizational Behavior and Human Decision Processes, 76*(2), 189–205.

Silver, R. L. (1982). *Coping with an undesirable life event: A study of early reactions to physical disability.* Unpublished doctoral dissertation, Northwestern University.

Van Boven, L., & Gilovich, T. (2003). To do or to have? That is the question. *Journal of Personality and Social Psychology, 85*(6), 1193–1202.

Vohs, K. D., Mead, N. L., & Goode, M. R. (2006). The psychological consequences of money. *Science, 314*, 1154–1156.

Wilson, T. D., & Gilbert, D. T. (2003). Affective forecasting. In M. P. Zanna (Hrsg.), *Advances in experimental social psychology* (Bd. 35, S. 345–411). San Diego: Elsevier Academic Press.

https://www.bpb.de/nachschlagen/lexika/lexikon-der-wirtschaft/19552/grenz-nutzen. Zugegriffen am 01.09.2019.

https://www.lebenskuenstler.co/glueck-zitate/. Zugegriffen am 01.09.2019.

Wie man Geld macht – *Eine ernst gemeinte Anleitung zum Reichwerden*

1 Der Money-Tree – *Das Geld wächst auf dem Baum*

Viele Menschen hegen den Wunsch, reich zu sein (vgl. Hammond 2017, S. 251). Die meisten Menschen, die reich werden wollen, denken jedoch zuvorderst an sich selbst und ihre eigenen Bedürfnisse, die sie mit dem erworbenen Geld befriedigen könnten. Die eigenen Wunschvorstellungen stehen somit im Fokus des Denkens. Gedanken darüber, auf welche Weise dieses Ziel konkret erreicht werden kann, werden indes kaum noch angestellt. So bleibt es häufig beim vagen Wünschen und passiven Hoffen, während über mögliche Mittel und geeignete Wege zur Zielerreichung kaum noch systematisch nachgedacht wird. Die Gründe dafür sind mannigfaltig: Bequemlichkeit gehört dazu, auch das allzu bequeme Verharren in *konjunktivischen* Denkmustern wie „man müsste …", „man sollte …", „man hätte …", „man könnte …" verhindert, dass proaktiv über realistische Mittel der Wohlstandsgenese im Hier und Jetzt nachgedacht wird. Gewohnheiten gehören ebenfalls dazu, auch hemmende Denkgewohnheiten sind am Werk, wie z. B. die Überzeugung, dass Reichtum

© Springer Fachmedien Wiesbaden GmbH, ein Teil von Springer Nature 2019
M. Sauerland, J. Höhs, *Geld – Vom Sein zum Schein*,
https://doi.org/10.1007/978-3-658-26666-0_8

vom Glück abhängt, aber auch die Tatsache, dass sich das Leben bisher ja auch irgendwie bewältigen ließ. Eine überzogene Risikoscheu und die faktische Unkenntnis der Mittel gehören ebenfalls zu den verantwortlichen Faktoren. **Reservieren Sie sich daher Zeit, blocken Sie sich z. B. extra Termine, um aktiv und konkret über die Möglichkeiten der Geldgenese im Hier und Jetzt nachdenken zu können!**

Die meisten Menschen, die reich werden wollen, denken also zu sehr an ihre eigenen Bedürfnisse. Aus diesem Grund fällt es ihnen auch schwer, insbesondere beim Thema Gelderwerb, die eigene, egoistische Perspektive zu verlassen – dies aber wäre eines der hilfreichsten Mittel, um konkrete Möglichkeiten des Reichwerdens identifizieren zu können. Ein erfolgversprechender Ansatz besteht nämlich gerade darin, den Fokus des Denkens zu verschieben, gleichsam die Perspektive zu wechseln; d. h., die Bedürfnisse *anderer* Menschen in den Blick zu nehmen, *diese* zu analysieren und über *deren* Befriedigungsmöglichkeiten nachzudenken. Denn schließlich sind es ja andere Personen, deren Geld auf das eigene Konto fließen soll.[1] Reich kann also insbesondere derjenige werden, der für andere Menschen einen Nutzen stiftet und die Probleme „fremder" Personen löst.[2] Wer sich mit den Möglichkeiten der Bedürfnisbefriedigung anderer Menschen auseinandersetzt, denkt somit auch eher über die konkreten Mittel und Wege des Reichwerdens nach.

Da Geld einen Tauschwert ausdrückt, kann man insbesondere dann reich werden, wenn es gelingt, einen Mehrwert für andere Menschen zu erschaffen, für den diese bereit sind, Geld einzutauschen. Man sollte also mit Fragen beginnen, die zunächst am Wohlergehen

---

[1] Auch wenn Geld von Institutionen oder Unternehmen fließen soll, muss in der Regel ein konkreter Repräsentant der Organisation davon überzeugt werden, dass sich dies lohnen wird.

[2] Durch diese Anmerkungen soll nicht in Abrede gestellt werden, dass auch Personen reich werden können, die Nutznießer günstiger Strukturen oder der Ideen anderer sind oder die mit Ellenbogenmentalität andere Personen ausnutzen und ausbeuten. Betrug führt allerdings in den seltensten Fällen zum nachhaltigen Reichtum (Zitelmann 2015, S. 59). Umgekehrt muss auch eingeräumt werden, dass bestimmte Berufsgruppen enorme Werte für andere Personen schaffen – man denke hier beispielsweise an Pflegekräfte – ohne damit reich zu werden. Es sind somit auch noch andere Faktoren erforderlich, wie z. B. die Einzigartigkeit und Unersetzlichkeit der ausgeübten Tätigkeit oder das Spezialisierungs- und Qualifikationsniveau.

anderer Personen orientiert sind: Welchen besonderen Beitrag kann ich leisten, um bestimmten anderen Menschen zu nützen? Welche Probleme kann ich lösen? Welche Bedarfe kann ich decken? Welche Werte kann ich erschaffen? [3,4]

Die Erkundung der Bedürfnisse anderer Personen kann mit der Erkundung der eigenen Möglichkeiten einhergehen, diese Bedürfnisse zu bedienen. Der eigene Aufwand, den man für die Bedürfnisbefriedigung anderer Personen betreibt, sollte dabei natürlich relativ niedriger sein. Wattles (2009) veranschaulicht dies an dem einfachen Beispiel des Schreibens eines Buchs: Der Erschaffungsaufwand und der Materialwert des Buchs sind gering und die Kosten für einen Käufer überschaubar, die Ideen aber, die in dem Buch vermittelt werden, können einen beinahe unbezahlbaren Nutzen für die Käufer haben. Der Gebrauchswert des Buchs ist deutlich höher als sein Material- oder Herstellungswert. Es kostet also wenig, jemandem mehr Gebrauchswert angedeihen zu lassen als dieser Jemand an monetären Mitteln dafür hergeben muss. Es ist somit möglich, andere zu bereichern, ohne dabei selbst zu verlieren: Hohen Gebrauchswert geben, mittleren Geldwert empfangen – das genügt schon. Dies setzt natürlich voraus, dass man auch etwas hat, um etwas geben zu können. Dies gilt es in diesem Kapitel herauszufinden.

Es gibt zahlreiche Möglichkeiten, mit den eigenen Mitteln einen solchen Mehrwert für andere zu stiften. Diese können Sie systematisch durchdenken und erforschen. Der in Abb. 1 dargestellte **Money-Tree** soll Ihnen dabei helfen, systematisch zu prüfen, welche Möglichkeiten Ihnen dafür zur Verfügung stehen. [5]

---

[3] Dabei kann man bestimmte Personen, die ihrerseits über finanzielle Ressourcen verfügen, im Auge haben, man kann aber auch die große Masse der Menschen im Allgemeinen in den Fokus nehmen, nach dem Motto: Wer Millionen machen will, muss Millionen erreichen (was sich mittlerweile durch moderne Medien tatsächlich immer leichter realisieren lässt).

[4] Auch ohne Geldsystem bestünde eine Möglichkeit der Wohlstandsgenese darin, Werte aus natürlichen Ressourcen zu erschaffen.

[5] Der Money-Tree soll allerdings nicht suggerieren, dass man sich zwischen den Strategien tatsächlich in sich wechselseitig ausschließender Weise *entscheiden müsse*. Stattdessen kann man durchaus mehrere Strategien parallel verfolgen.

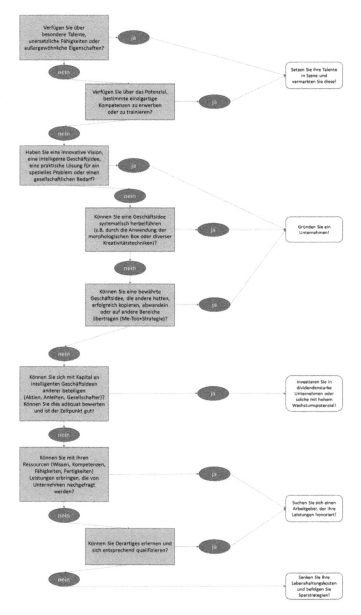

Abb. 1   Der Money-Tree zur Geldgenese

Versuchen Sie mit Hilfe des Money-Tree folgende Fragen zu beantworten:

- **Talentvermarktung:** Habe ich besondere Talente, unersetzliche Fähigkeiten, außergewöhnliche Eigenschaften oder kann ich mir solche einzigartigen Kompetenzen antrainieren und diese vermarkten?
- **Unternehmertum:** Habe ich eine innovative Vision, eine intelligente Geschäftsidee oder praktische Lösungen für spezifische oder verbreitete Probleme oder Bedarfe oder kann ich eine solche Idee systematisch (z. B. mit Hilfe von Kreativitätstechniken) herbeiführen? Kann ich eine bewährte Geschäftsidee, die andere hatten, kopieren, abändern oder auf andere Bereiche übertragen (Me-Too+Strategie)? Kann ich einem noch nicht voll ausgeschöpften Trend folgen?
- **Investition:** Kann ich mich an erfolgreichen oder erfolgversprechenden Geschäftsideen anderer beteiligen (Gesellschafter, Aktionär etc.)? Habe ich die Mittel dafür und kann ich das Marktumfeld adäquat einschätzen?
- **Karriere:** Kann ich mit meinen (nicht einzigartigen) Ressourcen (Wissen, Mittel, Fertigkeiten und Fähigkeiten) etwas leisten, das von anderen Personen oder Unternehmen nachgefragt, gebraucht und honoriert wird? Kann ich Derartiges zumindest erlernen (Qualifizierung) und Leistungen erzeugen, die entlohnungswürdig sind?
- **Sparen:** Kann ich Kosten reduzieren, Ausgaben mindern und kontinuierlich sparen?

1.1   Einzigartige Talente, außergewöhnliche Kompetenzen – *Ich?*

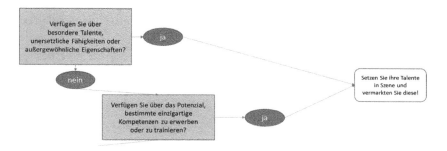

In einem ersten Schritt können Sie versuchen, eigene ungewöhnliche Talente zu identifizieren, mit denen Sie möglicherweise gesegnet sind, falls sich diese nicht ohnehin schon aufgedrängt haben. Gemeint sind Talente, die von anderen Personen bewundert und gewürdigt werden, mit denen beispielsweise ästhetische Bedürfnisse anderer Menschen befriedigt werden können oder die Sie unersetzlich machen – seien dies nun musikalische, sportliche, schauspielerische oder fachspezifische Eigenschaften.

Zu den reichsten Sportlern der Geschichte zählen laut Forbes-Magazine Michael Jordan mit einem geschätzten Vermögen von 1,85 Milliarden US-Dollar, Tiger Woods mit einem Vermögen von 1,7 Milliarden Dollar und auch ein deutscher Sportler ist mit einem Vermögen von ca. einer Milliarde US-Dollar in der Liste zu finden, nämlich Michael Schumacher. In der ersten Fußballbundesliga verdient ein Profispieler übrigens immerhin noch durchschnittlich ca. 2 Millionen Euro im Jahr. Unter den Models rangieren Kendall Jenner mit einem Vermögen von 22 Millionen Dollar und Gisele Bündchen mit 17,5 Millionen Dollar ganz oben. Bei den Rock- und Popstars führt Madonna mit einem Vermögen von 580 Millionen US-Dollar die Liste vor Maria Carey mit 535 Millionen US-Dollar an. Der Schauspieler Tom Cruise soll ein Vermögen von ca. 550 Millionen Dollar besitzen. Doch auch als deutscher Showmaster kann man mit von der Partie sein: So liegt das geschätzte Vermögen von Günther Jauch bei 55 Millionen Euro.

Jeder Mensch besitzt einzigartige Merkmale oder Merkmalskombinationen. Nicht alle einzigartigen Talente sind jedoch derart gefragt, dass sie sich unmittelbar mit Erfolg vermarkten ließen. Individuelle Potenziale können jedoch auch systematisch entwickelt und durch gezieltes Training zu außergewöhnlichen Kompetenzen aufgebaut werden. Es könnte sich also durchaus lohnen, für einen Moment zu prüfen, ob es ein marktfähiges Talent bei Ihnen zu entdecken oder eine begehrte Kompetenz zu entwickeln gibt.

Um Talente zu entdecken, kann man z. B. ungewöhnliche Aufgaben bearbeiten oder Dinge tun, die man zuvor noch nie ausprobiert hat. Man kann sich völlig neuartigen Herausforderungen stellen oder auch andere Personen zu den eigenen Eigenschaften befragen. Man kann aber auch selbst mit Hilfe einiger Leitfragen systematisch prüfen, über welche Talente oder Kompetenzen man verfügt.

Beantworten Sie dazu folgende Fragen:

- Was können Sie besser als die meisten anderen?
- Was sehen andere als Ihre Stärken an?
- In welchen Bereichen fragen andere Personen Sie um Rat oder bitten Sie um Hilfe?
- Welche Vorteile/Voraussetzungen/Kenntnisse haben Sie, die andere nicht haben?
- Welche Aufgaben fallen Ihnen besonders leicht?
- Womit beschäftigen Sie sich gerne?
- Bei welchen Tätigkeiten bekommen Sie regelmäßig positives Feedback?
- Auf welche Leistungen/Erfolge sind Sie besonders stolz?
- Womit sind Sie schon als Kind aufgefallen?
- Gibt es in Ihrer unmittelbaren Verwandtschaft besondere Talente?

Eine weitere Möglichkeit, eigene Talente und Kompetenzen zu entdecken, ist die Erstellung eines so genannten Ressourcen ABC (vgl. dazu Jerusalem 1990; Ufer 2013, vgl. Tab. 1):

Dazu können Sie auf einem Blatt Papier drei Spalten einzeichnen. Die erste Spalte wird mit der Überschrift „Buchstabe im Alphabet" versehen, die zweite mit „Ressource" und die dritte mit „Beleg, Beispiel, Ereignis".

Tab. 1 Beispielhafte Darstellung eines Ressourcen ABC

Buchstabe im Alphabet	Ressource	Beleg, Beispiel, Ereignis
A	ausdauernd	*ausdauernd*: im Studium habe ich 14 Prüfungen innerhalb von sechs Monaten ohne Leistungsabfall absolviert!
	anpassungsfähig	*anpassungsfähig*: im positive Sinn bin ich anpassungsfähig, weil ich z. B. schon mehrfach problemlos den Job und den Wohnort gewechselt habe
B	belastbar	*belastbar*: 2019 habe ich einen Marathonlauf durchgehalten
	beredt	*beredt*: meine Vorträge kommen immer gut an
...	...	...
Z	zuverlässig	zuverlässig:...

Anschließend sollen in die erste Spalte sämtliche Buchstaben des Alphabets untereinandergeschrieben werden. Diese Buchstaben dienen der Gedankenanregung. Denn im zweiten Schritt sollen zu jedem Buchstaben eine oder mehrere Ressourcen benannt werden, über die Sie verfügen: bei dem Buchstaben „A" beispielsweise die (mit „a" beginnende) Eigenschaft „abenteuerlustig". In der dritten Spalte soll nun ein Ereignis beschrieben werden, bei dem Sie diese Eigenschaft unter Beweis gestellt haben oder die aufgelistete Ressource erfolgreich verwendet haben.

Ressourcen können dabei sein:

- *Fähigkeiten und Fertigkeiten: Eignungen, Wissen, Können, Erfahrungen*
- *Hilfreiche Charaktereigenschaften und Persönlichkeitsmerkmale*
- *Vergangene Erfolge, erreichte Ziele, bewältigte Herausforderungen*
- *Schlüsselerlebnisse; bedeutsame Ereignisse*
- *Persönliche Werte und Einstellungen*
- *Menschen: Familie, Freunde, Kollegen, Vereinskontakte, Netzwerke*
- *Materielles: Geld, Vermögen, Besitztümer*
- *Energetisierende Träume, Visionen, Wünsche*

Diese Methode hat in der Regel einen erhebenden Effekt auf Personen, weil diese sich ihre Stärken und Erfolge vergegenwärtigen. Die enorme Anzahl an persönlichen Ressourcen, die im Rahmen dieses Vorgehens in der Regel zum Vorschein kommt, lässt Sie vielleicht auch das eine oder andere Talent oder zumindest die eine oder andere gefragte Kompetenz entdecken.

Manchmal kommt es einfach nur darauf an, persönliche Eigenschaften exzessiv auszutrainieren, um etwas Besonderes und Einzigartiges hervorzubringen. Außergewöhnliche Talente sind jedoch zwangsläufig nicht derart weit verbreitet, dass die Mehrheit der Leser damit besonders viel Geld verdienen könnte. Daher kann man sich im zweiten Schritt und in mehreren weiteren Schritten fragen, ob man auf irgendeine Weise eine erfolgreiche Geschäftsidee umzusetzen vermag, sich an einer solchen beteiligen oder diese mit Hilfe der eigenen Arbeitsleistung zumindest unterstützen kann.[6]

---

[6] Für diesen zuletzt genannten Aspekt ist das Ressourcen ABC offenkundig ebenfalls sehr hilfreich.

1.2   Innovative Visionen, intelligente Geschäftsideen, praktische Lösungen – *Wer Visionen hat, muss zum Arzt oder wird reich*

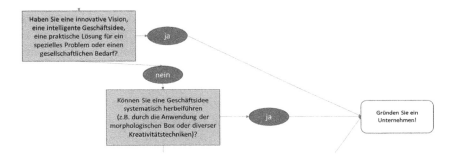

Selbstständige Tätigkeit gewährt die größten Chancen auf Reichtum. Präziser formuliert: Die überwiegende Mehrzahl der reichen Personen sind Unternehmer oder selbstständig Tätige. Die meisten einschlägig forschenden Autoren stimmen in der Überzeugung überein, dass Reichtum am ehesten über ein „eigenes Business" initiiert werden kann (vgl. z. B. Böwing-Schmalenbrock 2012, S. 92; Demarco 2011; Kiyosaki 2011; Zitelmann 2015). Selbstständigkeit ist in der Tat der beste Prädiktor für Reichtum (Böwing-Schmalenbrock 2012; Zitelmann 2015, S. 35; Zitelmann 2017, S. 44). Abhängig Beschäftigte können ihr Einkommen zwar besser planen, aber sogar Chefärzte, Professoren, Vorstandsmitglieder, Rechtsberater oder Beamte in den höchsten Besoldungsgruppen erhalten kein Lebenseinkommen, das Reichtum *per definitionem* garantieren würde. Es ist in den genannten Beschäftigungsverhältnissen zwar *möglich*, reich zu werden, aber Vertreter dieser Berufsgruppen müssen in der Regel sehr lange darauf hinarbeiten. Bei Selbstständigen hingegen ist die Einkommenshöhe prinzipiell unbeschränkt. Freiberufler haben im Vergleich zu unselbstständig Beschäftigten eine ca. 3,5-fach höhere Wahrscheinlichkeit, reich oder wohlhabend zu sein, Unternehmer sogar eine 4,5-fach erhöhte Wahrscheinlichkeit (Zitelmann 2015, S. 35). Unter den 100 reichsten Menschen in Deutschland befinden sich 98 % Unternehmer und unter den Multimillionären (sogenannte HNWIs mit einem Medianvermögen von 3,4 Millionen Euro) befinden sich immerhin noch ca. 65 % Unternehmer (Zitelmann 2015, S. 35).

Zu den reicheren Deutschen gehört z. B. Peter Unger, der den Autozubehörhandel Auto-Teile-Unger (ATU) gründete. Er rangiert mit einem geschätzten Vermögen von 2 Milliarden US-Dollar auf diversen „Reichstenlisten" zwischen den Plätzen 99 und 45 in Deutschland. Günther Fielmann revolutionierte den Brillenmarkt in Deutschland. Sein Engagement verschaffte ihm vermutlich ein Vermögen von 4,5 Milliarden Dollar, mit dem er in diversen Reichstenlisten Plätze unter den 50 bis 30 reichsten Deutschen einnimmt. Aloys Wobben gründete 1984 den Windenergieanlagenhersteller Enercon. Mit einem geschätzten Vermögen von ca. 6 Milliarden Euro gilt er als der reichste Niedersachse und zählt auch deutschlandweit zu den reichsten Menschen.

Wie Kiyosaki (2011) geht auch Demarco (2011) davon aus, dass der klassische Karriereweg (guter Schulabschluss, guter Studienabschluss, Promotion, Angestelltenposten in einem großen Konzern o. ä.) bestenfalls zu Wohlstand oder zu langsamem Reichtum führt, weil das Gehalt, wenngleich es hoch sein mag, hauptsächlich an die Zeit gekoppelt ist. Man kann eben nicht *mehr* Arbeitsstunden an einem Tag ableisten als der Tag nun mal zur Verfügung stellt. Selbst wenn eine Person täglich 300 € verdient, dauert es sehr lange, bis sich daraus Vermögensreichtum kumulieren kann.[7] Abweichend von Kiyosaki weist Demarco darauf hin, dass dies bei den meisten *Investitionen* ebenso der Fall ist: Beispielsweise zahlen sich auch Immobilienkäufe zumeist erst nach Jahrzehnten aus. Zur Erlangung schnellen und potenzierten Reichtums kommt somit am ehesten eine wie auch immer geartete Geschäftstätigkeit in Frage. Demarco (2011) verdeutlicht seinen Lesern diesen Sachverhalt mit einigen einfachen Fragen: Stelle dir vor, du triffst einen 35-jährigen Millionär – wie hat er es wohl geschafft, Millionär zu werden? War dies durch einen guten Angestelltenjob und durch die Sparregel, monatlich 10 % des Gehalts zu investieren, möglich? Wohl kaum!

Aus diesem Grund können Sie als nächstes ausloten, ob Sie eine Geschäftsidee generieren können! Es gibt durchaus Methoden, die dabei helfen, eine Geschäftsidee zu entdecken. Oft sind die Bemühungen, eine Geschäftsidee zu finden, deshalb so fruchtlos, weil wir meinen, aus dem Nichts heraus müsse der revolutionäre Gedanke oder die zündende Idee

---

[7] Dies gilt zumindest für Gehälter, die nach herkömmlichen Entgeltsystemen ausbezahlt werden.

entspringen. *Ex nihilo nihil fit* – von nichts kommt jedoch nichts. Realistischer und erfolgversprechender ist es daher, sich ganz konkrete Denkanlässe zu geben und dem Denken adäquate Anker zu verschaffen:

- **Notieren Sie z. B. eine Woche lang, woran Sie sich im Alltag stören und wie Sie dies beheben könnten!**
  (Vermutlich stören sich Millionen andere Menschen ebenfalls daran und wären dankbar für ein problemlösendes Produkt oder eine problembewältigende Dienstleistung von Ihnen.)
- **Menschen jammern gern. Hören Sie einfach mal genau hin, worüber sie jammern und überlegen Sie, unter welchen Umständen sie nicht mehr jammern würden!**
  (Den Rat, den Sie erteilen würden oder die Hilfeleistung, die Sie geben würden, lassen sich vermutlich auch für unzählige andere Menschen kommerziell anbieten.)
- **Suchen Sie bei Ihrer derzeitigen Beschäftigung nach Verbesserungsmöglichkeiten!**
  (In diesem Bereich sind Sie Experte. Überlegen Sie, wie man Ihren Job einfacher oder effizienter gestalten könnte!)
- **Fragen Sie sich, wie das zu einem Ihrer üblichen Vorgehensweisen genau umgekehrte Vorgehen zum Erfolg führen könnte!**
  (Dies soll einfach das Querdenken fördern).[8]
- **Wenden Sie Kreativtechniken an, um systematisch zu einer innovativen Geschäftsidee vorzudringen!**
  (Mit Hilfe der Morphologischen Box kann man beispielsweise auf systematische Weise Marktnischen entdecken. Die Abb. 3 zeigt ein Beispiel für die Anwendung der Morphologischen Box. Auch andere Kreativitätstechniken können dabei helfen, auf neue Ideen zu kommen, wie z. B. die Kopfstandtechnik, die Bisoziationsmethode oder die Provokationstechnik.)

Ein Beispiel, um die Anwendung der Morphologischen Box zu veranschaulichen (Zwicky 1966), findet sich in Abb. 2: Für eine Sie

---

[8] Erinnern Sie sich z. B. an die Revolution, die mit dem Fosbury-Flop im Hochsprung eingeläutet wurde. Der Erfolg dieser Technik, nämlich „rückwärts" über die Hochsprunglatte zu springen, muss für Sportler, die sich Jahrzehnte zuvor damit abmühten, ihren Schersprung oder ihren Vorwärtsrollsprung zu optimieren, geradezu verrückt angemutet haben.

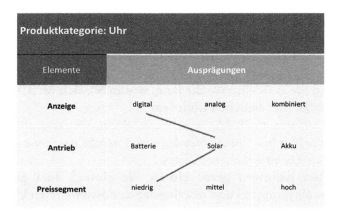

Abb. 2   Beispiel für die Anwendung der Morphologischen Box

interessierende Produktkategorie sind zunächst die Funktionselemente in der linken Spalte der Box untereinander einzutragen (z. B. für die Produktkategorie *Uhr:* die *Anzeige einer Uhr,* der *Antrieb einer Uhr,* der *Preis einer Uhr …*). Danach werden in den anderen Spalten die jeweiligen Ausprägungsformen dieser Funktionselemente aufgelistet (z. B. für das Element *Anzeige einer Uhr:* das *analoge Ziffernblatt* und die *digitale Anzeige;* für das Element *Antrieb einer Uhr:* der *Batteriebetrieb* und der *Solarbetrieb*). Nun wird offensichtlich, welche Variantenkombinationen es auf dem Markt noch nicht gibt, obwohl ggf. ein Nachfragepotenzial vorhanden wäre (z. B. eine Uhr mit einer digitalen Anzeige und Solarbetrieb im niedrigen Preissegment).

Erstellen Sie zu einer Ihnen vertrauten Produktkategorie eine Morphologische Box (vgl. Abb. 3)!

Unter den reichen Menschen sind zwar viele Selbstständige zu finden, dies bedeutet jedoch nicht zwangsläufig auch, dass viele Selbstständige reich sind. Die meisten Forscher beziehen sich in ihren diesbezüglichen Aussagen nämlich lediglich auf das *Potenzial*, Reichtum erlangen zu können, und dies ist tatsächlich für Selbstständige höher als für abhängig Beschäftigte. Die einschlägigen Daten geben aber zunächst lediglich Auskunft darüber, dass es unter der Bedingung, reich zu sein, sehr wahrscheinlich ist, selbstständig zu sein. Gleichzeitig jedoch geben die Daten keine Auskunft darüber, dass es unter der Bedingung, selbstständig zu

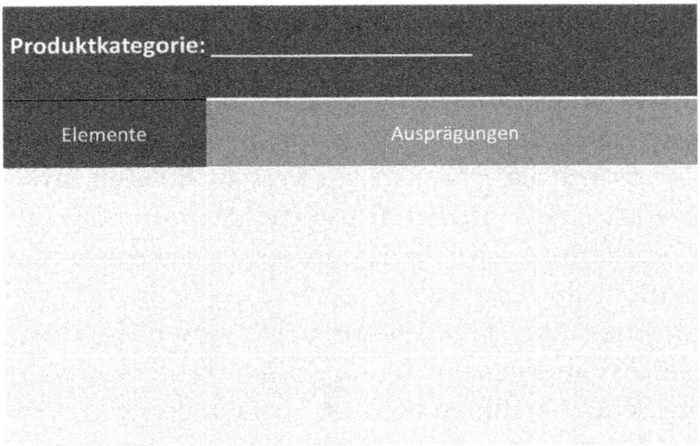

Abb. 3   Ihre eigene Morphologische Box

sein, wahrscheinlich ist, reich zu sein. So merkt Löffelholz in Zitelmann (2015, S. 9) treffend an, dass viele Selbstständige *nicht mehr* verdienen als „Hartz IV." Diejenigen 10 % der Selbstständigen, die am wenigsten verdienen, verfügen lediglich über ca. 600 € monatlich (DIW-Studie 2014; Zitelmann 2015, S. 45). Auch wenn Selbstständige *im Durchschnitt* einen höheren Verdienst haben als abhängig Beschäftigte (Institut für Mittelstandsforschung 2011),[9] so ist die Streuung der Einkommen bei Selbstständigen doch dreimal so hoch wie bei abhängig Beschäftigten.

Viele Selbstständige und Unternehmer scheitern auch. In einer Studie von Wiggins und Ruefli (2002) wurden 6772 Unternehmen 23 Jahre beobachtet und in Leistungsgruppen eingeteilt (superior, modal, inferior). Nur 5,00 % der Spitzenunternehmen waren nach 10 oder mehr Jahren noch im Top-Segment aktiv, nur 0,50 % der Unternehmen waren nach 20 oder mehr Jahren noch im Top-Segment zu finden und nur 0,04 % waren nach 50 oder mehr Jahren noch im Top-Segment existent. Die Autoren konnten auch eine bemerkenswerte „Unternehmenssterblichkeit" dokumentieren. Jede dritte Firma in Deutschland geht in den ersten vier Jahren pleite und ein weiteres Drittel zwischen dem fünften

---

[9] Es gibt ca. 4200.000 Selbständige in Deutschland. Jeder vierte Selbständige verdient mehr als 2900 € netto. Auf diesen Betrag kommt nur jeder zehnte Angestellte. Die Vergleichbarkeit ist allerdings gering, da Selbständige sich zumeist auf alternativem Weg Renten- und Arbeitslosenversicherungen beschaffen müssen.

und dem zehnten Jahr (Opoczynski 2005, S. 125). Circa 25 % der Unternehmen, die 2014 Insolvenz anmeldeten, waren maximal zwei Jahre am Markt. In 2013 meldeten über 25.000 Unternehmen Insolvenz an und davon waren über 13.000 Unternehmen weniger als 10 Jahre am Markt. Es ist zwar denkbar, bereits in dieser kurzen Zeit Erfolge zu generieren und auch eine Unternehmenspleite muss für die Inhaber nicht unbedingt drastische finanzielle Konsequenzen haben, in der Mehrzahl der Fälle ist dies jedoch der Fall.

Die Industrie- und Handelskammern weisen in ihren Informationsbroschüren daher regelmäßig auf typische Fehler von Selbstständigen hin, die zum Scheitern führen können. Dazu zählen: die Unterschätzung des nötigen Startkapitals, ein unausgereifter Finanzierungsplan, die leichte Imitation des Produkts oder der Dienstleistung durch Wettbewerber, eine fehlende Unique Selling Proposition, kaufmännische Defizite, unklar definierte Kundenzielgruppen, inkonsequentes Marketing und fehlende vorhergehende Marktanalysen.

Hilfreich ist es jedenfalls, sich im Rahmen eines Businessplans kritisch mit Fragestellungen wie den folgenden auseinanderzusetzen:

- Über welche Kompetenzen verfügen Sie auf dem Fachgebiet (Erfahrungen, Qualifikationen)?
- Über welche zeitlichen Freiräume verfügen Sie für die Organisation Ihrer Unternehmung?
- Über welche betriebswirtschaftlichen Kompetenzen verfügen Sie?
- Wer ist an Ihrer Unternehmung beteiligt? Wen müssen Sie wie einbinden? Was können Sie nicht selbst?
- Wie ist die Unternehmung organisiert (Standort, Rechtsform, Verantwortungsbereiche)?
- Welche(s) Produkt(e) oder welche Dienstleistung(en) bieten Sie konkret an?
- In welchem Stadium befindet sich die Produktentwicklung bzw. das Dienstleistungskonzept derzeit? Haben Sie einen Prototypen erstellt?
- Warum gibt es dieses Produkt oder diese Dienstleistung noch nicht bzw. nicht in der von Ihnen angebotenen Form auf dem Markt?

- Ist Ihre Geschäftsidee eindeutig und verständlich artikuliert bzw. artikulierbar?
- Lässt sich Ihre Geschäftsidee an einem konkreten potenziellen Kunden skizzieren?
- Löst Ihr Produkt oder Ihre Dienstleistung ein Problem für Ihre potenziellen Kunden?
- Gibt es einen breiten und drängenden Bedarf nach Ihrem Produkt oder Ihrer Dienstleistung?
- Welche Bedürfnisse hat die Zielgruppe und wie genau befriedigt Ihr Produkt bzw. Ihre Dienstleistung diese Bedürfnisse (Kundennutzen- statt Kompetenzorientierung)?
- Gibt es Mitbewerber auf dem Markt, die dasselbe oder ähnliche Produkte oder Dienstleistungen anbieten wie Sie (Gesamtmarkt, Branche, Wettbewerber)?
- Wie grenzen Sie sich von den Mitbewerbern ab?
- Was ist Ihre Unique-Selling-Proposition? Ist Ihre Geschäftsidee neu und einzigartig?
- Wie verhindern Sie die Imitation Ihrer Idee?
- Warum sollten Kunden gerade bei Ihnen einkaufen bzw. Sie buchen, anstatt bei der vertrauten und bewährten Konkurrenz?
- Wer sind Ihre potenziellen Kunden (Zielgruppe(n))?
- Haben Sie bereits Kunden, die das Produkt oder die Dienstleistung kaufen würden (vorzeigbare Referenzen)?
- Wie wollen Sie Kunden für sich gewinnen (Kontakt „wen erreichen Sie wann, wo und wie?", Marketing, Werbemittel, Absatzstrategie)?
- Wie ist der Prozess der Kundenversorgung mit dem Produkt bzw. der Dienstleistung?
- Was kostet Ihr Produkt oder Ihre Dienstleistung?
- Können und wollen Ihre Kunden die kalkulierten Preise zahlen?
- Welche Kosten fallen an (kurzfristig, mittelfristig, langfristig)?
- Wie finanzieren Sie Ihr Vorhaben?
- Welche Umsatz- und Gewinnerwartungen sind mit Ihrer Unternehmung verbunden (kurzfristig, mittelfristig, langfristig)?
- Wo liegen potenzielle Gefahren oder Unsicherheiten (Schwachstellen-analyse) (Lieferung, Wartung, Regress, Marktentwicklung, Abhängig-keiten, Gesetze etc.)?

- Wo sehen Sie Ihre Unternehmung in 5 Jahren (Vision, Zeitplan, mögliche Erfolgs- u. Misserfolgsfaktoren, Mittel und Wege zum langfristigen Ziel)?

Im Angesicht der Risiken, die mit einer Selbstständigkeit verbunden sein können, ist es unter Umständen empfehlenswert, eine Geschäftsidee zunächst *nebenberuflich zu testen* oder sich lediglich an guten Geschäftsideen mit einem Teil des eigenen Vermögens zu beteiligen. Risikoärmere Strategien werden wir in den nächsten Abschnitten behandeln.

Die Gründung eines Unternehmens *muss* allerdings gar nicht mit Risiken verbunden sein. Zudem muss man tatsächlich bestehenden Risiken nun auch nicht um jeden Preis aus dem Weg gehen. Daher wollen wir diesen Abschnitt auch nicht abschließen, ohne auf die zahlreichen Beispiele erfolgreicher Start-up Unternehmen hingewiesen zu haben. Solche Beispiele für zündende Geschäftsideen lassen sich z. B. auf den Seiten des Deutschen Gründerpreises finden: https://www.deutscher-gruenderpreis.de/erfolgsgeschichten.

1.3   Me-Too+Strategien, Quasi-Innovationen – *Me-Too mal anders*

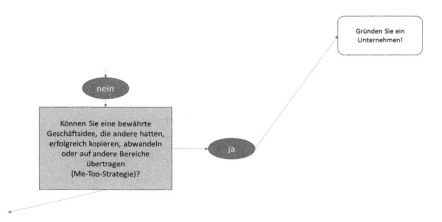

Wem einfach keine innovative Geschäftsidee einfallen will oder wer nicht das volle damit verbundene Risiko eingehen will, kann immer noch sogenannte Me-Too Strategien oder Quasi-Innovationen in Erwägung ziehen. Dabei werden vorhandene Geschäftsideen einfach anderen Bedingungen angepasst, auf andere Zielgruppen oder Branchen übertragen, sie werden variiert, spezialisiert, neuartig kombiniert oder optimiert (Opoczynski 2005, S. 111).

- **Lernen Sie am Modell!**
  (Identifizieren und analysieren Sie Personen, die es geschafft haben, reich zu werden. Können Sie sich an deren bewährter Vorgehensweise noch erfolgversprechend orientieren?)
- **Unausgeschöpfte Trends nutzen!**
  (Gibt es erfolgreiche Trends, die möglicherweise noch nicht voll ausgeschöpft sind, bei denen noch restliche Zielgruppen, Marktsegmente o. ä. bedient werden können?)
- **Versuchen Sie vielleicht einmal nicht den „großen Wurf", sondern denken sie „lediglich" über eine *verbesserte Umsetzung* einer bereits existierenden guten Geschäftsidee nach!**
  (Lassen Sie sich also nicht davon abschrecken, dass es scheinbar alles schon gibt, dass die Idee schon jemand vor Ihnen hatte etc. – viele Menschen werden schlicht durch die weitere Verbesserung eines bereits existierenden Produkts reich.)[10]
- **Bedingungen erleichtern**
  (Sie können sich in verschiedenen Einkaufshäusern gezielt vor diverse Warenregale stellen und sich fragen, wie man jedes der dort platzierten Produkte verbessern könnte. Sie können dabei erwägen, warum Sie diese Produkte in dem Moment gerade nicht kaufen würden und welche Bedingungen erfüllt sein müssten, damit Sie diese Produkte jetzt kaufen würden.)

---

[10] Dabei kann es sich auch bloß um die effizientere Produktion des Produkts handeln, um eine höhere Qualität oder ein besseres Marketing. Ansonsten können Produkte oft einfach verkleinert, vergrößert, farblich verändert oder anders platziert werden, sie können in Form, Klang oder Geruch modifiziert werden, sie können ersetzt werden, aus anderem Material gefertigt werden, aufgespalten werden, ergänzt werden oder anders arrangiert werden, Nachteile können behoben werden, sie können schlicht höher, länger, dicker, variantenreicher, heller oder kürzer gemacht werden oder auch andersartig verwendet werden.

- **Kombinationen und Transfermöglichkeiten**
  (Vielleicht können Sie auch einfach bereits vorhandene Ideen, Prinzipien, Techniken o. ä. aus völlig verschiedenen Bereichen miteinander kombinieren. Möglicherweise genügt es sogar, eine gute Idee auf einen anderen Lebens- oder Produktbereich zu übertragen.)

Die Idee, einen Imbissstand zu eröffnen, zeugt zwar nicht von besonderem Einfallsreichtum, dennoch ist es möglich, selbst ein solches Vorhaben durch eine geschickte Anpassung an die Bedürfnisse der lokalen Bevölkerung zum Erfolg zu führen. Opoczynski (2005, S. 110) erwähnt das Beispiel eines Standes im Frankfurter Bankenviertel, in dem die Produkte frisch, qualitativ hochwertig und dafür etwas teurer angeboten wurden als es für einen klassischen Imbissstand üblich ist. Dies deckt die Bedürfnisse von *Bankern* optimal, die in ihrer kurzen Mittagspause aus ihren Büros strömen, schnell bedient werden wollen, keinen minderwertigen Imbiss begehren und vielleicht auch nicht auf jeden Cent achten müssen. Opoczynski schreibt: „Abends fährt der Existenzgründer in seinem Jaguar nach Hause." Viele weitere erfolgreiche Beispiele lassen sich benennen. So gründeten Lorenz Hampl und Mirco Wolf Wiegert ein Unternehmen, um das Produkt *fritz-kola* herzustellen, das es mittlerweile nicht mehr nur in vielen Szenelokalen anstelle der etablierten Coca-Cola zu kaufen gibt. Dabei muss sich die Me-Too Strategie jedoch gar nicht immer auf ein Produkt beziehen; Ihnen sind vermutlich weitaus mehr Me-Too Strategien aus Bereichen wie *originäre Dienstleistung (z. B. Pflegedienst, Abschleppdienst), Vermittlung (z. B. Immobilienmakler, Partnervermittlung), Beratung (z. B. Steuerberatung, Unternehmensberatung), Vermietung (z. B. Immobilienverwaltung), Ressourcenteilung (z. B. Fitnessstudio, Agrarmaschinenservice)* oder *Handel (z. B. Kauf-Wiederverkauf)* bekannt. Und auch in diesen Bereichen können Innovationen erschaffen werden. Dabei bringt es sogar einige Vorteile mit sich, weniger über die Verbesserung von Produkten nachdenken zu müssen als vielmehr über die Verbesserung von Abläufen und Prozessen.

Bei einer klassischen Me-Too Strategie sollte allerdings bedacht werden, dass die am Markt bereits etablierten Wettbewerber in der Regel einen bedeutenden Erfahrungsvorsprung haben. Typische Fehler sind bei ihnen zumeist ausgemerzt, Lieferketten sind bereits aufgebaut und sie werden oft auch professionell beraten. Dafür fallen bei einer Me-Too

Strategie jedoch häufig die aufwendigen Entwicklungskosten weg und man kann Fehler, die das etablierte Unternehmen begangen hat, soweit diese bekannt sind, selbst vermeiden. Auch um Rechtsstreitigkeiten vorzubeugen, sollte das eigene Produkt im Vergleich zum etablierten Produkt einen wie auch immer gearteten *Zusatznutzen* erkennen lassen, damit es kein Plagiat ist, das durch Produktpiraterie erzeugt wurde – die Me-Too Strategie sollte daher unbedingt eine *Me-Too+Strategie* sein.

Solche Ideen scheitern oft daran, dass man *zu spät* auf den fahrenden Zug aufspringt und sich dann darüber ärgert, dass das, was man auch gekonnt hätte, von anderen eher erkannt und einfach gemacht wurde. Eine Geschäftsidee setzt man am ehesten konsequent um, wenn man die Handlungen, die sich aus der Entscheidung für die Realisierung der Idee ergeben, an konkrete raum-zeitliche Koordinaten bindet, und zwar am besten in Form von Wenn-Dann Regeln (z. B. „*Wenn* ich freitags von der Arbeit nach Hause komme, *dann* gehe ich sogleich in die Werkstatt, um einen Prototypen zu bauen!"). Damit die konsequente Umsetzung dann aber nicht in einen blinden Aktionismus mündet, sollte bei der Entscheidungsfindung auch gleichzeitig (1) ein Ausstiegsplan oder (2) ein Plan B ersinnt werden, welcher greift, sobald Fehlentwicklungen gemäß zuvor klar definierten Abweichungskriterien erkennbar werden. Dies ermöglicht entsprechende Anpassungen, Korrekturen oder Kompensationen.

1.4   An Geschäftsideen beteiligen – *Einzelne Teile sind weniger riskant als das Ganze*

Kiyosaki (2011) führt seine Leser in seinem Buch „Rich Dad Poor Dad" an eine zwar einfache, aber dennoch oft nicht konsequent durchdachte Einsicht heran. Er empfiehlt, neben der üblichen Gewinn- und Verlustrechnung im eigenen Haushalt – also neben den Einkünften (z. B.

aus dem Gehalt) und den Ausgaben (z. B. für Steuern) – auch eine *persönliche Bilanz* aufzustellen, die sich aus den Vermögenswerten (wie z. B. Immobilien) einerseits und den Verbindlichkeiten (wie z. B. Hypotheken) andererseits zusammensetzt (s. Abb. 4).

Anhand einer solchen Zusammenstellung wird nämlich deutlich, dass die meisten Menschen *Verbindlichkeiten* mit *Vermögenswerten* verwechseln. So finanzieren sie z. B. ein selbst genutztes Haus und halten dies für eine Investition bzw. für einen Vermögenswert. Ökonomisch betrachtet handelt es sich aber zumeist nicht um einen reinen Vermögenswert, da er keine Rendite abwirft. Der Geldfluss geht in diesem Fall eben nicht zur Einnahmenseite, sondern viel öfter zur Ausgabenseite, denn die Hypothek, die man i. d. R. für das Haus aufnimmt, führt zu weiteren Ausgaben statt Einnahmen. Man macht sich abhängig und muss ggf. sogar noch *mehr* Geld erwirtschaften als zuvor. Vielleicht übersieht man sogar noch Instandhaltungskosten und überschätzt den Wertzuwachs

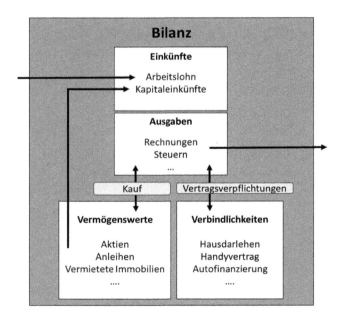

Abb. 4 Geldflüsse bei Vermögenswerten vs. Verbindlichkeiten (Kiyosaki 2011). Erstellen Sie auch Ihre eigene persönliche Bilanz, um die Geldflüsse erkennen zu können!

eines zum Verkaufszeitpunkt zumeist Jahrzehnte gealterten Hauses. Kiyosaki resümiert: Man arbeitet letztlich (1) für den Arbeitgeber und macht den reich, man arbeitet (2) für die Bank und macht die reich und man arbeitet (3) für den Staat und macht den reich. Man selbst wird aber ärmer.[11]

Wer stattdessen Geld hinzugewinnen will, sollte sich den Unterschied zwischen Vermögenswerten einerseits und Verbindlichkeiten andererseits verdeutlichen und sich auf die Beschaffung von Vermögenswerten konzentrieren. Vermögenswerte können nämlich einen Geldfluss zur Einnahmeseite erzeugen, und zwar z. B. durch Zinszahlungen aus Anleihen, durch Dividendenauszahlungen aus Aktien, durch Mieteinnahmen aus Immobilien, durch Tantiemen für Bücher o. ä. (Kiyosaki 2011, S. 70 ff.). Man kann es auch auf die Formel bringen: Besser investieren als konsumieren![12] Wer also keine eigene Geschäftsidee entwickeln kann oder das damit einhergehende Risiko scheut, kann sich immer noch an überzeugenden Geschäftsideen beteiligen, z. B., indem Anteile an einem entsprechenden Unternehmen erworben werden und auf diese Weise zusätzliche Einnahmen erzeugt werden.

Es gibt zahlreiche Arten und auch zahlreiche Grade von *Unternehmensbeteiligungen* – vom Kleinaktionär über den Gesellschafter oder Franchisenehmer bis hin zum Hauptinvestor. Es gibt darüber hinaus durchaus Möglichkeiten, mit den auch damit noch verbundenen Risiken von Insolvenzen, Kursschwankungen, Währungsproblematiken etc. umzugehen (z. B. Stopp-Loss Risikopuffer, Diversifikation). Zu dieser komplexen Thematik empfehlen wir entsprechende Fachliteratur (z. B. Jungblut et al. 2013).

Eines sollte allerdings – zumindest was die *Aktienanlagen* anbelangt – bedacht werden: Die Möglichkeiten, durch Aktienanlagen reich zu werden, sind für die meisten Menschen beschränkt. Gemessen am

---

[11] Mit diesem stark vereinfachten und reinen Veranschaulichungszwecken dienenden Beispiel soll keinesfalls ausgesagt werden, dass selbstgenutzte Immobilien eine schlechte Geldanlage darstellen müssen oder dass ein Immobilienkauf sich nicht durch eingesparte Mietzahlungen auszahlen kann. Zudem können natürlich die befriedigten Bedürfnisse durch den Kauf einer selbstgenutzten Immobilie die Motive zur Geldgenese überwiegen.

[12] Der Zyniker Galiani soll gesagt haben, dass etliche Herrscher Goldschmuckstücke angehäuft und dabei vergessen hätten, dass man Kriege nur mit Waffen, aber nicht mit Goldschmuck gewinnen kann (in Liessmann 2009, S. 12).

Kursverlauf des Deutschen Aktienindex (DAX) hätte man in der Vergangenheit in verschiedenen 20-Jahres Perioden im Durchschnitt „lediglich" ca. 8 % Rendite pro Jahr erwirtschaften können. Wer nicht ohnehin schon große Beträge investieren kann, wird auf diesem Weg den Sprung zum Reichtum nur mit einer gehörigen Portion Glück (oder ausgezeichnetem Sachverstand) schaffen. Es gibt durchaus prominente Beispiele von Personen wie Warren Buffett, die durch Aktienanlagen reich geworden sind. Immerhin geben auch noch 2,4 % der Reichen an, dass Aktiengewinne der wichtigste Grund für ihren erlangten Reichtum waren (Zitelmann 2015, S. 41). Doch es gibt auch Grund zur Vorsicht. Schulmeister (2009, S. 183) warnt: „Daher müssen die Amateurspekulanten in ihrer Gesamtheit die Verlierer sein." Zu dieser Schlussfolgerung kommt er, weil Kleinanleger beispielsweise nur *zeitlich verzögert* auf Kursveränderungen reagieren können, weil sie *zu wenig* Kapital einsetzen können und i. d. R. auch *nicht über Insiderinformationen* verfügen.

Zum Zweck der ersten Orientierung hat mir persönlich die Beschäftigung mit folgenden Faktoren bei der Geldanlage immer sehr geholfen. Falls Sie investieren wollen, können Sie zunächst folgende Aspekte definieren:

- Anlageziel
  (Was wollen Sie mit der Geldanlage erreichen? Wenn Sie ein Ziel haben, können Sie die verfügbaren Optionen sinnvoller vergleichen und danach beurteilen, inwieweit sie geeignet sind, das Ziel zu erreichen.)
- Anlagedauer
  (Wie lange können Sie auf das eingesetzte Geld verzichten?)
- Zwischenzeitliche Verfügbarkeit
  (Wie hoch darf die Hürde maximal sein, an das eingesetzte Geld notfalls doch heranzukommen?)
- Risikobereitschaft
  (Testen Sie Ihre individuelle Risikobereitschaft! Welchen Verlust könnten Sie im Worst-Case verkraften? Setzen Sie ggf. nur Geld ein, dass Sie gewissermaßen übrighaben, das für Sie eine Art „Spielgeld" darstellt.)
- Anvisierte Rendite
  (Überlegen Sie, welcher Gewinn etc. bei Ihrem präferierten Risiko und der Anlagedauer gewollt und realistisch ist!)

- Verwaltungsgebühren
  (*Kalkulieren Sie dabei unbedingt auch die Gebühren etc. der Anlage ein. Einen Überblick über die facettenreichen Gebühren, Abschläge, Provisionen, Steuerabzüge etc. von Geldanlagen liefern Weik und Friedrich (2015); erwägen Sie Direktbanken als kostengünstigere Alternative!*)
- Einstiegszeitpunkt und/oder -höhe
  (*Sehen Sie sich die langfristigen Wertentwicklungsverläufe der in Frage kommenden Anlagen an, um eine günstige Einstiegshöhe einschätzen zu können!*)[13]
- Ausstiegszeitpunkt und/oder -höhe
  (*Legen Sie am besten schon im Vorfeld der Geldanlage die Ausstiegshöhe fest, mit der Sie zufrieden wären bzw. ihr formuliertes Ziel erreicht haben!*)

In der Literatur werden bezüglich der Aktienanlagen auch Strategien benannt, die möglicherweise besser abschneiden als „der Markt", die sich also besser entwickeln als z. B. der Durchschnitt der DAX-Unternehmen. Diese Strategien werden jedoch kontrovers diskutiert. Daher wollen wir einige dieser Strategien hier bloß zur *Gedankenanregung* und *weiteren Recherche* auflisten:

- Skandal-Schnäppchen
  (*Unternehmen, die aktuell in einen Skandal verwickelt sind, sind häufig kurzfristig mit einem übertriebenen Kursverlust konfrontiert. Ist absehbar, dass der Skandal oder die Krise nur vorübergehender Natur ist und die fundamentalen Daten des Unternehmens davon nicht betroffen sind, können Aktien solcher Unternehmen in der Krisenphase gekauft und bei überwundenem Skandal wieder verkauft werden. Ein Beispiel stellte die VW-Aktie zu Beginn des Dieselskandals dar.*)

---

[13] Einige Autoren argumentieren, dass man den „richtigen Zeitpunkt" ohnehin nicht einschätzen kann und plädieren daher dafür, *regelmäßig konstante Beträge* zu investieren, um dabei den *Cost-Average-Effekt* nutzen zu können: Bei niedrigen Kursen werden dann durchschnittlich mehr Anteile für den gleichbleibenden Betrag erworben, die bei steigenden Kursen die Investition deutlicher an Wert gewinnen lassen würden (Robbins 2015). Modellrechnungen zeigen jedoch, dass der Effekt nur bei einer negativen mittleren Rendite höhere Gewinne erwarten lässt als eine Einmalanlage. Zudem sind wir der Meinung, dass ein Blick auf die langfristigen Kursverläufe die potenzielle Fallhöhe der Investition durchaus verdeutlichen kann.

- Zyklus-Strategie

  (Bestimmte Unternehmen bzw. ganze Branchen hängen stark von den üblichen Zyklen der konjunkturellen Entwicklung ab. Solche Aktien können somit in Rezessionszeiten gekauft und in Boomzeiten verkauft werden.)

- Zuliefererstrategie

  (Wenn es beim Hauptakteur einer Branche bergauf geht, kauft man die Aktien der Zulieferer für diesen Hauptakteur. Die Annahme ist, dass die Zulieferer mit geringer zeitlicher Verzögerung ebenfalls vom Auftragsplus des Hauptakteurs profitieren.)

- Dividendenstrategie

  (Wer in Unternehmen investiert, die eine hohe Dividende an ihre Aktionäre ausschütten, verkraftet bei dauerhafter Anlage sogar so manchen herben Kurseinbruch. Wenn die Dividende unmittelbar wieder in Aktien investiert wird, kann man durch dieses Vorgehen ggf. auch eine Art „Zinseszinseffekt" erzeugen. Die Dividende ist allerdings zumeist im Kurs bereits eingepreist. Daher empfiehlt sich meist eher das sogenannte Value-Investing.)

- Durchschnittslinienstrategie

  (Nähert sich der aktuelle Kurswert einer Aktie der gleitenden 200-Tage-Durchschnittslinie von unten, sollte man einsteigen, nähert sich der aktuelle Kurswert der Linie hingegen von oben, sollte man aussteigen. Die Spekulation dabei ist, dass der dadurch signalisierte Trend sich kurzfristig noch fortsetzen wird. Der Nachteil: Die Reaktion auf den Trend ist verzögert. Die 90-Tage-Durchschnittslinie kann einen Trend ankündigen.)

- Halloweenstrategie

  (Vor statistisch schwachen Börsenmonaten, wie Mai, Juni, August und September, kann man aussteigen und vor traditionell „börsenstarken" Monaten einsteigen. Allerdings sind bei diesem Vorgehen meist hohe Verkaufsabschläge etc. fällig.)

- Stop-Loss, Stop-Buy

  (Unabhängig von der konkreten Aktienwahl kann man mit Hilfe von Computeralgorithmen mögliche Verluste begrenzen und Gewinne sichern. Man kann automatisiert verkaufen, wenn der Wert einer Aktie unter ein

zuvor definiertes Kriterium fällt. Damit kann man Verluste begrenzen oder – solle der Wert zuvor über den Kaufwert gestiegen sein – sich bestimmte bereits erzielte Gewinnspannen sichern. Selbstverständlich kann man auf diese Weise auch bestimmte Kurswerte definieren, bei denen automatisiert gekauft wird.)

Daneben werden noch Strategien, wie z. B. Kaufen-Halten, Rebalancing, Multi-Asset-Momentum, Top of the Dow/Dogs of the Dow, der Donchian-Channel, die 16-Wochen-Strategie und deren Kombinationen diskutiert (vgl. z. B. Paesler 2006, der diese Strategien retrospektiv getestet und miteinander verglichen hat).

In der Fachliteratur werden auch Kriterien und Kennwerte benannt, an denen man sich beim Kauf von Aktien orientieren kann bzw. die dem Vergleich verschiedener in Frage kommender Aktien dienen (vgl. dazu Jungblut et al. 2013; Schmidlin 2013):

- Dividendenrendite
  (Die Dividendenrendite wird wie folgt berechnet: Dividende je Aktie x 100/Aktienkurs. Beispiel e.on: 0,5 (€ Dividende pro Aktie) x 100 /12 (€ Kosten pro Aktie) = 4,17 % Rendite (oder Zins)).
- KGV (Kurs-Gewinn-Verhältnis)
  (Eine Aktie kostet 50 €, der Gewinn pro Aktie ist 2,50, es resultiert ein KGV von 20. Das KGV gibt an, welcher Anteil am Gewinn auf eine Aktie entfällt bzw. mit dem wie-viel-fachen des Gewinns die Aktie bezahlt werden muss).
- Beta-Faktor
  (Steigt der Gesamtmarkt, z. B. um 1 %, und das Beta ist 1,7, so bedeutet dies: Der Wert dieser Aktie verändert sich um 1,7 %, wenn sich der Gesamtmarkt um 1 % verändert).
- Volatilität
  (Die Volatilität entspricht der Standardabweichung. Kurs am Tag X = 40 und Volatilität = 20 bedeutet: im Jahr schwankte der Kurs im Schnitt um 20 % um den Kurswert 40).

Darüber hinaus gibt es noch *Profitabilitätskennzahlen* (Umsatz-wachstum, EBITDA-Margen, Eigenkapitalrendite), *Bilanzkennzahlen*

(Eigenkapitalquote, Gearing) und weitere *Bewertungskennzahlen* (Marktkapitalisierung, Enterprise Value). Es ist nicht übermäßig aufwendig, sich über diese Kennzahlen im Vorfeld einer Aktienanlage zu informieren.

Bei Aktienanlagen sollte man auch bestimmte typische Denkfehler vermeiden. Menschen begehen zahlreiche Entscheidungsfehler und unterliegen systematisch verzerrten Denkmustern, die z. B. ihren maximal möglichen Anlageerfolg schmälern (vgl. Gigerenzer und Todd 2000; Kahneman 2016; Sauerland 2015; Walz 2016).[14] Einen Eindruck davon vermittelt ein Zitat von Kiyosaki (2011, S. 221), das für einen der wohl am weitesten verbreiteten Denkfehler sensibilisiert: „Wenn es an der Börse oder dem Immobilienmarkt Sonderangebote gibt, was oft als Börsencrash oder Korrektur bezeichnet wird, läuft der Verbraucher davon. Wenn der Supermarkt die Preise erhöht, kauft der Verbraucher woanders. Wenn auf dem Immobilienmarkt oder an der Börse die Preise steigen, kommt der Verbraucher gelaufen und kauft."[15]

Ich habe manchmal den Eindruck, dass aktuell hohe Preise für Aktien oder Immobilien vielen Menschen den Eindruck vermitteln, diese Dinge wären nun von besonderem Wert und für etwas Wertvolles könne oder wolle man geradezu auch hohe Preise zahlen – der hohe Preis weckt erst das Begehren. Solche Überlegungen sind ja auch nicht ganz abwegig, wer allerdings außergewöhnliche Gewinne erwirtschaften will, der sollte sich auch immer über die teils dramatischen Preisschwankungen solcher Anlageklassen über die Jahre hinweg bewusst werden und vor allem die *Gründe* für die aktuell hohen Preise auf deren Fortbestehenswahrscheinlichkeit hin prüfen.

---

[14] So präferieren Anleger oft Aktien von bekannten und prominenten Unternehmen im eigenen Land. Sie gehen dabei nach der sogenannten Rekognitionsheuristik vor. Die Gewinnchancen von Unternehmen „in der zweiten Reihe" können unter bestimmten Umständen jedoch signifikant höher sein.

[15] Auch Zitelmann (2015) weist mit Nachdruck auf die Erfolgsstrategie der *kontrazyklischen* Investition hin. Auch dies gehört zu den psychologischen Glaubenssätzen und Entscheidungsfehlern, die unbedingt zu vermeiden sind: „Wenn es alle machen, kann es nicht verkehrt sein." Hilfreich könnte stattdessen der Grundsatz sein, nicht das Falsche vermeiden zu wollen (Vermeidung von Misserfolg) und deshalb anderen blind zu folgen, sondern das Richtige tun zu wollen (Aufsuchen von Erfolg).

1.5 Arbeitsleistung, Qualifikation – *Mit Fleiß zum Preis*

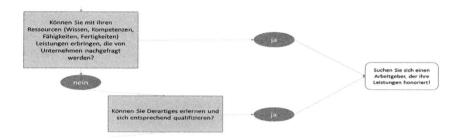

Als möglicher Wohlstandsgenerator drängt sich für die meisten Menschen unmittelbar die Erbringung von (hoher) Arbeitsleistung in einem abhängigen Beschäftigungsverhältnis und das damit erzielte Arbeitseinkommen auf.

Ich habe zwar auch in Aktien investiert, aber immer nur in sehr geringem Umfang, da ich die Abhängigkeit in abhängigen Beschäftigungsverhältnissen oft weniger als Abhängigkeit erlebt habe als die Abhängigkeit, die bei solchen Investitionen entstand: Die Geldgenese in einem abhängigen Beschäftigungsverhältnis steht immerhin fast vollständig unter der direkten eigenen Kontrolle – man kann täglich selbst etwas für den eigenen Vermögensaufbau tun. Bei Aktienanalagen hingegen war bei mir persönlich das Bangen, dass es hoffentlich gut gehen wird, oft kaum zu ertragen, da ich selbst keinen Einfluss auf den Erfolg der Unternehmen oder die Marktentwicklung nehmen konnte. Anstatt die eigene Lebensenergie und die Hoffnung auf Wohlstand an wenig berechenbare Kursentwicklungen, persönlich nicht beeinflussbare Faktoren oder gar Glückspiel zu heften, kann es entlastender sein, täglich selbst Handlungen zur Erreichung der eigenen finanziellen Ziele ausführen zu können. Es lohnt sich daher, sich selbst zu prüfen, ob als möglicher Wohlstandsgenerator nicht *auch*, *vielmehr* oder *hauptsächlich* die Erbringung von hoher Arbeitsleistung in einem abhängigen Beschäftigungsverhältnis in Frage kommt. Für die Erlangung *moderaten Wohlstands* reichen jedenfalls auch klassische Karrierewege in abhängigen Beschäftigungsverhältnissen aus.

Immerhin sind sogar ca. 10 % der Multimillionäre in abhängigen Beschäftigungsverhältnissen zu ihrem Reichtum gekommen.

Für diesen Weg lassen sich daher zahllose Erfolgsbeispiele benennen. Ein prominentes Beispiel, das sogar noch weit über die Erlangung des „moderaten Wohlstands" hinausgekommen ist, ist Dieter Zetsche, der schon 1976 als Ingenieur bei der Daimler-Benz AG einstieg. Dort arbeitete er sich hoch, promovierte an der Gesamthochschule Paderborn und wurde nach mehreren weiteren Positionen bei Daimler-Benz im Jahr 2006 schließlich zum Vorstandvorsitzenden der DaimlerChrysler Corporation – ein Posten, der zeitweise mit über 8 Millionen Euro jährlich vergütet wurde.

Um in einem Unternehmen die Karriereleiter emporklettern zu können, sind jedoch ein *hohes Bildungsniveau* und die *ständige Weiterqualifikation* entscheidend. Die Erwerbseinkommen von Hochschulabsolventen sind im Mittel um ca. 80 % höher als diejenigen von Personen mit abgeschlossener Ausbildung (OECD 2010, S. 137). Die für die Möglichkeit der Reichtumsgenese so bedeutende *Selbstständigkeit*, z. B. in freiberuflicher Tätigkeit, wird übrigens ebenfalls zumeist von Akademikern ausgeübt; Selbstständigkeit ist in der Tat hauptsächlich in fachlich hoch qualifizierten Bereichen vorzufinden (Hirschel und Merz 2004; Merz et al. 2005). Bildung und das fachliche Qualifikationsniveau sind jedoch insgesamt sehr gute Prädiktoren für den ökonomischen Status einer Person. Aus Abb. 5 geht die mittlere Einkommenshöhe für verschiedene Bildungsabschlüsse hervor. Setzt man den niedrigsten Bildungsgrad, also die Hauptschule ohne Berufsabschluss, mit 100 % gleich, liegt das durchschnittliche Einkommen von männlichen Personen mit dem höchsten Bildungsgrad, also dem Hochschulabschluss, bei 214 % und von weiblichen Personen bei 196 % dieses Einkommens. Hochschulabsolventen erzielen also etwa ein doppelt so hohes monatliches Einkommen wie Personen auf dem niedrigsten Qualifikationsniveau. Deckl und Rebeggiani (2012) konnten in Übereinstimmung damit auch zeigen, dass das Armutsrisiko für ungebildete deutlich höher ist als für gebildete Personen.

Eine Erklärung für den Geschlechterunterschied, der in Abb. 8 dargestellt ist, ist aus der Perspektive der Geldgenese ebenfalls interessant: Frauen präferieren zumeist Berufe, in denen weniger Einkommen erzielt

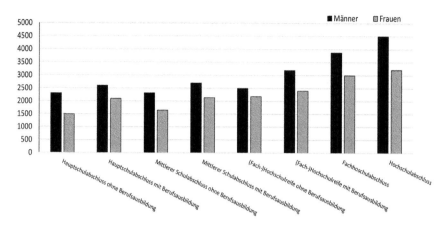

Abb. 5 Mittleres monatliches Bruttoeinkommen vollzeitbeschäftigter Erwerbstätiger in Abhängigkeit des Bildungsabschlusses (modifiziert nach der Quelle: Bildung in Deutschland, Autorengruppe Bildungsberichterstattung 2012, S. 205.)

wird. Gemäß der Quelle *gehalt.de* lassen sich im Ingenieursbereich hohe jährliche Durchschnittsbruttoeinkommen von ca. 70.000 – 80.000 € erzielen. In dieser Berufssparte sind Männer jedoch deutlich über-repräsentiert. Nur die Berufsgruppen Chefarzt, Oberarzt (121.207 €), Facharzt (92.953 €), Fondsmanager (84.025 €) und Finance-Manager (83.812 €) rangierten im Jahr 2017 dieser Quelle zufolge noch darüber.

Die in der amerikanischen Literatur verbreitete These, die akademische Bildung sei für die Wohlstandsgenese beinahe irrelevant, lässt sich somit widerlegen: 82 % der Milliardäre weltweit verfügen über einen hohen Bildungsabschluss (vgl. Zitelmann 2017). Auch in Deutschland ist der Prozentsatz der Abiturienten und Hochschulabsolventen unter reichen Personen deutlich höher als unter Personen der Mittelschicht (vgl. Zitelmann 2017). Für Einkommensunterschiede in abhängigen Beschäftigungsverhältnissen sind *Bildungsniveau, Qualifikation* und *Kompetenzaufbau* ebenfalls die entscheidenden Faktoren. Die Fortbildungsrenditen in Deutschland liegen nach OECD-Berechnungen immerhin zwischen sechs und zehn Prozent (Stern 2019, S. 28). Eine Fortbildung, die 5000 € kostet, und zu einem Einkommensplus von monatlich 100 € führt, hat sich bereits nach ca. fünf Jahren ausgezahlt. Auch für die Erlangung moderaten Wohlstands kann also geschlossen werden, dass sich Bildung, Qualifikation und der Aufbau und Einsatz von Kompetenzen durchaus lohnen.

Nehmen Sie doch nochmals das *Ressourcen ABC* zur Hand! Durchleuchten Sie es daraufhin, welche Ihrer persönlichen Kompetenzen von Unternehmen besonders honoriert werden könnten und wie Sie mit Hilfe dieser Kompetenzen auch in diesem gesetzten Rahmen erfolgreich werden können!

1.6   Kosten reduzieren, Ausgaben mindern und kontinuierlich sparen – *Sparen ist die Mutter aller Ausgaben*

Mit einer eigenen Geschäftsidee oder einer wie auch immer gearteten Beteiligung daran, kann man durchaus reich werden. Einige Leser dieses Buchs haben vermutlich jedoch bescheidenere Ziele und nicht unbedingt den Anspruch, in jungen Jahren Multimillionär zu werden. Wenn in diesem Kapitel von Reichtum die Rede ist, geht es immer um den Reichtum, wie wir ihn in den vorhergehenden Kapiteln definiert haben. Dieses Einkommens- oder Vermögensniveau ist für einige jedoch gar nicht erstrebenswert. Vielen mag es bei der Lektüre dieses Buchs vielleicht sogar eher darum gegangen sein, ein weit verbreitetes *Meidenziel* zu erreichen – nämlich keine Geldsorgen mehr haben zu müssen.[16] Solche bescheideneren Ziele sind oft schon durch ein konsequenteres Sparverhalten erreichbar.

Sparen ist aber auch für die Reichtumsgenese förderlich, denn auch das höchste Einkommen kann vollständig für kurzfristige Konsumzwecke

---

[16] Ab welcher Einkommenshöhe Geldsorgen unberechtigt sind, basiert selbstverständlich auch auf einer subjektiven Einschätzung; ebenso das Phänomen, dass Sparverhalten seinerseits Sorgen bereiten kann.

ausgegeben werden, sodass kein Vermögen aufgebaut werden kann und daraus somit auch kein neues Einkommen erwachsen kann. Wie unzählige prominente Beispiele belegen, kann man auch mit einem hohen Einkommen in die Schuldenfalle geraten. „Reich wird man nicht vom Ausgeben", stellte Brunowsky (1998, S. 75) daher fest. Wer hingegen große Anteile des Einkommens sparen und investieren kann, kann auch Wohlstand erlangen. Nun ist es allerdings so, dass die durchschnittlichen Nettoeinkommen aus unselbstständiger Arbeit lediglich 1888 € monatlich pro Arbeitnehmer betragen (Statistisches Bundesamt 2018, s.o.). Dieser Betrag erscheint derart niedrig, dass er wohl für die laufend notwendigen Kosten und Konsumgüter fast vollständig verbraucht wird. In der Tat geben 27 % der Deutschen an, über keinerlei finanzielle Rücklagen zu verfügen. Wie kann man also überhaupt einen Anteil davon sparen?

Die mittlere Sparquote in Deutschland beträgt seit mehreren Jahren ca. 10 % (Statistisches Bundesamt).[17] Damit zählen die Deutschen mit zu den Sparweltmeistern, auch wenn sie das gesparte Geld suboptimal anlegen, denn fast 40 % des Ersparten liegt beinahe zinslos auf Sparbüchern u. ä. herum (Weidmann 2018, S. 54). Fast 40 % der Haushalte sparen überhaupt nichts. Diejenigen, die sparen, sparen 14,3 % ihres Einkommens, und das sind durchschnittlich 4400 € im Jahr (Schupp et al. 2003, S. 100).[18] Die Bedeutung des Einkommens als Faktor der Vermögensbildung steigt mit der Höhe der Einnahmen *exponentiell* an: Von den hohen Einkommensbeziehern, die mindestens 300 % des Durchschnittseinkommens erhalten, sparen nämlich bereits 80 % regelmäßig, und die Sparquote beträgt bei dieser Gruppe schon 21 %, was durchschnittlich ca. 27.000 € jährlich entspricht.

Das Sparen muss man sich also zu einem gewissen Grad leisten können. Dennoch können auch Normalverdiener ihr Leben so gestalten,

---

[17] Die Sparquote bezeichnet denjenigen Anteil am verfügbaren Nettoeinkommen, der gespart wird.

[18] Der Begriff *Sparquote* kann durchaus in die Irre führen. Zitelmann (2015, S. 74) weist darauf hin, dass Sparen für viele Menschen bedeutet, Geld langfristig für Konsumgüter anzusparen, wie z. B. ein Auto oder eine Urlaubsreise, sodass die Sparquote nicht gänzlich der Geldgenese oder dem langfristigen Vermögensaufbau zuzurechnen ist. So ist das primäre Sparmotiv für 57 % der Deutschen tatsächlich auch eher der Konsum (Focus 2018, S. 55, nach Daten des Statistischen Bundesamtes).

dass die Ausgaben nicht ständig die Einnahmen übersteigen.[19] Dies ist möglich: Ich habe in meinen ersten Berufsjahren trotz bescheidenen Einkommens über 65 % meines Gehalts sparen können und mir von dem Ersparten nach wenigen Jahren schuldenfrei die erste Eigentumswohnung gekauft, um auch die Mietzahlungen noch einsparen zu können – Sparen ist möglich, ohne ein Gefühl des Verzichts und der Selbstkasteiung haben zu müssen. Zur Vermeidung von permanenten Geldsorgen kann es daher förderlich sein, einige Spartipps zu beherzigen.

Es gibt zahlreiche Bücher, in denen eine Fülle hilfreicher Sparstrategien aufgelistet werden (z. B. Müller 2011). Wir haben sie getestet und stellen Ihnen nachfolgend diejenigen Tipps zusammen, welche sich in unseren eigenen Untersuchungen bei den Probanden als *effektiv* und *praktikabel* erwiesen haben:

- Ein *Haushaltsbuch* führen, um eine Übersicht über Einnahmen und Ausgaben zu bekommen und Überschüsse planen und systematisch herbeiführen zu können (vgl. Abb. 6).
- Rigoros prüfen, ob alle abgeschlossenen *Versicherungen* tatsächlich nötig sind. Erfahrungsgemäß können viele davon gekündigt und die Beiträge eingespart werden. Auch andere ungenutzte Verträge, wie z. B. der mit dem Fitnessstudio, sollten überdacht werden.
- In vielen Bereichen der Haushaltsführung kann sich ein *Anbieterwechsel* rentieren (z. B. Energieversorger, Handyvertrag). Es geht also darum, die eigene Bequemlichkeit zu überwinden, aktiv und systematisch Angebote zu vergleichen und zu prüfen, wo sich ein Wechsel lohnt.
- In jedem Fall soll man die Inanspruchnahme von *Dispokrediten* vermeiden.
- Auch die Kosten des *Privat-Pkw* soll man exakt mit den Kosten der Nutzung des Öffentlichen Personennahverkehrs vergleichen. Die Kosten der Anschaffung, der Wartung, der Betriebsmittel, der Steuer und der Versicherung eines Autos gehen zumeist weit über die Aufwendungen für alternative Transportmittel hinaus, zumal ein Auto in der Regel die überwiegende Zeit des Tages ungenutzt herumsteht.

---

[19] Armut hat selbstverständlich noch andere Ursachen, die dazu führen können, dass überhaupt keine Möglichkeit besteht, zu sparen.

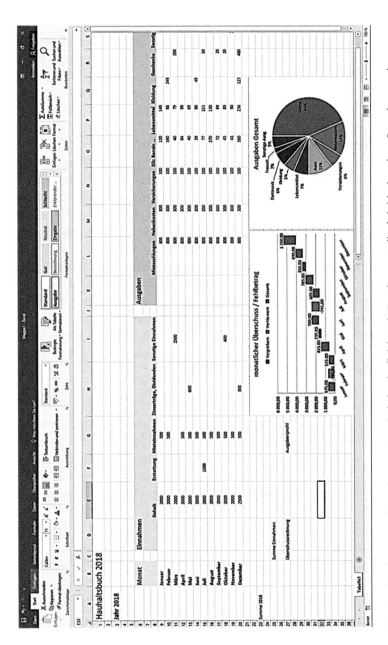

Abb. 6 Gliederung meines eigenen Haushaltsbuchs (leicht mit Excel zu erstellen), inklusive einer Berechnung der prozentualen Anteile der verschiedenen Kostenfaktoren und einer monatlichen Überschussrechnung (fiktive Zahlen)

- Einige Autoren empfehlen auch, genau zu prüfen, ob der Kauf einer privatgenutzten *Immobilie* tatsächlich besser abschneidet als lebenslänglich zur Miete zu wohnen (eine erste aufschlussreiche Auseinandersetzung der dabei relevanten Parameter ist auf der Seite *finanzfluss.de* zu finden: https://www.youtube.com/watch?v=pEMudWHiXh0).

Kleinvieh macht auch Mist

Summiert man die Kosten für den allmorgendlich gekauften Kaffee auf dem Weg zur Arbeit, für 220 Arbeitstage pro Jahr in insgesamt 40 Berufsjahren, so resultiert ein Betrag, für den man sich alternativ einen ansehnlichen Mittelklassewagen kaufen könnte (z. B. $220 \times 40 \times 2{,}50 \, € = 22.000 \, €$). Sich dies zu vergegenwärtigen ist durchaus verblüffend. Es drängt sich sogleich die Frage auf, ob dieser kurze morgendliche Genussmoment diesen Betrag tatsächlich wert ist. Dies zu entscheiden, liegt natürlich im subjektiven Ermessen jedes Einzelnen. Aber dieses Beispiel kann durchaus ein Anstoß sein, darüber nachzudenken, ob man Genüsse dieser Art nicht genauso gut auf eine andere, preiswertere Weise herbeiführen kann. Ich habe mir beispielsweise über ein Jahrzehnt meinen Kaffee und mein Frühstück zuhause zubereitet und mit ins Büro genommen.

Der Josephspfennig

Viele Kreditinstitute empfehlen (nicht nur im eigenen Interesse), möglichst *früh* im Leben damit zu beginnen, Geld zu sparen und anzulegen, denn unter dieser Bedingung kann der *Zinseszinseffekt* seine beeindruckende Wirkung voll entfalten, selbst wenn die gesparten und angelegten Beträge nicht allzu hoch sind.[20] Stanley und Danko (1996)

---

[20] Bei frühen Investitionen lohnen sich auch Immobilienkäufe. Ich habe meine erste Immobilie im Alter von 34 Jahren erworben und mit 42 Jahren stand ich vor dem schuldenfreien Kauf der vierten Immobilie. Die Käufe haben eigentlich zu sehr ungünstigen Zeitpunkten stattgefunden, da sich die Preise für Immobilien in den betreffenden Jahren schon auf sehr hohem Niveau bewegten. Dennoch sah ich kein hohes Risiko im Erwerb, da ich davon ausging, noch über 40 Jahre Mieten beziehen zu können. Über einen derart langen Zeitraum würden sich die Käufe sogar noch rentieren, wenn sich die Immobilienpreise halbieren oder teure Renovierungsarbeiten fällig werden sollten. Über solche Zeiträume ist lediglich eine gewisse Fähigkeit zum Belohnungsaufschub (Delay of Gratification) gefragt.

veranschaulichen den Zinseszinseffekt an einigen Beispielen: Wer monatlich 200 € ab dem 30. Lebensjahr anlegt und darauf 12 % Zinsen erwirtschaftet (momentan allerdings nur unter Risikobedingungen ein realistischer Wert), der verfügt mit 65 Jahren über eine Millionen Euro. Wer monatlich 100 € investiert, dies über 35 Jahre lang praktiziert und durchschnittlich 7 % dabei erwirtschaftet, verfügt im 65. Lebensjahr über ca. 166.000 €. Die exponentielle Wirkung des Zinseszinseffekts (vgl. Abb. 7), die von vielen Menschen unterschätzt wird, geht aus einem einfach erklärten Beispiel in der Fußnote hervor.[21]

---

[21] Sie leihen Person A 10.000 €. Als Lohn dafür, dass Sie über Ihr Geld selbst nicht verfügen können, Person A jedoch damit „arbeiten" kann, zahlt Person A Ihnen in jedem Jahr für die Leihsumme von 10.000 € genau 10 % Zinsen, also 1000 €. Wenn Person A die geliehenen 10.000 € in den nächsten 10 Jahren nicht zurückzahlen will oder kann, überweist sie Ihnen also in jedem dieser 10 Jahre 1000 € Zinsen, insgesamt also 10.000 € Zinsen. Nach 10 Jahren zahlt Person A die geliehenen 10.000 € zurück – gemeinsam mit den in den letzten 10 Jahren bei Ihnen eingezahlten 10.000 € Zinsen besitzen Sie somit nun 20.000 €. Kann oder will Person A die geliehenen 10.000 € in den nächsten 20 Jahren nicht zurückzahlen, erhalten Sie von ihr insgesamt 20.000 € Zinsen und besitzen am Ende der 20 Jahre gemeinsam mit der zurückgezahlten Leihsumme 30.000 €. Dies ist der einfache Zinseffekt. Der Zinseszinseffekt ist nun davon abhängig, dass Sie die jährlichen Zinszahlungen dem geliehenen bzw. angelegten Betrag von 10.000 € hinzufügen können. Im ersten Jahr können Sie also 10.000 € verleihen bzw. anlegen, im zweiten Jahr – gemeinsam mit den 1000 € Zinsen – nun schon 11.000 €. Im zweiten Jahr müssen von Person A auf den neuen, höheren Betrag von 11.000 € nun wieder 10 % Zinsen gezahlt werden. Person A hat nun also 1100 € Zinsen zu zahlen (1000 € einfacher Zins + 100 € Zinseszins). Diese 1100 € Zinseinnahmen fügen Sie der bereits einmal erhöhten Leihsumme von 11.000 € nun wieder hinzu, sodass Sie im nächsten Jahr schon einen Betrag von 12.100 € verleihen bzw. anlegen können. Diesen neuen höheren Betrag verleihen Sie nun wieder bzw. legen ihn zu den alten Konditionen mit 10 %iger Verzinsung an. Im darauffolgenden Jahr sind von Person A also 10 % Zinsen auf die nun angelegten 12.100 € zu zahlen, also 1210 € usf. Am Ende erhalten Sie den geliehenen Betrag von 10.000 € natürlich zurück. Sie erhalten darüber hinaus die 10 %-igen einfachen Zinszahlungen, also quasi 1000 € pro Jahr (s. oben, einfacher Zinseffekt). Zusätzlich erhalten Sie jedoch auch noch die (Zinseszins-)Beträge, die auf die jeweilige Betragserhöhung der geliehenen Summe gezahlt werden, ausbezahlt – und die steigen rasant an: Allein durch die wachsende jährliche Erhöhung des geliehenen bzw. angelegten Betrags muss Person A, wie wir gesehen haben, im zweiten Jahr 100 € mehr Zinsen zahlen, im dritten Jahr schon 210 € mehr, im vierten Jahr bereits 331 € mehr und im fünften Jahr 464 € mehr u.s.w. Diese Beträge an Mehrzahlungen summieren sich in den 10 Jahren auf einen Gesamtbetrag von 5937 €. Person A zahlt also insgesamt 15.937 € Zinsen (10.000 € einfacher Zins + 5937 € Zinseszins) und Sie verfügen – gemeinsam mit dem zurückgezahlten Leihbetrag von 10.000 € – nach 10 Jahren insgesamt über 25.937 €. Bei einer Leihdauer von 20 Jahren wächst der zusätzlich zu zahlende Betrag von 5937 € nun natürlich nicht etwa bloß um das Doppelte, sondern wegen der jährlich *stärker* wachsenden Erhöhung des Leihbetrages müssen von Person A in 20 Jahren insgesamt 57.275 € Zinsen, also statt der 20.000 € einfacher Zinsen in 20 Jahren (s.o. einfacher Zinseffekt), nun 37.275 € *mehr* an Sie gezahlt werden und Sie erhielten nach 20 Jahren insgesamt 67.275 €

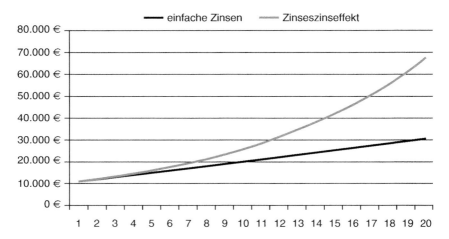

Abb. 7 Die exponentielle Wirkung des Zinseszinseffekts. Im dem dargestellten Beispiel werden 10.000 € für verschiedene Zeiträume (bis 20 Jahre) zu einem Zinssatz von 10 % angelegt. Die Linien zeigen die Rückzahlungsbeträge am Ende der Laufzeiten an

In etlichen Zeitschriftenartikeln, Internetbeiträgen und Ratgeberbüchern wird das Versprechen abgegeben, in wenigen Jahren mit geringem Sparaufwand Millionär werden zu können. Die angepriesenen Rezepte dafür stützen sich allesamt auf eben diesen beschriebenen Zinseszinseffekt. Wir haben in der Tat demonstriert, dass es möglich ist, mit monatlichen Sparbeträgen von einigen Hundert Euros in wenigen Jahrzehnten Millionärsstatus erlangen zu können. Das regelmäßig verschwiegene Problem dabei ist jedoch, dass immer vorausgesetzt wird, eine Geldanlage würde mit ca. 10 % pro Jahr verzinst werden. Solche Zinssätze (bzw. Dividenden) können zwar durchaus erzielt werden, zur Ehrlichkeit gehört dann aber auch, zu erwähnen, dass – zumindest unter derzeitigen Umständen – dafür ein enorm hohes Risiko, bis hin zum Totalverlust der Anlagesumme, eingegangen werden muss.

In diesem Abschnitt geht es bei uns jedoch nicht darum, Millionär zu werden, und unter dieser Voraussetzung kann mit Hilfe des Zinseszinseffekts über mehrere Jahrzehnte hinweg durchaus ein beachtlicher

---

zurück (20.000 € einfacher Zins + 37.275 € Zinseszins + 10.000 € Anlagebetrag). Nach 30 Jahren würden 174.494 € und nach 40 Jahren 443.593 € Endbetrag für Sie resultieren.

Vermögenszuwachs auch mit risikoärmeren und realistischeren Zinssätzen erzielt werden.

Automatisch reich

Eine weitere erwähnenswerte Strategie berücksichtigt das verbreitete Phänomen, dass viele Menschen bei Eingang ihres Gehalts freizügig ihren Konsumausgaben frönen und lediglich das sparen, was am Monatsende übrig geblieben ist. Allein, das, was am Monatsende für das Sparen übrig bleibt, ist zum einen oftmals sehr spärlich und zum anderen stark schwankend. Auf diese Weise lassen sich also keine besonderen Spar- und Investitionserfolge erzielen, sie lassen sich nicht einmal planen. Sinnvoller ist es daher, unmittelbar nach Eingang des Gehalts, einen bestimmten zuvor definierten Betrag regelmäßig zu Sparzwecken zurückzulegen. Viele Autoren empfehlen, *10 % des Einkommens* auf diese Weise zu sparen und somit vor dem unmittelbaren Konsum zu schützen (z. B. Schäfer 2003). Um dies unter Kontrolle zu bringen, kann man einen entsprechenden Dauerauftrag einrichten, der direkt am Tag der Gehaltszahlung dafür sorgt, dass der Sparbetrag auf ein separates Sparkonto überwiesen wird. Bei diesem automatisierten Vorgehen nutzt man die menschliche Trägheit, da man dem Sparen nun aktiv widersprechen müsste – ein Aufwand, den Menschen ohne triftigen Grund eher scheuen. Der restliche Betrag, der dann noch vom Gehalt übrig ist, kann freizügig und ohne schlechtes Gewissen ausgegeben werden. Durch dieses Vorgehen spart man im Durchschnitt mehr Geld ein und kann eventuelle Investitionen zur Geldgenese auch besser planen.

Drei Wochen-Regel

Wer sparen muss und aus diesem Grund der einen oder anderen üblichen Konsumverlockung widerstehen will, kann nach der *Drei-Wochen Regel* vorgehen: Wenn eine aktuell verspürte Konsumverlockung nach drei Wochen immer noch besteht, dann kann man das entsprechende Produkt kaufen. Der übliche Effekt dieser Regel besteht jedoch darin, dass die meisten Konsumverlockungen nur kurzfristig wirksam sind und die psychologische Distanz, die sich innerhalb von drei Wochen zu dem Konsumartikel aufbaut, dazu führt, dass der Artikel neu bewertet wird – der unmittelbar starke Kaufimpuls erodiert in dieser Zeit nämlich zumeist

(Ariely 2010, S. 177, vgl. auch die Eisglas-Methode). Man kann sich aber auch regelmäßig, geplant und dosiert etwas gönnen, um solchen Verlockungen nicht ständig impulsiv, d. h. durch unerwartete situative Stimulanz zu erliegen. Und überhaupt sollte man die eigenen Konsummotive gelegentlich hinterfragen: Warum will man unbedingt den Sportwagen haben? Verbirgt sich hinter dem Wunsch letztlich vielleicht sogar eine Selbstwertproblematik? Und kann man das dahinterstehende Motiv, welches es auch sein mag, nicht vielleicht auch auf eine andere – preiswertere – Art befriedigen? Mir ist es immer sehr leicht gefallen, einer aktuellen Verlockung zu widerstehen, weil ich mir in solchen Situationen einfach ins Gedächtnis gerufen habe, dass der tatsächliche Befriedigungswert der Produkte sich meist als sehr enttäuschend herausgestellt hat und deutlich hinter den Versprechungen und Erwartungen zurückgeblieben ist, wenn ich sie mir tatsächlich mal gegönnt habe. Zudem habe ich mich bei bestimmten Anschaffungsgelüsten oft gefragt, wie ich dasselbe Kaufverhalten bei meinem eigenen Kind beurteilen würde – und da fiel der Sportwagen leider durch.

Heute eins, morgen zwei

Ihnen sind vielleicht die berühmten „Marshmallow-Experimente" von Walter Mischel und Kollegen (Mischel 2015) bekannt: Kinder werden im Rahmen dieser Experimente vor die Wahl gestellt, entweder sofort *einen* Marshmallow essen zu können oder zu einem späteren Zeitpunkt *zwei* verspeisen zu dürfen. Der Test wurde seitdem in zahlreichen Varianten und mit zahlreichen Personengruppen durchgeführt. Er soll die Selbstkontrollfähigkeit im Angesicht einer situativen Verlockung messen – *Lustgewinn jetzt* oder *größerer Lustgewinn später*. Menschen, die zu diesem *Belohnungsaufschub* (Delay of Gratification) imstande sind, haben im weiteren Leben mehr Erfolg (vgl. Duckworth et al. 2013; Shoda et al. 1990). Die Fähigkeit zum Belohnungsaufschub kann durch bestimmte mentale Techniken unterstützt werden: Die erfolgreichen Belohnungsaufschieber schaffen es, im Angesicht der situativen Verlockung sich die potenziell größere spätere Belohnung vital vorzustellen, sie verlagern also ihre Aufmerksamkeit auf den größeren zukünftigen Genuss (vgl. Abb. 8). Es ist offenbar auch hilfreich, sich den situativen Verlockungen gar nicht erst auszusetzen. Unnötige Shoppingtouren sind dem

Abb. 8 Das Aufschieben von Belohnungen ist schwer, zahlt sich zumeist aber aus

Sparen somit nicht gerade zuträglich. Die geistige Visualisierung dessen, was Sie mit einer hohen ersparten Summe Geld später alles machen könnten, indes sehr wohl.

Friss die Hälfte

Eine weitere rigorose Sparstrategie besteht darin, von allen täglichen Konsumgütern lediglich *die Hälfte* zu verwenden. Dieses Prinzip kann man sich so vorstellen, dass man beispielsweise beim täglichen Zähneputzen nur noch die Hälfte der bisherigen Dosis an Zahncreme verwendet, ebenso beim Waschmitteleinsatz oder ggf. sogar beim Brotaufstrich des täglichen Frühstücks. In vielen Lebensbereichen genügen wohl auch 50 % der normalerweise verwendeten Menge eines Konsumprodukts, ohne dass die Lebensqualität dadurch besonders stark eingeschränkt wäre. Ich habe sogar mal eine Zeit lang ausprobiert, ob es einschränkend ist, bloß jeden zweiten Tag zum Mittagessen in die Kantine zu gehen – in der Tat gewöhnt sich der Körper schon nach kurzer Zeit daran, bloß noch die Hälfte der Nahrungszufuhr zu erhalten (was übrigens neben dem Sparen noch weitere positive Effekte hatte). Ich habe das damals keineswegs als extreme Maßnahme empfunden, denn in der Regel neigen wir in vielen Lebensbereichen zu völlig unnötigen und unnatürlichen Überdosierungen, die sogar schädliche Ausmaße annehmen können.

Täglich Armut simulieren

Zudem kann man sich angewöhnen, mit sehr *wenig Bargeld im Portemonnaie* und ohne Kreditkarte aus dem Haus zu gehen. Wer wenig Geld bei sich trägt, kann auch nur die absolut notwendigen Ausgaben tätigen. Auch Einkaufslisten etc. beschränken Einkäufe in der Regel auf das Notwendige und verhindern irrationale Impulskäufe.[22,23]

Wie lange man arbeiten muss

Geldbeträge sind Zahlen und Zahlen sind abstrakt. Viele Menschen unterliegen bei der mentalen Repräsentation von Zahlen daher erheblichen Verzerrungen: So fällt bei einem Produkt, welches bereits 40.000 € kostet, ein Preisaufschlag von 9 € subjektiv kaum ins Gewicht, während eine Verteuerung eines T-Shirts um 9 € in einem Shop zu Empörung und grotesk langen Umwegen Anlass gäbe. Es kann daher von Vorteil sein, Preise in eine *fühlbare Größe* umzurechnen, also z. B. in Arbeitsstunden. Bei Einkäufen kann man sich sodann immer die folgende Frage stellen: Wie lange muss ich dafür arbeiten und ist das Produkt dies wirklich wert? Es bedarf keiner geistigen Akrobatik, um den Spareffekt dieses Vorgehens zu erahnen.

Finanzielle Selbstmanagementkompetenz

An unserem Forschungsinstitut haben wir aus solchen und vielen weiteren Strategien ein systematisches *Training zur Steigerung der finanziellen*

---

[22] Auch sollte man nicht hungrig, erschöpft oder in besonders schlechter oder guter Laune shoppen gehen – diese Zustände begünstigen ebenfalls impulsive Käufe (z. B. Baumeister 2002, S. 673 und Kollegen).

[23] Hammond weist darauf hin, dass ein Kneipenabend mit einem bestimmten Geldbetrag im Portemonnaie irgendwann sein natürliches Ende findet, während eine Kreditkarte dazu verleitet, sogar noch eine Runde auszugeben (2017, S. 73).

Selbstmanagementkompetenz entwickelt. Das Training wurde bereits mehrfach wissenschaftlich getestet und hat sich als erfolgreich erwiesen (vgl. Braun et al. 2018; Rippen 2018; vgl. auch Schmitz 2013). Aus diesem Grund wollen wir die Trainingsinhalte hier kurz skizzieren.

Nachfolgend sind einige inhaltliche Aspekte des Trainings bzw. die im Rahmen des Trainings aufzubauenden Kompetenzen zusammengestellt:

- Regelmäßig den eigenen Kontostand prüfen
- Sich einen Überblick über die Einnahmen verschaffen
- Sich einen Überblick über die Ausgaben verschaffen
- Einsparpotenziale entdecken, Gelderwerbsmöglichkeiten ersinnen
- Darauf hinwirken und planen, dass die Einnahmen die Ausgaben regelmäßig übersteigen
- Explizit finanzielle Ziele für verschiedene Zeiträume formulieren (kurz-, mittel- und langfristig)
- Konkrete Sparziele nach der SMART-Regel formulieren (*s*pezifisch, *m*essbar, *a*ktiv beeinflussbar, *r*ealistisch, *t*erminiert) (Zielklarheit)
- Festlegen, wie man diese Ziele erreichen kann (Mittelklarheit)
- Prüfen, ob man diese Ziele erreicht hat
- Erfolgs- und Misserfolgsfaktoren ausfindig machen
- Typische Entscheidungsfehler kennen und vermeiden
- Sich geplant und dosiert etwas gönnen, um impulsive Kaufaktionen zu vermeiden
- Sich von finanziell erfolgreichen Personen Finanzstrategien abschauen
- Systematisch Informationen über Finanzangelegenheiten einholen (Quellen benennen etc.)
- Sich einen Überblick über Geldanlagen verschaffen
- Eigene Erfahrungen mit Geldgewinnen und Verlusten analysieren

Die Abb. 9 zeigt, dass ein Training zur Steigerung der finanziellen Selbstmanagementkompetenz, im Gegensatz zu einer Kontrollgruppe, die kein entsprechendes Training erhielt, eine statistisch signifikante Steigerung der entsprechenden Kompetenzen im Sinne der oben definierten Ziele bewirkt hat.

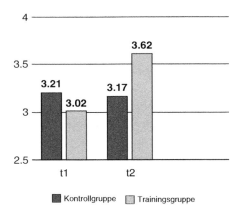

Abb. 9 Mittelwerte der finanziellen Selbstmanagementkompetenz in einer Trainings- und einer Kontrollgruppe vor (t1) und nach (t2) einem Training zur Steigerung der finanziellen Selbstmanagementkompetenz. Die Grafik zeigt die Steigerung der finanziellen Kompetenz, die durch ein einschlägiges Training erzielt wurde (Braun et al. 2018)

Tab. 2 Positive Zusammenhänge zwischen finanzieller Selbstmanagementkompetenz (FSM) und verschiedenen anderen Variablen wie Optimismus (Opt), Lebenszufriedenheit (LZ) und Arbeitszufriedenheit (AZ), indiziert durch Korrelationen (zwischen −1, negative Beziehung, und +1, positive Beziehung, schwankende statistische Kennwerte für den linearen Zusammenhang zweier Variablen) (Schmitz 2013)

	FSM	Opt	LZ	AZ
FSM	1			
Opt	0,34**			
LZ	0,28**	0,33**		
AZ	0,23**	0,36**	0,41**	
Psy. Bel.	−0,10	−0,45**	−0,39**	−0,27**

FSM = Finanzielles Selbstmanagcmcnt, Opt = Optimismus, LZ = Lebcnszufriedcnhcit, AZ = Arbeitszufricdenheit, Psy. Bel. = Psychische Belastungcn
**Dic Korrclation ist auf dem Niveau von 0,01 (2-scitig) signifikant

Tab. 2 zeigt des Weiteren, dass die finanzielle Selbstmanagementkompetenz mit verschiedenen Variablen wie Optimismus, Lebenszufriedenheit oder auch Arbeitszufriedenheit positiv in Beziehung steht.

Es kann somit festgehalten werden, dass ein einschlägiges finanzielles Selbstmanagementkompetenztraining erfolgreich ist. Zwar bezieht sich dieser Erfolg nicht unbedingt auf die Reichtumsgenese, jedoch zumindest darauf, finanzbezogene Sorgen und Belastungen zu reduzieren und das einschlägige Selbstwirksamkeitsgefühl in finanziellen Belangen zu steigern.

2   Schlussbemerkung: Zufall & Glück – *Wem das Glück immer zufällt*

Nach der Bearbeitung all der Fragen, Übungen und Empfehlungen haben einige Leser vielleicht schon eine zündende Idee für die eigene Wohlstandsgenese bekommen. Bei anderen wiederum stellt sich am Ende dieses Kapitels vielleicht ein Gefühl der Ernüchterung ein, weil es unter bestimmten persönlichen Voraussetzungen durchaus schwierig sein kann, sofort passende Mittel und geeignete Wege zur Steigerung des eigenen Wohlstands zu finden. Einige mögen vielleicht auch einwenden, dass sich das Sparen und Investieren in der gegenwärtigen Niedrigzinsphase überhaupt nicht lohnt und auch selbst wiederum diverse Risiken beinhaltet. Andere kritisieren vielleicht, dass die Selbstständigkeit vielleicht zum Reichtum führen kann, dies i. d. R. aber auch mit einem drastischen Freizeitverlust einhergeht. Dies mag alles zu einem gewissen Grad zutreffen – es geht uns in diesem Kapitel jedoch eher darum, Sie anzuregen, *selbst* Möglichkeiten der Wohlstandsgenese ausfindig zu machen, die zu *Ihnen* und *Ihrer* Lebenssituation passen. Sollten Sie beim ersten Durchgang der Übungen in diesem Kapitel zunächst wenig Erfolgversprechendes für sich entdeckt haben, müssen Sie die hier vorgestellten Techniken nicht als abgeschlossen betrachten: Beispielsweise können Sie *immer wieder* darüber nachdenken, an welchen Alltagssituationen Sie sich stören, ob Sie ein Produkt, das Ihnen in die Hände kommt, verbessern würden, ob Sie an einem erfolgreichen Modell, das sie kennenlernen, lernen können, welche Ihrer Kompetenzen ausbaufähig sind oder auch an welchen Stellen Sie Einsparungen vornehmen können.

Jedenfalls wollen wir dem Eindruck entgegenwirken, dass Wohlstand und Reichtum eben doch primär die Resultate von Zufällen und glücklichen Umständen sind. In diversen Interviewstudien bekunden reiche Personen dies zwar oft sogar selbst (vgl. Zitelmann 2017), doch bei solchen Aussagen ist Vorsicht geboten: (1) Der in den Interviews angesprochene Zufall ist keineswegs zu verwechseln mit einem Mangel an Kontrolle oder Orientierungslosigkeit – ganz im Gegenteil: reiche Personen entdecken und nutzen oft einfach günstige Gelegenheiten. (2) Den eigenen Reichtum auf den Zufall zurückzuführen, scheint oft bloß eine Verlegenheitserklärung zu sein, da die Betroffenen die Ursachen ihres Erfolgs manchmal selbst nicht mehr rekonstruieren können. (3) Der Verdacht liegt nahe, dass damit auch eine unbewusste Neidabwehr beabsichtigt ist, da Erfolgsfaktoren wie *Glück* oder *Zufall* auf andere Personen wesentlich sympathischer wirken als beispielsweise Faktoren wie *Intelligenz, Strategie* und *Leistung.* Folgt man unseren bisherigen Ausführungen, erscheint die These, dass Reichtum zufällig zustande kommt, eher abwegig. Dass Glück und Zufall für Reichtum verantwortlich seien, speist sich wohl eher aus dem sogenannten *kontrafaktischen Denken*: Man fragt sich oft „wäre Person X auch reich geworden, wenn Ereignis Y nicht eingetreten wäre?" Die Antwort, die wir auf diese Frage geben müssen, lautet: Wahrscheinlich hätte Person X aufgrund ihrer Persönlichkeitsmerkmale dann andere günstige Gelegenheiten entdeckt und optimal genutzt (vgl. auch Zitelmann 2017).

Bei der Suche nach den Ursachen von Reichtum sollten *personelle* und *situative* Faktoren nicht streng getrennt voneinander betrachtet werden. Es ist unwahrscheinlich, dass *allein* personelle Faktoren (z. B. Selbstwirksamkeitsüberzeugungen, Selbstdisziplin, Risikobereitschaft, Bildung) für die Reichtumsgenese verantwortlich sind. Es ist auch unwahrscheinlich, dass *allein* situative Bedingungen (z. B. Erbschaften, Entdeckungen, Marktentwicklungen) für Reichtum verantwortlich sind. Es ist vielmehr von einer *günstigen Interaktion* zwischen Personen- und Umweltvariablen auszugehen (z. B. wie geht jemand mit einem Erbe um,[24] denkt jemand

---

[24] Es werden ca. 236 Milliarden Euro in Deutschland jährlich vererbt (Braun und Metzger 2007, S. 55) und dieser Betrag wird in den kommenden Jahren noch deutlich ansteigen, wenn die beträchtlichen Vermögen der Wirtschaftswundergeneration vererbt werden. Jeder dritte Deutsche kommt mindestens einmal im Leben in den Genuss einer substantiellen Erbschaft (Leopold 2009). Im Durchschnitt entfallen etwa 86.000 € auf einen Erben (161.000 € pro Erbfall) (Braun und Metzger 2007, S. 55). Der Anteil des geerbten Vermögens am Gesamtvermögen variiert dabei sehr stark: Durchschnittlich 36 % des aktuellen Gesamtvermögens in Erbenhaushalten gehen auf Vermögenstransfers wie Erbschaften zurück (Künemund und Vogel 2011). Kontraintuitiv ist die

in jedem Job über Verbesserungsmöglichkeiten nach, hat jemand genug Geduld, um einen günstigen Investitionszeitpunkt abzuwarten). Circa 67 % der Millionäre sind Selfmade-Millionäre, die nichts geerbt oder geschenkt bekommen haben.

Sicher, wer reich geworden ist, hat sich unter bestimmten Umständen auf eine bestimmte Weise verhalten. Es gibt zwar allgemeine Beschränkungen, begünstigende oder hemmende Einflüsse, prinzipiell aber ist es für die meisten Menschen auf diese Weise möglich, wohlhabend zu werden, so Wattles (2009). Reichtum auf glückliche Umstände zurückzuführen greift ihm zufolge zu kurz, denn in einem und demselben Beruf, in derselben Branche, im selben Geschäft, bei derselben Tätigkeit, im selben Land, in derselben Stadt stehen überall arme neben reichen Menschen (Wattles 2009). Dumme können reich werden, Intelligente können reich werden, Große werden reich, Kleine werden reich, Männer werden reich, Frauen werden reich. Es gibt Musikervirtuosen, die arm

---

Tatsache, dass Erbschaften i. d. R. nicht zu Reichtum führen, sie stellen somit keinen guten Prädiktor für Reichtum *per definitionem* dar. Der Großteil der Erben fällt nämlich in die Kategorie „Kleinerbe" – die Erbschaften bewegen sich zu 90 % in einer Höhe von ca. 60.000 € (Kohli et al. 2006, S. 61). Selbst wenn einige durch solche Beträge ihr aktuelles bzw. ihr Ausgangsvermögen vervielfachen können, so reicht dies nicht zum Sprung in die Schicht der Reichen, zumindest nicht so, wie sie nun mal definiert ist, denn wer 20.000 € besitzt und 100.000 € erbt, besitzt immer noch nicht über 300 % des Durchschnittsvermögens in Deutschland und ist damit also auch längst noch nicht reich. Hinzu kommt noch, dass Erbschaften oft bereits im eigenen Konsumverhalten einkalkuliert sind (z. T. auch, weil nicht hart dafür gearbeitet werden musste), sodass die übliche Sparquote in den Jahren vor einem erwarteten Erbe in Erbenhaushalten geringer ausfällt – vom Erbe selbst werden durchschnittlich auch nur ca. 60 % gespart (Braun und Metzger 2007, S. 54). Darüber hinaus ist zu bedenken, dass die meisten Erben erst ab einem Alter von weit über 50 Jahren in den Genuss eines Erbes kommen. Bei reichen Personen wiederum ist der Anteil des ererbten Betrages am aktuellen Vermögen deutlich geringer – das Erbe ändert an ihrem Status also ebenfalls kaum etwas; es macht sie reicher, ermöglicht ihnen aber oft nicht mehr oder weniger Handlungsoptionen als diejenigen, die zuvor ohnehin schon bestanden. Zudem gilt: Nur 3 % der Erbenhaushalte erhalten durch das Erbe tatsächlich einen Betrag von über 500.000 € (Kohli et al. 2006, S. 61). Allerdings sollte beachtet werden, dass ein hohes Einkommen oft nur durch ein großes Erbe realisiert werden konnte. Zudem verhalten sich die in dieser Fußnote dargestellten Sachverhalte völlig anders, wenn es um das Erbe von Produktivvermögen geht, also z. B. um vererbte Unternehmen. In diesen Fällen kann durch das ererbte Unternehmen zukünftig Einkommen aus selbständiger Arbeit erwirtschaftet werden, und selbständige Arbeit stellt, wie wir bereits dargestellt haben, den Hauptprädiktor für Reichtum dar. In der Tat sind unter den reichsten Deutschen zuvorderst Firmenerben zu finden. Dennoch resümiert Lauterbach (vgl. Zitelmann 2015, S. 36): „Weltweit spielte Erbschaft nur in 22,4 Prozent der Fälle eine Rolle [für die Reichtumsgenese], Arbeit und Selbständigkeit dagegen bei 73 Prozent." Da man eine Erbschaft ohnehin i. d. R. nicht selbst beeinflussen kann, nimmt dieser Faktor nur wenig Raum in diesem Buch ein.

bleiben, während mittelmäßige reich werden. Das „Geheimnis" des Reichwerdens bezieht sich daher nicht auf diese glücklichen oder weniger glücklichen Umstände, sondern eher auf die richtige Nutzung, den richtigen Umgang mit den eigenen Ressourcen, eben auf das richtige Verhalten in einer bestimmten Situation (Wattles 2009). Auch wenn Wattles bei solchen Äußerungen immer von der *prinzipiellen* Möglichkeit ausgeht, dass fast jeder reich werden kann, so muss doch festgehalten werden, dass einige der genannten Faktoren, wie z. B. Weiterbildung, Intelligenz, Unternehmertum oder die Berufswahl, die Wahrscheinlichkeit deutlich erhöhen, dass jemand wohlhabend wird. Gerade dies zeigt aber ebenfalls, dass die Wohlstandsgenese nicht zufällig ist oder primär vom Glück abhängt – viele dieser Faktoren sind ja schließlich aktiv beeinflussbar. Wer sich jedoch als Opfer widriger Umstände sieht und die Schuld an der eigenen finanziellen Misere immer auf andere schiebt, der wird chancenlos bleiben. Wer hingegen selbst Verantwortung für die eigenen finanziellen Ziele übernimmt, die Initiative ergreift, proaktiv Mittel und Wege auszuloten und zu planen beginnt, dabei die individuellen Stärken kennt, ausbaut und nutzt und dafür vielleicht sogar noch günstige Umwelten aufsucht oder gestaltet, der hat im Gegensatz dazu zumindest eine Chance, reich zu werden. Und genau dies wollen wir mit diesem Buch unterstützen. Gehen Sie es an! Jetzt!

Selbstüberschätzung, Machbarkeitsfantasien, Kontrollillusionen und unbegründeter Optimismus sind für die erfolgreiche Suche, Entdeckung und Nutzung von Potenzialen und Gelegenheiten allerdings auch kontraproduktiv. Reichtum hat zwar wenig mit Zufall zu tun, aber es ist eben auch nicht für Jedermann möglich, alles zu erreichen, wie es die amerikanische Literatur oft propagiert. Dieses Buch soll daher auch kein Ratgeber für bedingungslosen Reichtum und grenzenlosen Erfolg darstellen, es bietet keine Allheilmittel, es beinhaltet kein Glücksversprechen und auch keine Universalrezeptur. Vielmehr zeigt es auf der Basis fundierter wissenschaftlicher Erkenntnisse konstruktive Möglichkeiten auf, unter den persönlich und situativ (ggf. beschränkten) Bedingungen, ein Maximum an Wohlstand zu generieren. Und zwar, indem die Leser angeregt werden, für sich selbst auszuloten, ob sie diejenigen personellen und situativen Faktoren, die nachweislich mit erhöhter Wahrscheinlichkeit zu Wohlstand führen, selbst herbeiführen können. Vom Sein zum Schein!

Das einseitige Antrainieren-Wollen von Persönlichkeitsmerkmalen, über die viele Reiche verfügen, erscheint im Angesicht dieser Komplexität ebenso absurd wie die deckungsgleiche Rekonstruktion von Faktoren, die bei anderen Personen schon mal zum finanziellen Erfolg geführt haben. Das „Geheimnis" der Reichtumsgenese besteht gerade darin, dass personelle und umweltbezogene Erfolgsfaktoren günstig zusammengebracht werden müssen. Wer Reichtum erlangen will, muss das Wechselspiel der beiden Faktoren begreifen lernen: Es hilft wenig, soundso sein zu wollen oder es soundso nachmachen zu wollen, es hilft hingegen viel, Situationen aufzusuchen oder aktiv zu gestalten, in denen die eigenen Stärken voll zur Geltung kommen und entsprechend honoriert werden können.

Literatur

Ariely, D. (2010). *Denken hilft zwar, nützt aber nichts. Warum wir immer wieder unvernünftige Entscheidungen treffen.* München: Droemer.

Autorengruppe, Bildungsberichterstattung. (2012). https://www.bildungsbericht.de/de/bildungsberichte-seit-2006/bildungsbericht-2012/bildung-in-deutschland-2012. Zugegriffen am 31.08.2019.

Baumeister, R. F. (2002). Yielding to temptation. Self-control failure, impulsive purchasing, and consumer bahavior. *The Journal of Consumer Research, 28*(4), 670–676.

Böwing-Schmalenbrock, M. (2012). *Wege zum Reichtum. Die Bedeutung von Erbschaften, Erwerbstätigkeit und Persönlichkeit für die Entstehung von Reichtum.* Wiesbaden: Springer.

Braun, R., & Metzger, H. (2007). *Erbschaften. Trends in der Entwicklung von Vermögen und Vermögenseinnahmen zukünftiger Rentengenerationen.* Berlin: empirica Forschung und Entwicklung.

Braun, O. L., Haas, S., Krischewski, D., & Seyda, M. (2018). *Mehrere unveröffentlichte Abschlussarbeiten unter Leitung von Prof. Dr. O.L. Braun an der Universität Koblenz-Landau.*

Brunowsky, R.-D. (1998). *Geld – der menschliche Faktor.* Bonn: Bouvier.

Deckl, S., & Rebeggiani, L. (2012). Bundesergebnisse für Sozialindikatoren über Einkommen, Armut und Lebensbedingungen – Deutschland im Vergleich zur Europäischen Union. *Wirtschaft und Statistik, WISTA, 2*, 152–166.

Demarco, M. J. (2011). *The Millionaire Fastlane. Crack the code to wealth and live rich for a lifetime.* Fountain Hills: Viperion Publishing.

DIW-Studie. (2014). https://www.diw.de/documents/publikationen/73/diw_01.c.496888.de/15-7-4.pdf. Zugegriffen am 31.08.2019.

Duckworth, A. L., Tsukayama, E., & Kirby, T. A. (2013). Is it really self-control? Examining the predictive power of the delay of gratification task. *Personality and Social Psychology Bulletin, 39*(7), 843–855.

Focus. (2018). *So sparen Sie richtig.* Heft Nr. 35. München: Forcus Magazin Verlag.

Gigerenzer, G., & Todd, P. M. (2000). *Simple heuristics that make us smart.* Oxford: Oxford University Press.

Hammond, C. (2017). *Erst denken, dann zahlen. Die Psychologie des Geldes und wie wir sie nutzen können.* Stuttgart: Klett-Cotta.

Hirschel, D., & Merz, J. (2004). Was erklärt hohe Arbeitseinkommen der Selbstständigen? Eine Mikroanalyse mit Daten des sozio-ökonomischen Panels. *FFB-Diskussionspapier, 44,* 1–30.

Institut für Mittelstandsforschung. (2011). http://www.institut-fuer-mittelstandsforschung.de/. Zugegriffen am 31.08.2019.

Jerusalem, M. (1990). *Persönliche Ressourcen, Vulnerabilität und Stresserleben.* Göttingen: Hogrefe.

Jungblut, M., Krafczyk, C., & Rauschenberger, R. (2013). *WISO. Aktien, Anleihen und Fonds.* Frankfurt a.M.: Campus.

Kahneman, D. (2016). *Schnelles Denken, langsames Denken.* München: Siedler.

Kiyosaki, T. R. (2011). *Rich Dad. Poor Dad. Was die Reichen ihren Kindern über Geld beibringen.* München: FinanzBuch.

Kohli, M., Künemund, H., et al. (2006). Erbschaften und ihr Einfluss auf die Vermögensverteilung. *Quarterly Journal of Economic Research, 75*(*1*), 58–76.

Künemund, H., & Vogel, C. (2011). Erbschaften und Vermögensungleichheit. Vortrag zur Frühjahrstagung der Sektion Wirtschaftssoziologie. http://wirtsoz-dgs.mpifg.de/dokumente/Kuenemund_Reichtum.pdf. Zugegriffen am 31.08.2019.

Leopold, T. (2009). *Erbschaften und Schenkungen im Lebenslauf. Eine vergleichende Längsschnittanalyse mit dem vergleichenden Panel.* Bamberger Beiträge zur Soziologie, Band 2. Bamberg: University Press.

Liessmann, K. P. (2009). Eine kleine Philosophie des Geldes. In K. P. Liessmann (Hrsg.), *Geld – Was die Welt im Innersten zusammenhält* (S. 7–19). Wien: Zsolnay.

Merz, J., Böhm, P., & Burgert, D. (2005). Tägliche Arbeitszeitmuster und Einkommen von freien Berufen: Neue Ergebnisse aus der deutschen Zeitbudgeterhebung. *FFB-Diskussionspapier, 60,* 1–36.

Mischel, W. (2015). *Der Marshmallow Test: Willensstärke, Belohnungsaufschub und die Entwicklung der Persönlichkeit.* München: Siedler.

Müller, D. (2011). *Cashkurs. So machen Sie das Beste aus Ihrem Geld: Aktien, Versicherungen, Immobilien.* München: Knaur.

OECD. (2010). http://www.oecd.org/.

Opoczynski, M. (2005). *Existenzgründung – Business-Plan, Finanzierung und Rechtsform, Steuern und Versicherungen, Checklisten und Adressen.* Frankfurt: Redline Wirtschaft.

Paesler, O. (2006). *Technische Indikatoren. Das ideale Instrument für jeden erfolgsorientierten Anleger.* München: FinanzBuch.

Rippen, T. (2018). *Unveröffentlichte Masterarbeit an der Universität Koblenz-Landau.*

Robbins, T. (2015). *Money: Die 7 einfachen Schritte zur finanziellen Freiheit.* München: FinanzBuch.

Sauerland, M. (2015). *Design Your Mind! Denkfallen entlarven und überwinden. Mit zielführendem Denken die eigenen Potenziale voll ausschöpfen.* Wiesbaden: Springer.

Schäfer, B. (2003). *Der Weg zur finanziellen Freiheit. Ihre erste Million in 7 Jahren.* München: Dtv.

Schmidlin, N. (2013). *Unternehmensbewertung & Kennzahlenanalyse: Praxisnahe Einführung mit zahlreichen Fallbeispielen börsennotierter Unternehmen.* München: Vahlen.

Schmitz, D. (2013). *Finanzielles Selbstmanagement. Der Zusammenhang von Umgang mit Geld und Wohlbefinden.* Bachelorarbeit an der Universität Koblenz-Landau.

Schulmeister, S. (2009). Geld als Mittel zum (Selbst-)Zweck. In K. P. Liessmann (Hrsg.), *Geld – Was die Welt im Innersten zusammenhält* (S. 168–206). Wien: Zsolnay.

Schupp, J., Gammlich, T., et al. (2003). *Repräsentative Analyse der Lebenslagen einkommensstarker Haushalte.* Berling: DIW.

Shoda, Y., Mischel, W., & Peake, P. K. (1990). Predicting adolescent cognitive and social competence from preschool delay of gratification: Identifying diagnostic conditions. *Developmental Psychology, 26*, 978–986.

Stanley, T. J., & Danko, W. D. (1996). *The Millionaire next door.* Atlanta: Longstreet Press.

Statistisches Bundesamt. (2018). https://www.destatis.de/DE/Startseite.html. Zugegriffen am 31.08.2019.

Stern. (2019). *55 Irrtümer im Umgang mit Geld.* Nr. 15, 04.04.2019. Hamburg: Gruner & Jahr.

Ufer, M. (2013). Grenzkompetenz. Souveränität in persönlichen Extremsituationen steigern. In Sauerland et al. (Hrsg.), *Selbstmotivierung für Sportler. Selbstmotivierungstechniken zur Leistungssteigerung im Sport*. Balingen: Spitta.

Walz, H. (2016). *Einfach genial entscheiden in Geld- und Finanzfragen*. Freiburg: Haufe.

Wattles, W. D. (2009). *Die Wissenschaft des Reichwerdens*. Hamburg: Nikol.

Weidmann, J. (2018). Interview im *Focus, 35*, S. 54.

Weik, M., & Friedrich, M. (2015). *Der Crash ist die Lösung: Warum der finale Kollaps kommt und wie Sie Ihr Vermögen retten*. Köln: Bastei Lübbe.

Wiggins, R. R., & Ruefli, T. W. (2002). Sustained competitive advantage: Temporal dynamics and the incidence and persistence of superior economic performance. *Organization Science, 13*(1), 82–105.

Zitelmann, R. (2015). *Reich werden und bleiben. Ihr Wegweiser zur finanziellen Freiheit*. München: FBV.

Zitelmann, R. (2017). *Psychologie der Superreichen: Das verborgene Wissen der Vermögenselite*. München: FinanzBuch.

Zwicky. (1966). *Entdecken, Erfinden, Forschen im morphologischen Weltbild*. München: Droemer/Knaur.

Der Wille … zum Reichtum – *Ein Experiment zur Entdeckung von Reichtümern in Handtaschen*

Mit einer Gruppe von 30 Probanden haben wir eine Studie durchgeführt, die darauf abzielte, durch die Anwendung von Kreativ- und Problemlösetechniken in systematischer Weise *Geschäftsideen* zu erzeugen. Diese Untersuchung wollen wir in diesem Kapitel kurz skizzieren. Es wird ersichtlich werden, dass es möglich ist, mit sehr geringem Aufwand schnell zu vielversprechenden Geschäftsideen vorzudringen. Offenbar kann man davon ausgehen, dass schon minimale Anleitungen genügen, um bei Probanden den Willen zum Reichtum zu aktivieren. Wir beschreiben im Folgenden ein Vorgehen, dass wir unbedingt zur Nachahmung empfehlen.

Es fanden insgesamt 5 Sitzungen von jeweils 90 Minuten Dauer in einen Zeitraum von 3 Monaten statt. Dieses Kapitel gliedert sich daher in fünf Abschnitte, in denen die jeweilige Zielsetzung, die Agenda, der Ablauf und ausgewählte Ergebnisse der Sitzungen skizzenhaft dargestellt werden.

© Springer Fachmedien Wiesbaden GmbH, ein Teil von Springer Nature 2019
M. Sauerland, J. Höhs, *Geld – Vom Sein zum Schein*,
https://doi.org/10.1007/978-3-658-26666-0_9

1   Sitzung 1 – *Kick-Off*

Zielsetzung:
- Methodik zur Sammlung von alltäglichen Problemen, Störungen, Defiziten, Widrigkeiten, Aufregern und Umständlichkeiten erstellen

Agenda:
- Vorübung
- Erarbeitung von Vorschlägen für ein Sammlungstool
- Probedurchgang in der Sitzung
- Vorwegnahme möglicher Schwierigkeiten bei der Anwendung des Tools

Ablauf und Ergebnisse:
- Vorübung in Einzelarbeit: Die Beantwortung der Frage „Welche Geschäftsideen hatte ich schon mal?" und die Beantwortung folgender weiterführender Fragen
  - wie bin ich darauf gekommen?
  - welches Problem lag zugrunde?
  - wie sah die Lösungsidee aus?
  - welchen Reifegrad hat(te) die Lösungsidee?
  - was ist daraus geworden? (Ggf. warum ist nichts daraus geworden?)

Beispiele:
- *Duschgel, das nach Cola riecht*
- *Gegenschallerzeuger, gegen Straßenlärm oder Musiklärm aus der Nachbarwohnung*
- *Lasergesteuerte Pfefferspray-Pistole mit Abschirmung, damit man selbst nichts abbekommt*
- *Aktiv kühlende bzw. beheizbare Kleidung (z. B. Akkubetrieb)*
- *Wohnungen an stark befahrenen Straßen kaufen, deren Wert mit der Einführung von deutlich leiseren Elektromobilien in den nächsten Jahren erheblich steigen müsste*

- *Iris-Scanner an der Haustür, die dann aufgrund der Identitätsfeststellung automatisch öffnen kann und man z. B. die Einkaufstüten nicht zum Aufschließen erst mal absetzen muss*
- *Englischer Partybus in deutschen Städten*
- *Reisbeutelöffner, damit man sich nicht an den heißen Beuteln die Finger verbrennt*

- Erster Vorschlag für eine Methodik zur Sammlung von Ideen, Problemen etc. (vgl. Abb. 1)
- Erarbeitung je einer weitergehenden Methodik zur *Sammlung von Ideen* in drei Kleingruppen (vgl. Abb. 2)
- Hausaufgabe
  - Sammlung von Problemen, Verbesserungsmöglichkeiten, innovativen Ideen etc. mit Hilfe einer der erarbeiteten Methoden

Nr.	Störung	Ursache	Lösungsmöglichkeit (prinzipiell)	Produkt/ Dienstleistung zur Lösung
1	Stau			
2	Frieren beim Eiskratzen	Zugefrorene Windschutzscheibe unerwartet		Eiskratzer mit angebundenem Handschuh
3				

Abb. 1 Vorschlag für eine Methode zur Sammlung von alltäglichen Problemen etc

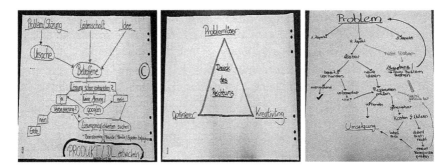

Abb. 2 Weitere Vorschläge für eine Methode zur Sammlung von Ideen, alltäglichen Problemen etc., ausgearbeitet von drei Probandengruppen

2   Sitzung 2 – *Sondierung*

Zielsetzungen:
* Vorstellung der gesammelten Ideen, Ideenkategorisierung und erste Bewertung
* Interessegeleitete Zuordnung der Probanden zu den Ideen zur weiteren Bearbeitung

Agenda:
* Erfassung der Anzahl gesammelter Ideen
* Grobe Vorselektion von Ideen (Bestenauslese)
* Vorstellung der besten Ideen
* Kategorisierung der Ideen (kreative, problemlösende, optimierende)
* Auswahl der Ideen (Erarbeitung und Anwendung eines Kriterienkatalogs)
* Zuordnung von Personen zu Ideen zur weiteren Bearbeitung

Ablauf und Ergebnisse:
Die Probanden listeten ihre Ideen stichpunktartig auf und ordneten diese Ideen drei Kategorien von Ideentypen (Optimierung, Problemlösung, Kreativität) zu.

- Geschäftsideen:
  - **Vorsatzanzeige im Auto** – *ein Blinker stellt z. B. eine Vorsatzanzeige beim Fahren dar. Hier ist sicher noch weitaus mehr denkbar, um Unfälle zu vermeiden, weil man in vielen Situationen nicht weiß, was andere Verkehrsteilnehmer vorhaben.*
  - **Geräuschloser Fön** – *nicht nur man selbst, sondern auch andere Menschen regen sich früh morgens über den Lärm von Föns auf. Staubsauger, Laubblasgeräte etc. sind deutlich leiser geworden, warum sollte das bei einem Fön nicht auch möglich sein?*
  - **Beleuchtete Handtasche** – *viele Frauen suchen oft in Panik in ihren überladenen Handtaschen nach Gegenständen wie dem Haustürschlüssel. Insbesondere bei Dunkelheit sollte das schnell gehen, aber gerade dann dauert es lange und die Suche ist erschwert. Eine LED-Beleuchtung, die angeht, sobald man die Tasche öffnet, könnte hier Abhilfe schaffen.*
  - **Einkaufstragetaschen aus Papier, die aber reißfest sind** – *wem ist es nicht schon mal passiert: Um der Umwelt etwas Gutes zu tun, greift man auf Papiertüten beim Einkauf zurück. Leider sind diese oft nicht stabil und reißen auf dem Heimweg.*
  - **Schalldichtes Zelt** – *auf dem Campingplatz möchte man vielleicht mit anderen Campern mitfeiern, aber zumeist nicht so lange wie diese. Wenn man dann ins Zelt geht, möchte man auch ohne Lärm und ohne störende Oropax schlafen können.*
  - **Wiederverwendbarer Tetrapackverschluss** – *die existierenden Verschlüsse sind suboptimal, weil man oft etwas verschüttet oder das Öffnen schwierig ist. Außerdem verbleiben sie am einzelnen Tetrapack. Ein hochwertiger wiederverwendbarer Verschluss könnte die damit verbundenen Schwierigkeiten lösen.*
  - **Bremslicht für Fahrräder** – *für Autos, Motorräder und Mofas sind Bremslichter aus guten Gründen Pflicht. Bei Fahrrädern gehen die Rücklichter oft sogar komplett aus, wenn man stehenbleibt, ausrollt oder bremst. Das kann durchaus zu Gefährdungen im Straßenverkehr führen.*
  - **Mobiles Fitnessstudio im LKW-Longliner** – *viele Unternehmen wollen im Rahmen des betrieblichen Gesundheitsmanagements dafür sorgen, dass die Mitarbeiter sich mehr bewegen. Allerdings können sie aus Kosten- oder Platzgründen kein firmeninternes Fitnessstudio einrichten. Andere haben festgestellt, dass Kooperationen mit Fitnessstudios nur von wenigen*

Mitarbeitern genutzt werden und dann auch noch von denjenigen, die es am wenigsten nötig haben. Ein mobiles Fitnessstudio, welches zu bestimmten Tageszeiten vorfährt und einen hohen situativen Aufforderungscharakter bietet, Sport zu treiben, könnte das Problem lösen.

— **Geschenke-Vorschlags-App** *– einigen Menschen fällt es sehr schwer, schöne Geschenke für andere Menschen zu finden. Eine App, die einige Wochen vor einem Geburtstag o. ä. damit beginnt, einschlägige Fragen über die Person zu stellen, könnte auf gute Ideen bringen. Die App könnte aufgrund der Antworten, die immer spezifischer werden und unter Berücksichtigung der vorhergehenden Geschenke für die betreffende Person, schließlich optimale Geschenkideen vorschlagen.*

— **Bedienbarkeitsoptimierung von Fahrkartenautomaten etc.** *– die Erfahrung, dass man sich in einer fremden Stadt beim Ticketkauf zunächst mal lange orientieren muss, um das Fahrkartensystem zu durchschauen, kennen vermutlich viele. Eine Bedienbarkeitsoptimierung wäre wünschenswert.*

— **Geschirrspülmittel, das selbst wirkt und reinigt** *– für diejenigen, die keine Geschirrspülmaschine besitzen, wäre ein Spülmittel nützlich, das Geschirr aktiv reinigt, ohne dass eine Nachbehandlung mit der Bürste erforderlich ist.*

— **App für Fitnesskoordination** *– für den Fitnessbereich existieren zahllose Apps, die sich z. B. auf die Ernährung, das Pausenmanagement oder den Trainingsplan beziehen. Eine App, die imstande ist, diese verschiedenen Aspekte miteinander zu kombinieren, wäre wünschenswert.*

— **Wohnzimmerkonzert-App** *– wenn man in eine neue Stadt kommt, wäre es schön, schnell und unkompliziert Kontakt zu anderen Personen zu bekommen. Eine App, die anzeigt, welche Privatperson in der Nähe gerade eine soziale Veranstaltung durchführt, wäre daher ideal.*

— **Leerstandnutzung** *– wenn jemand auszieht, gibt es zumeist eine Übergangsfrist, bis jemand Neues einzieht, insbesondere bei Ladengeschäften. Es wäre also eine Win-Win-Win Lösung für Vermieter, den alten Mieter und dritte Nutzer, wenn der Raum in der Zwischenzeit für Konzerte o. ä. genutzt werden könnte. Zu diesem Zweck könnte eine Leerstands-App verwendet werden.*

– **Plastikersatz-Produkte** – *bestimmte Plastikprodukte dürfen in wenigen Jahren nicht mehr produziert werden. Die Nachfrage nach alternativen Produkten, welche dieselben Funktionen erfüllen, jedoch aus anderen Materialien gefertigt sind, wird somit dramatisch ansteigen.*

- *Zur weiteren Bearbeitung wurden ausgewählt:*
  Geschenkideenfinder-App
  Beleuchtete Handtasche
  Fitnesskoordination-App
  Leerstands-Vermittlungs-App

- Für diese Probleme/Produkte wurden in Kleingruppen spezifische Anforderungen ausgearbeitet.

3 Sitzung 3 – *Kreative Problemlösung*

Zielsetzung:
- Anwendung von Kreativitätstechniken zur Lösung des Problems oder Bewältigung der Anforderungen des Produkts oder der Dienstleistung

Agenda:
- Sammlung bekannter Problemlösungs- und Kreativitätstechniken
- Vorstellung weiterer Kreativitätstechniken
- Prüfung der Anwendbarkeit der Techniken auf die konkreten Problemfelder
- Anwendung

Ablauf und Ergebnisse:
- Sammlung von Kreativitäts- und Problemlösetechniken (vgl. Abb. 3)
- Anwendung der Kreativitätstechniken auf die gesammelten Ideen- und Problemkreise

Lexikon-Methode	World-Café	Mind-Mapping
6 Denkhüte	Advocatus Diaboli	ABC-Liste
Paradoxes Brainstorming	Walt-Disney Methode	Reizworttechnik
Wunderfrage	Paradoxes Fragen	Naturinspiration
Zufallstechnik	Elefantenrüssel	Analogietechnik
Zukunftswerkstatt	6-3-5-Methode	Kopfstandtechnik

Abb. 3 Ergebnisliste der Sammlung von bekannten Problemlöse- und Kreativitätstechniken

Gruppe 1: Beleuchtete Handtasche
Anwendung der Morphologischen Box
Die Gruppe erzeugte, so wie es die Methode auch vorsieht, eine Matrix mit Eigenschaften von Handtaschen. Merkmale waren z. B. Zielgruppe, Beleuchtungsart u.-antrieb, Beleuchtungsmittel und Platzierung/Positionierung der Beleuchtung. Mehrere Kombinationen dieser Merkmale existieren der Gruppe zufolge auf dem Markt noch nicht (vgl. Abb. 4).

Gruppe 2: Geschenkideenfinder-App
Anwendung der Kopfstandmethode
Die Probanden fragten sich gemäß dieser Methode: Wie muss die App gestaltet sein, damit sie völlig schiefgeht? Die Antworten waren z. B.: Geschenke doppelt schenken (positive Ableitung daraus: die App braucht eine Memory-Funktion), Geschenke werden zu spät vorgeschlagen (positive Ableitung daraus: die App braucht eine Kalenderverknüpfung) etc.

Gruppe 3: Fitnesskoordinations-App
Anwendung der 6-3-5 Methode
Die Methode hat bei der Thematik nicht funktioniert und wurde im ersten Probedurchgang in der Sitzung noch verworfen.

Baustein	Material		
Ausführung	Günstig	Mittel	Teuer
Stromversorgung	Batterie (Knopfzelle)	Akku	Solar, selbstwiederaufladend
Lichtquelle Integriert Extern Multifunktional	LED Blinkend Anzahl der LQ	Schwarzlicht Gleichmäßig Auswechselbarkeit	Farblich veränderbares Licht Dimmbar Selbsterneuernd
Schalter	Am Bügel Bei Öffnen Per Knopfdruck	Anhänger an Armband Integriert in/an Schmuck-stück, Uhr	Sprachgesteuert
Material Innen Außen	Atlas Taschenfutter schwer entflammbar Hitzebeständig LKW Plane mit schwer-entflammbar Ausrüstung// VEGAN	Atlas Taschenfutter schwer entflammbar Hitzebeständig Lederimitat	Atlas Taschenfutter schwer entflammbar Hitzebeständig Vollleder
Zielgruppe	Jugendliche Studenten	Backpacker Feierwütige Sportler	Berufstätige Best-Ager/Rentner
Taschenart	Modetaschenformate Sporttasche	Rucksackformate IT-Pieces	Geldbeutel Handtasche, Aktentasche

Abb. 4 Ergebnis der Anwendung einer Morphologischen Box (Geschäftsidee: beleuchtete Handtasche)

Gruppe 4: Leerstandnutzungs-App
Anwendung der Reizworttechnik

Diese Methode verlangt, dass man beliebige Reize in der Umwelt aufsucht und sich fragt, was diese Reize mit dem eigenen Problem zu tun haben. So soll man auf neuartige Ideen zur Problemlösung kommen. Die Probanden gingen daher z. B. ins Atrium des Universitätsgebäudes, das ihnen übersichtlich erschien. Dies veranlasste die Gruppe die „Übersichtlichkeit" als Kriterium für die Gestaltung der App umzusetzen. Die Probanden gingen weiter und sahen einen Postkasten mit Barcode. Dies brachte sie auf die Idee, dass man an leer stehende Läden einen Barcode anbringen könnte, der per Handy über die Nutzungsmöglichkeiten des Ladens informiert.

Alle Gruppen sollten weitere Kreativitätstechniken als „Hausaufgabe" bis zur nächsten Sitzung ausprobieren.

4   Sitzung 4 – *Konkretisierung*

Zielsetzung:
- Konkrete Entwicklung eines Produktprototypen, eines Pilotversuchs oder eines Dienstleistungskonzepts

Agenda:
- Ausgabe und Erstellung eines Businessplans

Ablauf und Ergebnisse:
In dieser Sitzung wurde ein Businessplan an alle Gruppen ausgegeben, der auch diejenigen Fragen enthielt, die wir im letzten Kapitel aufgeführt haben, wie z. B.

- *„Ist die Geschäftsidee in einem Satz klar kommunizierbar?"*
- *„Ist die Idee neu und einzigartig?"*
- *„Können und wollen Ihre Kunden den anvisierten Preis bezahlen?"*

Die Beantwortung der Fragen wurde von den Teilnehmern als hilfreich eingestuft. Sie dienten der Konkretisierung der Geschäftsideen. Insbesondere wurde die durch die Fragen provozierte Einsicht gewürdigt, dass einige Aufgaben im Rahmen der Entwicklung des Produkts nicht von den Probanden selbst erledigt werden können und dass stattdessen Fachexperten auf eine bestimmte Weise eingebunden werden müssen (z. B. Informatiker für die Programmierung der Apps oder Juristen für den Schutz der Bildmarken).

Auf der Basis des Businessplans sollten die Geschäftsideen schließlich den anderen Teilnehmern vorgestellt werden. Um die Präsentation des Produkts oder der Dienstleistung vorbereiten zu können, wurde eine

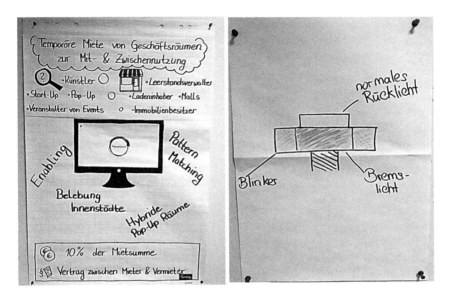

Abb. 5 Zwei Beispiele für die Vorstellung der Geschäftsideen der Probandengruppen (Leerstandnutzungs-App, Fahrradbremslicht und -blinker)

Frist von zwei Wochen bis zur Fertigstellung des Produkts, des Prototypen oder des Dienstleistungskonzepts eingeräumt.

5   Sitzung 5 – *Lösung*

Zielsetzungen und Agenda:
• Vorstellung der Prototypen, des Pilotversuchs oder des Dienstleistungskonzepts
• Planung des weiteren Vorgehens

Ablauf und Ergebnisse:
Die Teilnehmer stellten sich ihre Geschäftsideen in 5-minütigen Pitches wechselseitig vor (z. B. Abb. 5). Dabei sollte eine kritische Diskussion durch die Teilnehmer erfolgen.

Einige der Ideen wurden derart positiv aufgenommen, dass der Wunsch bestand, ihre Realisierung weiter voranzutreiben.

Der Groschen ist gefallen – *Am Ende zählt nicht nur das Geld*

1 Der Auftrag

Wir haben diesem Buch den Titel „Vom Sein zum Schein" gegeben. Wir sind nämlich davon überzeugt, dass man durch die Klärung, den Ausbau und die Nutzung zentraler Aspekte des eigenen *Seins*, auch den (Geld-) *Schein* ernten wird, sofern man dies will. Wer nämlich weiß, (1) welche *persönliche Bedeutung* dem Geld zukommt, (2) welche eigenen *Glaubenssätze* und *Einstellungen* den Gelderwerb hemmen und fördern, (3) welche *Wissenslücken* dafür geschlossen und welche *Denkfallen* vermieden werden müssen, (4) welche *Motive* und *Ziele* hinter dem eigenen Streben nach Geld stehen und wie diese aktiviert werden können, (5) über welche persönlichen *Ressourcen* man verfügt, um Geld zu erwerben, (6) welche *Ideenpotenziale* dafür angezapft und ausgeschöpft werden können, (7) welcher *Umgangsstil* mit Geld gesund und hilfreich ist und (8) wofür es sich lohnt, Geld *auszugeben*, der wird den Reichtum der eigenen Persönlichkeit auch in persönlichen Reichtum überführen können (vgl. Abb. 1).

© Springer Fachmedien Wiesbaden GmbH, ein Teil von Springer Nature 2019
M. Sauerland, J. Höhs, *Geld – Vom Sein zum Schein*,
https://doi.org/10.1007/978-3-658-26666-0_10

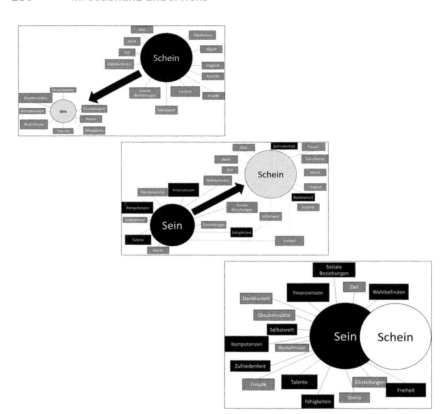

Abb. 1 Die Stärkung des Seins für einen erfolgreicheren Umgang mit dem Schein

Folgerichtig haben wir Sie gleich zu Beginn gefragt, wie Sie Ihren *persönlichen Reichtum* definieren. Mehrfach im Buch haben wir aufgezeigt, dass Sie dabei gar nicht so hochgreifen müssen, da sich viele Bedürfnisse auch ohne Geld befriedigen lassen. Dies würde dann zum *persönlichen Reichtum* im übertragenen Sinn führen. In mehreren Kapiteln dieses Buchs haben wir daher auch argumentiert, dass man das Ziel, reich zu werden, unbedingt kritisch prüfen oder zumindest konkretisieren sollte. Wir wollen uns aber gar nicht auf sprachliche Tricksereien einlassen: Viele Leser sind wohl eher an der Frage interessiert, wie man im *nicht übertragenen* Sinn reich werden kann. Zur Orientierung, was im nicht übertragenen Sinn realistisch ist, haben wir Ihnen wissenschaftliche Definitionen angeboten, die, selbst bei eher strengeren Kriterien, schon bei einem Einkommen von ca. 5000 € netto im Monat von Reichtum ausgehen würden.

Wir haben die Ergebnisse mehrerer Umfragen dargelegt, aus denen in der Tat hervorgeht, dass die große Mehrheit der Menschen in Deutschland *Reichtum* für einen begehrenswerten Zustand hält. Dieser Wunsch kann durchaus auch positive Effekte zeitigen: persönliches Wachstum, Unabhängigkeit, Innovationen und gesellschaftlichen Wohlstand, um nur einige zu benennen. Wir akzeptieren daher den *reflektierten* Wunsch der Menschen, persönlichen Reichtum auch im monetären Sinn erlangen zu wollen. Unsere Absicht war es daher auch, wissenschaftlich zu erforschen, wie man die Geldgenese zur eigenen Zufriedenheit vorantreiben kann. Die entsprechenden Mittel wollen wir in diesem Kapitel nochmals kurz zusammenfassen.

2   Das Ziel

Zunächst haben wir nach einem einfachen Zugang zur Welt des Geldes gesucht. Wir haben überlegt, dass die erste Annäherung an eine *Psychologie des Geldes* darin besteht, Menschen danach zu fragen, was sie mit dem Begriff *Geld* in Verbindung bringen. Die auf diese Weise abgefragten gedanklichen Verbindungen liefern Hinweise auf die **Bedeutung**, die Geld für Menschen hat. Wir fanden heraus, dass viele Menschen *Freiheit und Unabhängigkeit* mit dem Begriff Geld verbinden.

- **Klären Sie, was Geld für Sie persönlich bedeutet, denn die Klärung dieser Frage beeinflusst massiv Ihren Umgangsstil mit Geld und auch Ihre Finanzentscheidungen. Zudem erleichtern Ihnen die daraus gewonnenen Erkenntnisse, sich konkrete finanzielle Ziele zu setzen, geeignete Mittel zur Zielerreichung ausfindig zu machen und mit darauf gerichteten Handlungen unmittelbar zu beginnen.**

Wenn Sie darüber nachdenken, was Geld für Sie ist, warum Sie danach streben, können Sie auch gewisse unbefriedigte Seiten Ihrer eigenen Persönlichkeiten entdecken: Wenn Geld für Sie *Freiheit bedeutet,* heißt das bei den meisten Menschen zugleich, dass sie sich *unfrei* fühlen. Sich dies einzugestehen ist unmittelbar eine Aufforderung, diesen abstrakt verspürten Mangel an *Freiheit* zu konkretisieren, seine Ursachen herauszufinden und Mittel zu finden, mit denen der Mangel effektiv beseitigt werden kann. Dies kann sich z. B. auf den **(völlig kostenlosen) Einsatz der eigenen *Kompetenzen* zur Bewältigung des erlebten Mangels** beziehen. Andernfalls kann es aber auch dazu anleiten, *das eigene Geld* konstruktiv einzusetzen, um den Mangel zu beseitigen. In diesem letzteren Fall wüssten Sie also, *wie viel* **Geld Sie für eine gute Lebensführung benötigen**, ohne immer weiter nach immer mehr Geld streben zu müssen, wobei man die **Spannungen durch das Streben nach Geld, genau wie die Spannungen im Streben der Menschen überhaupt, gar nicht negativ bewerten muss**.

Interessanterweise benennen Menschen, wenn sie nach ihren Assoziationen zum Thema Geld befragt werden, zumeist bestimmte *Funktionen* des Geldes bzw. des Geldsystems. Auf die nützlichen und durchaus sozial verbindenden Funktionen des Geldes sind wir eingegangen. Hieraus resultiert die bemerkenswerte Erkenntnis, dass es in einer arbeitsteiligen Gesellschaft **keine Alternative zum *Geld*** gibt.

- **Für konsequentes geldbezogenes Handeln ist es daher hilfreich, diese Alternativlosigkeit zu akzeptieren und eine eventuelle Reserviertheit gegenüber dem Geld abzubauen.**

Dies erscheint Ihnen vielleicht wenig differenziert und naiv-kritiklos, aber es ist darauf hinzuweisen, dass das Geld *per se* nicht für etwaige Schieflagen im Geld*system* verantwortlich gemacht werden sollte.

Unsere Analyse der Funktionen des Geldes hat aber auch gezeigt, dass Dinge oft allein schon deshalb wertvoll erscheinen, weil man dafür viel aufwenden müsste (Normenbildung), nicht aber, weil diese Dinge zur Befriedigung der eigenen Bedürfnisse entsprechend viel beitragen würden. Ein hoher Preis erzeugt erst die Vorstellung von Werthaftigkeit und in Folge das persönliche Begehren.

- **Sie können also sehr viel Geld einsparen, wenn Sie jeweils genau prüfen, ob der persönliche Befriedigungswert diesen notwendigen Aufwendungen tatsächlich entspricht.**

Die meisten Personen verwechseln anfangs auch die Funktionen des Geldes mit der *Definition* von Geld. Geld ist zuvorderst ein psychologisches Phänomen, nämlich *Vertrauen*. Dass es auch nicht viel *mehr* ist, erkennt man bei der Analyse der bisherigen Finanzkrisen. Die Einsicht in die Zerbrechlichkeit des Geldsystems und die Abhängigkeit des Geldes vom bloßen Vertrauen der Bürger können durchaus irritierend sein. Die Ausrichtung der eigenen Vermögensbildung sollte entsprechend angepasst werden.

- **Es ist daher förderlich, Geld auch in materielle Werte zu investieren, die noch etwas zuverlässiger durch das Rechtssystem geschützt sind und selten völlig wertlos werden können.**
- **Im Angesicht der Labilität des Geldsystems überzeugt darüber hinaus die Strategie, Geld auch in Ihren persönlichen Kompetenzaufbau, also in ihr *Sein* zu investieren, da dies gewährleistet, in *jedem* System und auch in jeder Krise gebraucht zu werden und diese heil überstehen zu können.**

Neben der Definition von Geld ist es wichtig, den Begriff *Reichtum* mal für sich persönlich zu definieren: Dadurch gelingt es Ihnen, einen Zielbetrag zu definieren, der es überhaupt erst ermöglicht, das befriedigende Erlebnis einer Zielannäherung oder Zielerreichung zu spüren und nicht der Unersättlichkeit und Besessenheit anheim zu fallen, die das Streben nach Geld ohne konkrete Zielsetzung oft charakterisiert. Ohne Ziel, können Sie keinen Handlungsplan zur Zielerreichung entwickeln, und es wäre überdies auch ausgeschlossen, ausfindig zu machen, welche Handlungsweisen überhaupt geeignet sind, um Ihre jeweiligen Wunschzustände erreichen zu können.

- **Daher setzten Sie sich am besten *realistische, aktiv beeinflussbare* und *zeitlich verankerte* Ziel- und Teilzielkriterien für Ihre persönliche Definition von Reichtum!**

3   Der Plan

Eine Frage, die sich daraufhin unmittelbar aufdrängt, ist die, welche *Einstellungen* Menschen zum Geld haben oder welche sie ggf. besser entwickeln sollten. Sie haben dabei gesehen, dass es aufgrund der unterschiedlichen Einstellungskomponenten (affektiv, kognitiv, verhaltensbezogen), aufgrund der Nähe-Distanz-Problematik (mein Geld, dein Geld) und der damit zusammenhängenden Unterscheidung zwischen *Geld* und *viel Geld* völlig normal ist, nicht *die eine* konsistente Einstellung zum Geld zu haben – und somit auch nicht haben zu müssen.

- **Die Einsicht, dass es normal ist, widersprüchliche Einstellungen zu Geld zu haben, ist für viele Menschen befreiend. Lassen Sie sich dadurch bei Ihren finanzbezogenen Handlungen nicht verunsichern!**
- **Sie haben darüber hinaus gesehen, dass es nützlich ist, bezüglich des *fernen* Geldes konkretere Gedanken zu entwickeln.**

Zudem haben Sie gelernt, dass man davon profitieren kann (psychologisch und monetär), wenn man sich in geldbezogenen Dingen dann doch etwas einstellungskonsistenter verhält (auch wenn die Inkonsistenz prinzipiell o.k. ist); wenn man die Einstellung zum Geld also für sich klärt und sich dann auch entsprechend verhalten kann. Man muss dann nämlich nicht ständig mit gedanklichen Widersprüchen umgehen, kann konsequent handeln und ist in Geldfragen nicht derart desorientiert.

Die Einstellung zu Geld ist insbesondere dann handlungsleitend, wenn sie *relativ stark* ist, wenn Geld also für eine Person z. B. wichtiger ist als soziale Beziehungen – dann würde sich die Person nämlich selbst dann für einen besser bezahlten Job entscheiden, wenn sie deswegen ihre Freunde nur noch selten sehen würde. Eine starke Einstellung wiederum lässt sich aus der Überzeugung einer Person ableiten, die wichtigsten Bedürfnisse mit Geld befriedigen zu können. Wenn es einer Person also ein Bedürfnis ist, von anderen bewundert zu werden *und* sie darüber hinaus davon überzeugt ist, dass sie dieses Bedürfnis nur mit Geld befriedigen kann, wird Geld für sie einen enorm hohen Stellenwert haben und ihr diesbezügliches Verhalten leiten.

- Man muss also die eigene Bedürfnisstruktur ausfindig machen, um daraufhin prüfen zu können, ob man glaubt, die eigenen zentralen Bedürfnisse hauptsächlich mit Geld befriedigen zu können. Ein effektives Bedürfnismanagement ist eine Voraussetzung für einen effektiven und zufriedenstellenden Umgang mit Geld. Methoden, mit denen dies gelingt, sind weiter unten aufgeführt.

Einen Hinweis auf die Überzeugung, die eigenen Bedürfnisse mit Geld befriedigen zu können, liefert die Bedeutung, die Sie dem Geld zuweisen. Wenn also Geld *Freiheit* bedeutet und in Ihrer Bedürfnisauflistung auch das Bedürfnis nach Freiheit ganz oben rangiert, können Sie davon ausgehen, dass Sie denken, die begehrte Freiheit hauptsächlich mit Geld befriedigen zu können.

Diese Erkenntnis ist sehr nützlich, denn sie lässt auf verschiedenen Ebenen eine kritische Prüfung des Umgangs mit Geld zu:

- Sie können prüfen, ob die Annahme überhaupt stimmt, dass wichtige Bedürfnisse hauptsächlich mit Geld zu befriedigen sind, oder ob es nicht auch billigere oder kostenlose Befriedigungsmöglichkeiten gibt, wie beispielsweise der Aufbau persönlicher Kompetenzen.
- Sie können prüfen, ob bestimmte Wünsche, wie die *totale* Freiheit oder die *totale* Sicherheit sich, realistisch betrachtet, überhaupt befriedigen lassen. Unrealistisch sind solche Vorstellungen zumeist, wenn man bei dem Versuch scheitert, sie zu konkretisieren. Dann verbergen sich dahinter wohl eher irrationale Existenzängste oder überzogene Fantasievorstellungen.
- Der erfolgreiche Versuch einer Konkretisierung der Ziele und Mittel gewährt indes häufig die Einsicht, dass gar nicht so viel Geld erforderlich ist, wie man vielleicht vermutet hat.
- Nicht zuletzt können Sie sogar die aktuelle Bereitschaft, große Geldbeträge für eine bestimmte Sache, wie z. B. einen Sportwagen, auszugeben, kritisch hinterfragen. Dafür muss man nur analysieren, welches Bedürfnis man meint, mit dem Kauf befriedigen zu können und ob vielleicht sogar nur persönliche Defizite mit

dem Kauf kompensiert werden sollen. Sie können sich auf fragen, wie Sie das gleiche Kaufinteresse bei Ihrem eigenen Kind bewerten würden – vermutlich fällt der Sportwagen dann durch.

Wer die eigene Bedürfnisstruktur kennt, der kann auch ermitteln, warum er nach Geld strebt, warum er Geld in bestimmte Dinge steckt oder ggf. auch spart, ob das alles zielführend, befriedigend und angemessen ist oder ob sinnvollere Alternativen erwogen werden sollten. Und um nun Ihre starken Bedürfnisse identifizieren zu können, haben wir einige Hilfsmittel und Methoden vorgeschlagen:

- **Tagtraumanalysen**
  (In welche schönen Gedankenwelten driften Sie oft ab?)
- **Identifikation und Analyse von Vorbildern**
  (Wen bewundern oder beneiden Sie wofür?)
- **Analyse von Tätigkeiten, die man ohne äußeren Anreiz immer wieder aufsucht**
  (Welches sind Ihre leidenschaftlichen Antreiber?)
- **Beantwortung von Fantasiefragen**
  (Wenn Sie noch fünf Jahre zu leben hätten … etc.)
- **Analyse des bisherigen Verhaltens in Entscheidungssituationen**
  (Welches Bedürfnis überwog in Konfliktsituationen?)

Bei fast allen menschlichen Belangen wägt man zugleich auch geldbezogene Aspekte ab. Man kann das Geld somit ohnehin nicht ausblenden oder die Gedanken davon lösen. Wer also denkt, dass der beste Umgang mit Geld darin besteht, möglichst nicht daran zu denken, wird dies nicht konsequent durchhalten können. Es erscheint daher absurd, eine negative Einstellung zu etwas aufrechtzuerhalten, mit dem man permanent konfrontiert ist, dem man sowieso nicht aus dem Weg gehen kann. Dies würde das Leben unnötig komplizieren.

- **Finden Sie eine differenzierte Einstellung zu Geld, die durchaus nicht unkritisch sein muss, die aber nicht im Widerspruch zum täglich gewollten Umgang mit Geld steht.**

Überzeugungen und Glaubenssysteme können noch sehr viel tiefer in der menschlichen Psyche verwurzelt sein. Das Thema *Geld* betreffende Überzeugungen und Glaubenssätze, wie z. B., dass Schulden schlecht sind, können daher von enormer Tragweite für die Lebensgestaltung von Personen. Prüfen Sie, ob solche Glaubenssätze nicht auch bei Ihnen von vornherein verhinderten, dass Sie vorhandene Möglichkeiten der Geldgenese entdecken und ausschöpfen können. Für die Geldgenese ist es nötig, bestimmte Glaubenssätze in den folgenden Kategorien kritisch zu prüfen …

- **Allgemeine Überzeugungen**
  (z. B. dahingehend, ob Sie glauben, (nicht) reich werden zu können, da diese in unterschiedliche sich selbst bewahrheitende Geldzirkel münden. Sie müssen **daran glauben, dass Sie Ihre Wohlstandsgenese vorantreiben können, ansonsten verhindert allein schon die negative Überzeugung, dass Sie vorhandene Möglichkeiten der Wohlstandsgenese entdecken** *und ausschöpfen können.)*

- **Spezifische geldbezogene Überzeugungen**
  (z. B. in Bezug auf Schulden, um die Scheu vor sinnvoller Kreditaufnahme -für die eigene Ausbildung oder für eine vielversprechende Geschäftsidee) ablegen zu können.)

- **Widersprüchliche Überzeugungen**
  (z. B. dahingehend, dass Sie meinen, etwas leisten zu müssen, um reich zu werden, aber ehrliche Arbeit vermeintlich zugleich nicht zum Reichtum führen könne. Erst mit klaren Überzeugungen können Sie in Geldangelegenheiten orientiert und konsequent handeln.)

Um solche subjektiven Glaubenssätze prüfen zu können, erstellen Sie entsprechende **Matrizen, in denen Sie Ihre Glaubenssätze und die jeweiligen Gegenthesen systematisch anordnen und mit objektiven Belegen und Gegenbelegen versehen.** Vielleicht differenzieren Sie daraufhin beispielsweise Ihre pauschale Abwehrhaltung gegenüber Schulden – ohne dass Sie sich nun aufgefordert fühlen sollen, Schulden zu machen, aber um zu klären, ob Sie z. B. für eine Ausbildung oder auch, wenn Ihnen mal eine sehr gute Geschäftsidee einfallen sollte, einen Kredit aufnehmen würden. Sie können auch die für manche Menschen zwanghaft-belastende Überzeugung prüfen, unbedingt reich werden zu *müssen* – vielleicht kommen Sie zu dem differenzierten Schluss, dass dies durchaus schön wäre und Sie dies auch weiterhin anstreben, dass Sie Ihr Leben und Sein prinzipiell aber auch auf andere Weise positiv gestalten können.

4   Die Mittel

Fakten sind im Zusammenhang mit dem Thema Geld offenkundig wichtig. Wir haben daher grundlegende Fakten über Zinsen, Inflation, Einkommen, Vermögen und Verschuldung in diesem Buch zusammengetragen.

- **Die Daten in Kap. „Wissen ist Macht – *Nichts wissen, macht auch nicht reich!*" dienen Ihnen *zur Orientierung*. Sie können Ihre finanziellen Wünsche und Ziele mit Hilfe der Daten realistischer einschätzen.**

Manch einer realisiert bei dieser Gelegenheit, dass die Wahrnehmung des eigenen ökonomischen Status bislang nicht realitätsgerecht gewesen ist. Manche Menschen sind schon reich, ohne es zu merken.

Den meisten Menschen sind nicht einmal die grundlegendsten Sachverhalte bekannt. Die Deutschen sind Weltmeister, was das finanzielle *Wissen* anbelangt – unter den Blinden ist der Einäugige König. Viele Menschen kennen weder ihren Kontostand, noch können sie den Zinseszinseffekt korrekt einschätzen, ganz abgesehen von ihrer individuellen Inflationsrate. Viele unterliegen auch der sogenannten **Money-Illusion**. Die Höhe der *individuellen* Inflationsrate ist jedoch entscheidend für die Entwicklung der Kaufkraft und für die Einschätzung, ob sich eine Geldanlage mit einer bestimmten Verzinsung überhaupt rentiert oder sogar dafür, einschätzen zu können, ob *überhaupt* investiert werden sollte oder ob nicht einfach bessere Zeiten für Investitionen abgewartet werden können. Wer reich werden und dies auch bleiben will, sollte zumindest diese Fakten im Auge behalten.

- **Errechnen Sie daher unbedingt Ihre *individuelle* Inflationsrate mit Hilfe des in diesem Buch aufgeführten Links!**
- **Verschaffen Sie sich durch entsprechende Bildungsbroschüren, wie dem *Kanon* (Link in diesem Buch), ein brauchbares Wissensfundament.**

Selbst, wenn Sie während des täglichen Frühstücks lediglich 20 Minuten darin lesen, werden Sie in kurzer Zeit über eine deutlich solidere Grundlage für Ihre Finanzentscheidungen verfügen.

Ein Grund für den *finanziellen Analphabetismus* liegt in der *Tabuisierung* des Geldthemas. Personen tauschen sich untereinander schlicht nicht über Anlagemöglichkeiten, Inflationsrisiken und vergleichbare Themen aus – sie meinen, darüber nicht reden zu *können*, zu *wollen* und zu *dürfen*. Durch die dadurch verursachten Wissenslücken verlieren die Menschen viel Geld und geraten zudem wegen nicht klar kommunizierter Prioritäten im Umgang mit Geld oft in Streit.

- **Verabreden Sie daher in Ihrem Freundeskreis regelmäßig *Money Meetings*, um das Tabu zu brechen und ein *Lernen am Modell*, den *Wissenserwerb*, den *Austausch über Erfolgs- u. Misserfolgsfaktoren* bei der Geldanlage und ggf. den *Abbau von moralischen Hemmungen beim Streben nach Geld* zu ermöglichen!**
- **Reden Sie mit Ihrem Partner frühzeitig über Ihre Prioritäten beim Umgang mit Geld, um zu verhindern, dass aus dem Eheschließungsgrund Nr. 5 der Scheidungsgrund Nr. 1 wird!**

Damit verhindern Sie auch, dass groteske Widersprüche zwischen Ihrem eigenen Begehren und dem eigenen geldbezogenen Verhalten an der Tagesordnung sind (eigentlich zu wollen, aber scheinbar nicht zu dürfen). Beim Abbau von moralischen Hemmungen hilft es auch, sich klarzumachen, dass zumeist diejenigen, die ohnehin keinerlei Chance sehen, viel Geld zu erwerben, bloß ihre eigene *kognitive Dissonanz*, also eine Art inneren Konflikt, durch die Abwertung der motivierenden Kraft des Geldes reduzieren wollen. Wer hingegen **das natürliche Streben nach Geld grundsätzlich akzeptiert, dem ist es auch möglich, sich durch Geld motivieren lassen.** Die übliche Selbstschutzstrategie der Menschen hinter ihren öffentlich abwertenden Bekundungen zum Thema Geld ist leicht zu durchschauen.

5   Das Versprechen

Doch lohnt es sich eigentlich, diesen Aufwand mit *Wissenserwerb, Prüfung von Glaubenssätzen, Money Meetings etc.* zu betreiben? Was macht Geld mit Ihnen? Welchen Einfluss hat es? Haben Sie überhaupt etwas davon?

Geld kann glücklich, frei, selbstbewusst und sexy machen. Geld kann aber zugleich auch egoistisch, geizig und gierig machen. Alle diese Wirkungen treten nicht notwendig ein, aber die *Wahrscheinlichkeit*, dass wohlhabende Personen in „den Genuss" vieler dieser Wirkungen kommen, ist durchaus erhöht. Wie kann man mit Geld also so umgehen, dass zuvorderst die positiven Wirkungen eintreten?

Der tatsächlich erzielbare und zumeist auch positiv empfundene geldvermittelte Zuwachs an *Freiheit* sollte jedenfalls nicht zur *Freiheit von Relationen* werden – wer total frei ist, setzt sich zu nichts mehr in Beziehung und wessen Leben frei von Beziehungen zu irgendetwas ist, dessen Leben ist auch bedeutungslos. Die gewonnene Freiheit sollte daher aktiv genutzt und ausgestaltet werden, statt sie bloß passiv hinzunehmen.

Geld als universeller Erfolgsindikator beeinflusst auch den *Selbstwert*.

- **Wenn man sich schon nicht vollständig von der geldvermittelten sozialen Anerkennung befreien kann und wenn zudem der finanzielle Erfolg wenigstens zu einem gewissen Grad mit der tatsächlichen Qualität der eigenen Fähigkeiten zusammenhängt, dann ist es ratsam, diejenigen persönlichen Eigenschaften weiterzuentwickeln, die diesem finanziellen Erfolg zugrunde liegen. Wenn Sie nämlich genau diese Facetten Ihres *Seins* kultivieren, fließt mit hoher Wahrscheinlichkeit ganz beiläufig auch der *(Geld-)Schein*.**

Geld wirkt in bestimmten Hinsichten auch negativ. Um sich vor den negativen Wirkungen zu schützen, muss man sensibel dafür sein, *Qualitäten* erlebbar zu halten und sich nicht vom geldvermittelten Quantitätsmoment erfassen zu lassen. Man muss sich permanent vor Augen halten, dass die Person als Ganze mehr ist als die Summe der ökonomisch verwertbaren Eigenschaften. Es gibt viele Qualitätswerte, die nichts oder wenig kosten. Man kann sich also auch auf die Suche nach solchen Werten machen und sich bewusst daran erfreuen.

Außerdem mag es ja sein, dass der *Geldbesitz* zahlreiche positive Effekte zeitigt, das *Streben* nach Geld aber offenkundig nicht unbedingt.

- **Damit das *Streben* nach Geld nicht zur Belastung wird, müssen Sie sich realistische Teilziele setzen und dürfen sich auch mal etwas gönnen, wenn Sie diese erreicht haben.**
- **Zudem können Sie das Streben, also das menschliche Streben im Allgemeinen, anders bewerten: Nietzsche zufolge kann man die Spannungen, das Leid und den Schmerz, der durch das teils unersättliche menschliche Streben (nicht nur durch das Geldstreben) erzeugt wird, durchaus bejahen und positiv umdeuten. Das menschliche Leid nimmt nämlich oft unmittelbar ab, wenn man es akzeptiert und für sich annimmt, anstatt es zwanghaft loswerden zu wollen.**

Die Lehren der großen Philosophen sind also auch für konkrete finanzielle Zielsetzungen nützlich.

Geld – je nach Art des Umgangs – kann Menschen durchaus glücklicher machen bzw. ihr *Wohlbefinden* erhöhen. Es geht ja schließlich **weniger um die Frage, *ob* Geld glücklich macht, sondern *wie* Sie damit umgehen können, *damit* es Sie glücklich macht**. Auch dies hat man ja selbst in der Hand, und es macht ja auch keinen Sinn, kein Geld haben zu wollen, denn kein Geld macht sicher auch nicht glücklich.

Es ist vorteilhaft, wenn das **Geld kontinuierlich erworben** wird (nicht plötzlich) und dass es zudem **selbst erarbeitet** ist (nicht gewonnen oder geschenkt), damit man stolz darauf sein und es als symbolische Anerkennung für Geleistetes annehmen kann. Wenn man selbst hart dafür arbeiten musste, wird man das Geld auch nicht zügellos und verschwenderisch direkt verkonsumieren. Wichtig ist nämlich, dass man nicht gleich zu einem Luxusleben übergeht, sondern **relativ gut zur eigenen Vergleichsgruppe dasteht**. Wer nämlich mit steigenden Geldressourcen das Anspruchsniveau erhöht und sich dann auch mit reicheren Personen vergleicht, wird wenig Genuss am eigenen Geldzuwachs haben. Man sollte sich also am besten einfach mit sich selbst am individuellen Maßstab vergleichen, dann kann man nämlich nur gewinnen. Es scheint ohnehin eher glücklich zu machen, **Geld zur Aufrechterhaltung von Freiheiten zu nutzen**. Zudem sollte man folgende *allgemeine Faustregeln beherzigen*:

- **Investiere das Geld in Erlebnisse statt in materielle Dinge** (oder in materielle Dinge, die Erlebnisse schaffen)!
- **Investiere das Geld auch in andere Personen!** (Menschen sind soziale Wesen. Investitionen in die Lieben haben daher einen hohen Befriedigungswert)
- **Investiere das Geld in viele kleine Glücksstifter** (statt in wenige große, um nicht einem schnellen Sättigungseffekt ausgeliefert zu sein)!
- **Investiere weniger Geld in Absicherungen!** (um keine Reue empfinden zu müssen)
- **Bezahle jetzt, konsumiere später** (keinesfalls umgekehrt, um Vorfreude etc. erleben zu können)!
- **Denke an das, woran du nicht denkst** (um den Befriedigungswert des Gutes an einem normalen Tag realistischer einschätzen zu können)!
- **Hüte dich vor Vergleichskäufen!** (die Gemeinsamkeiten sind oft relevanter als die Unterschiede)
- **Befrage andere Personen nach ihren Erfahrungen mit einem Produkt!**

Wenn man denkt, dass anstelle des Geldes eher soziale Beziehungen o. ä. glücklich machen, dann spricht ja nichts dagegen, sich um gute Beziehungen zu bemühen und trotzdem auch nach Geld zu streben und das Geld dann eben in diese sozialen Beziehungen zu investieren. Warum sollte das eine das andere ausschließen? Warum fordert man vom Geld, was auch kein anderes Momentum im Leben gewährleisten kann? Geld allein macht nicht glücklich? Sex allein macht auf Dauer auch nicht glücklich! Das Streben nach Geld kann abhängig, zwanghaft und besessen machen? – Gilt dies nicht für jede Art des menschlichen Strebens?

Wie man über Geld denkt, was man über Finanzangelegenheiten weiß, welche Glaubenssätze und Einstellungen man zum Geld hat und wie man mit Geld umgeht, kann also bereits beeinflussen, ob man reich wird. Der Reichtum der Persönlichkeit bestimmt, ob man persönlichen Reichtum erlangen kann.

6   Der Showdown

Doch wie kann man nun konkret *Geld machen*, wenn man alle diese Dinge für sich geklärt hat und das durch und durch reflektierte Ergebnis nun mal doch darin besteht, *monetär* reich werden zu wollen. Wie kann man vom aufgeklärten *Sein* auch *zum realen Schein* kommen?

- **Arbeiten Sie den *Money-Tree* systematisch durch! Lesen Sie nicht darüber hinweg, sondern nehmen Sie sich die Zeit, probieren Sie es aus und setzen Sie sich aktiv und schriftlich mit allen Übungen und Fragen auseinander!**

Das Modell verschafft Anregungen, um individuelle Möglichkeiten für die Erlangung von Wohlstand auszuloten. Es funktioniert – das ist wissenschaftlich erwiesen.

- **Reservieren Sie sich an zwei Samstagen hintereinander *Extra-Termine*, um in Ruhe und *ausschließlich* über die Möglichkeiten der Geldgenese nachdenken zu können!**

Damit ist eine wichtige Voraussetzung geschaffen, um die Sache endlich mal konkret anzugehen und nicht immer bloß im konjunktivischen Denken, „man könnte“, „man müsste“, „man sollte“, zu verharren. Suchen Sie sich jetzt einen Termin aus!

- **Beginnen Sie zunächst mit dem *Rückwärtsdenken*! Dies öffnet den Blick für die *Möglichkeiten* anstelle der Hemmnisse.**

Denken Sie sich in die Zukunft hinein, in der Sie die eigenen finanziellen Ziele bereits erreicht haben! Es erscheinen vielleicht Bilder von einem Haus am Strand oder auch Bilder von einer konkreten Zahl auf dem Bankkonto. Von diesem zukünftigen Zustand ausgehend können Sie sich nun Schritt für Schritt zeitlich in die Gegenwart zurückdenken und bei jedem Schritt überlegen, wie Sie wohl dorthin gekommen sind. Diese Fantasiereise überzeugt Menschen in der Regel davon, dass prinzipiell etwas möglich ist, manche machen dadurch sogar schon die Mittel ausfindig, mit denen sie ihre Ziele prinzipiell erreichen könnten.

Die eigenen Wunschvorstellungen sollten dann aber nicht weiter im Fokus des Denkens stehen, sondern eher Gedanken darüber, auf welche Weise, d. h. mit welchen verfügbaren *Mitteln*, auf welchen realistischen *Wegen* und mit welchen konkreten *Handlungen* im *Hier und Jetzt* die finanziellen Ziele erreicht werden können.

- **Bei dem weiteren Vorgehen wird nichts Brauchbares herauskommen, wenn Sie sich jetzt nicht ganz *konkrete Denkanlässe* verschaffen, denn aus einem geistigem Vakuum heraus kann nichts Neues entstehen.**

Falls Sie bis zu diesem Zeitpunkt in der Tat noch keine gute Idee erzeugen konnten, ist dies umso dringlicher geboten. Sie brauchen in der Regel neue Denk-Anker, um etwas Neues erschaffen zu können.

- **Ein erfolgversprechender neuer Ansatz besteht darin, den *Fokus des Denkens auf die Bedürfnisse anderer Menschen zu verschieben* und über deren Befriedigungsmöglichkeiten nachzudenken, denn schließlich soll ja *deren* Geld auf Ihr Konto fließen.**

Mit dieser Orientierung im Hinterkopf arbeiteten Sie systematisch die einzelnen Stufen des Money-Tree durch:

- **Talentvermarktung**
  Versuchen Sie, eigene marktfähige Talente zu entdecken, indem Sie die **Stärkenfragen** *beantworten und das* **Ressourcen ABC** *ausfüllen! Wenn Menschen Ihre Merkmale* **excessiv austrainieren**, *resultiert oft etwas Einzigartiges und Ungewöhnliches.*

- **Unternehmertum**
  Versuchen Sie, eine Geschäftsidee zu finden, indem Sie eine Woche lang alle **Dinge notieren, von denen Sie genervt sind** *oder die in Ihrem Alltag nicht richtig funktionieren! Hören Sie außerdem den* **Menschen in Ihrer Umgebung beim Jammern** *genau zu! Erstellen Sie* **Morphologische Boxen**, *loteten Sie* **Me-Too+Strategien** *aus, suchen Sie sich interessante Personen heraus, an deren* **erfolgreichem Modell Sie lernen** *wollen und überlegen sich bei* **allen Produkten, die Sie in die Hände bekommen, wie Sie diese verbessern können**!

- **Investieren statt Konsumieren**
  Vermögenswerte sind von Verbindlichkeiten zu unterscheiden. Machen Sie sich klar, dass ein positiver Geldfluss aus **Zinsen, Dividenden, Mieten** *oder* **Tantiemen** *erzeugt werden kann. Entscheiden Sie sich also dafür, im Zweifel eher zu investieren als zu konsumieren! Investieren Sie frühzeitig, um den* **Zinseszinseffekt** *voll nutzen zu können!*

- **Karriereplanung**
  Eine **weisere Berufswahl** *ist den meisten Lesern vermutlich nicht mehr möglich, obwohl die Berufssparte für die Erlangung von Wohlstand von zentraler Bedeutung ist. Wenn Sie einen Berufswechsel nicht mehr in Erwägung ziehen können, denken Sie über die einschlägige Aufnahme einer* **Nebentätigkeit** *nach oder über mehr Mobilität oder Flexibilität im eigenen Beruf, um Ihr Gehalt erhöhen zu können. Manchen Menschen wird klar, dass sie ihre nun exakt definierten finanziellen Ziele mit ihren bisherigen Jobs nicht erreichen können, obwohl die Leistungserbringung im aktuellen Job für die meisten Menschen wohl der gangbarste Weg für die Erlangung von Wohlstand wäre.* **Weiterbildungen** *und die Teilnahme an* **Qualifikationsmaßnahmen** *sind daher die Methode der Wahl, denn auch im Rahmen des aktuellen Jobs sind dies zumeist effektive Maßnahmen, um das eigene Einkommen zu steigern.*

- **Sparen**
  Eine Ihrer ersten Aktionen sollte darin bestehen, einen Dauerauftrag ein-
  zurichten, der ein **automatisiertes Sparen** *nach der 10 %-Regel gewähr-*
  leistet (ggf. mehr). Wenden Sie ab sofort konsequent die **Drei-Wochen-Regel**
  an! Trainieren Sie die Strategien zum **Belohnungsaufschub***! Probieren*
  Sie die verschiedenen Spartricks **„Friss die Hälfte"**, **„Armut simulie-**
  ren" *und* **„Preise in fühlbare Größen umwandeln"** *aus! Sie funktio-*
  nieren nachweislich.

Falls Sie auf eine zündende Geschäftsidee gekommen sind, arbeiten Sie diese zunächst **nebenberuflich** genauer aus! Prüfen Sie die Idee kritisch mit Hilfe eines **Businessplans**, mindestens mit den in diesem Buch aufgeführten Fragen! Fertigen Sie einen **Prototypen** an und testen Sie diesen! Orientieren Sie sich einfach an den in diesem Buch aufgeführten **weiteren Schritten des Experiments zur Entwicklung einer Geschäftsidee**. Dieses „Experiment" hat eindrucksvoll belegt, dass es möglich ist, mit sehr geringem Aufwand schnell zu einer Vielzahl von vielversprechenden Geschäftsideen, wie z. B. einer *beleuchteten Handtasche,* vorzudringen und diese dann auch bis zur Entwicklung eines Prototypen ausreifen zu lassen.

7   Die Moral von der Geschichte

Wer reich werden will, hat keine andere Wahl: Man darf sich **nicht als Opfer der widrigen Umstände sehen und die Schuld an der eigenen finanziellen Situation bei anderen suchen**, denn damit bleibt man zwangsläufig chancenlos. **Übernehmen Sie stattdessen die Verantwortung und beginnen aktiv damit, auszuloten, was Ihnen möglich ist**! Dadurch haben Sie überhaupt erst die Chance, wohlhabend zu werden. Dieses Buch soll jeden dazu *ermutigen*, denn die Biografien der Autoren selbst zeigen, dass man unter durchaus widrigen Ausgangsbedingungen und mit anfangs spärlichen Mitteln dennoch viel er*reich*en kann. Durch eine systematische Analyse, Klärung und Nutzung der Reichtümer, welche die eigene Persönlichkeit bereithält, kann man auch den persönlich definierten Reichtum erzielen. Wir haben dies alles systematisch gemacht und unseren Erfolg eben daraus ableiten können.

8   Abspann

In diesem Buch wurde bewusst auf eine Kritik des für die Leser selbst wohl nur schwer veränderbaren Geld*systems* verzichtet, obwohl die Autoren es durchaus kritisch sehen. Den Autoren ist ebenso bewusst, dass sich die dargelegten Befunde in einzelnen Fällen völlig anders verhalten können. Dieses Buch gewährt keine Garantie für persönlichen Erfolg und übernimmt dementsprechend auch keine Haftung für die Funktionalität der geschilderten Strategien. Dies ist keine Ausflucht: Es liegt schlicht und einfach auf der Hand, dass kein Buch der Welt garantieren kann, dass sich der Einzelfall mit all seinen besonderen persönlichen und situativen Bedingungen ebenso verhält wie dies für den Durchschnitt der von uns untersuchten Stichproben der Fall ist. Dieses Buch kann daher eine Einzelfallanalyse nicht ersetzen.

9   To be continued ...

Wir laden Sie aber ein, mit uns über die in diesem Buch angesprochenen Themenfelder zu diskutieren. Unser Interesse liegt darin, alle Bürger in geldbezogenen Angelegenheiten voranzubringen. Dies wollen wir mit Ihnen gemeinsam zum wechselseitigen Gewinn machen. Schreiben Sie uns Ihre Meinung, z. B. unter der folgenden E-Mail-Adresse:

Geld_Schein_Reich_Sein@web.de

https://www.facebook.com/pages/category/Book/Geld-Vom-Sein-zum-Schein-338171090174427/

Ihr Bonus als Käufer dieses Buches

Als Käufer dieses Buches können Sie kostenlos das eBook zum Buch nutzen.
Sie können es dauerhaft in Ihrem persönlichen, digitalen Bücherregal
auf **springer.com** speichern oder auf Ihren PC/Tablet/eReader downloaden.

Gehen Sie bitte wie folgt vor:

1. Gehen Sie zu **springer.com/shop** und suchen Sie das vorliegende Buch
   (am schnellsten über die Eingabe der eISBN).
2. Legen Sie es in den Warenkorb und klicken Sie dann auf:
   zum Einkaufswagen/zur Kasse.
3. Geben Sie den untenstehenden Coupon ein. In der Bestellübersicht wird
   damit das eBook mit 0 Euro ausgewiesen, ist also kostenlos für Sie.
4. Gehen Sie weiter **zur Kasse** und schließen den Vorgang ab.
5. Sie können das eBook nun downloaden und auf einem Gerät Ihrer Wahl lesen.
   Das eBook bleibt dauerhaft in Ihrem digitalen Bücherregal gespeichert.

EBOOK INSIDE

eISBN	978-3-658-26666-0
Ihr persönlicher Coupon	czMddMqsgjfcG4a

Sollte der Coupon fehlen oder nicht funktionieren, senden Sie uns bitte
eine E-Mail mit dem Betreff: **eBook inside** an **customerservice@springer.com**.